JN077322

適時開示からみた

日本企業の
開示姿勢を
検証する

監査法人の交代理由

公認会計士 鈴木広樹 ［著］

清文社

はじめに

　本書は、題名が「適時開示からみた監査法人の交代理由」とされているとおり、適時開示に記載された監査法人の交代理由を分析している。ただし、副題が「日本企業の開示姿勢を検証する」とされているように、監査法人の交代理由についての分析を通して日本企業の開示姿勢も検証する内容となっている。

　したがって、本書の読者として想定されるのは、会計監査や企業情報開示に関わりのある方になるかと思われる。具体的には、まず会計監査に携わる公認会計士や上場企業において情報開示に関わる方が対象になるかと思われる。本書は実務書ではないが、実務に資する情報も含まれているはずである。

　また、会計監査や企業情報開示に関連する分野を研究対象としている研究者も対象になるかと思われる。調査と分析が十分でない点もあるかと思われるが、そうした方の研究に対して少しでも貢献することができれば幸いである。

　本書の構成は、序章において本書の目的を説明した後（明らかにしたいことが二つある）、第1章以降において監査法人の交代理由を分析し（第1部では監査法人の交代理由全体を、第2部ではそれぞれの交代理由を分析）、終章において結論を述べるという形になっている。なお、終章の後には、分析対象とした監査法人交代の情報をまとめた一覧表を載せてある。

　本書の出版にあたっては清文社編集第三部部長の坂田啓氏と同社編集第三部の對馬大介氏にたいへんお世話になった。對馬氏には企画から編集までご対応頂き、坂田氏には出版を後押しして頂いた。この場を借りて心からお礼を申し上げたい。

　なお、本書の執筆にあたっては下書きを含めて生成 AI は一切使用していない。

2024 年 3 月

鈴木　広樹

適時開示からみた監査法人の交代理由
－日本企業の開示姿勢を検証する－
［目 次］

第15章　監査法人の見解と異なる交代理由　169

補章　東京プロマーケット上場企業における交代理由　184

終章　日本企業の開示姿勢　191

［図表目次］

《凡　例》

法令	会社法	会社法
	金商法	金融商品取引法
	金商法令	金融商品取引法施行令
	開示府令	企業内容等の開示に関する内閣府令
	取引規制府令	有価証券の取引等の規制に関する内閣府令
	会計士法	公認会計士法
	会計士法施規	公認会計士法施行規則
東京証券取引所規則	上規	有価証券上場規程
	上施規	有価証券上場規程施行規則
	特定上規	特定上場有価証券に関する有価証券上場規程の特例
	特定上施規	特定上場有価証券に関する有価証券上場規程の特例の施行規則

※本書の内容は 2024 年 1 月末日現在の法令等によっています。

序　章　本書の目的

1　監査法人の交代理由

　本書は、2019年1月22日以降の監査法人の交代に関する適時開示に記載された監査法人の交代理由を分析している。詳しくは後に述べるが、2019年1月22日以降としているのは、それ以降、監査法人の交代理由が具体的に記載されるようになったからである。

　第1章以降を読む前に、まず204頁から229頁までの「巻末資料・監査法人交代一覧表」を見て頂きたい。2019年1月22日から2022年6月30日までの監査法人の交代に関する適時開示の情報をまとめたものであり（有価証券報告書の情報を使用した箇所が一部ある）、その間の監査法人の交代の全容を見渡すことができる。なお、分析対象とする開示を2022年6月30日までに行われたものとしたのは、後任監査法人に対する監査報酬の額を確認するためである。

　そこには、交代理由のほか、交代内容（前任と後任の監査法人）、継続監査期間（前任監査法人の継続監査期間）、監査報酬の増減（交代により監査報酬が何％増加あるいは減少したか）なども載せている。なお、本書の文章の中で「巻末一覧表」と記載しているのは、この「巻末資料・監査法人交代一覧表」のことであり、例えば「巻末一覧表100」とは、「巻末資料・監査法人交代一覧表」において100番目に載せてある監査法人の交代を指している。

　本書は、この「巻末資料・監査法人交代一覧表」に載せてある監査法人交代の理由を分析しており、まず第1部においては分析対象とした監査法人の交代全体を俯瞰している。第1章において、2019年1月22日以降、監査法人の交代に関する適時開示に記載される監査法人の交代理由が具体的なものになった

理由を説明し、第2章において、例えば監査報酬を理由とする交代は何件あるかといった交代理由の傾向を説明し、第3章において、分析対象としたすべての開示における交代理由の記載内容の傾向を説明している。

そして、第4章以降の第2部においては、「監査報酬」や「継続監査期間」など、それぞれの交代理由がどのように記載されているかを分析している。分析するにあたっては、記載の内容や表現を見るだけでなく、記載を監査報酬の増減などと照らし合わせるといったことも行っている。

2 　明らかにしたいこと

本書では、このように監査法人の交代理由を分析することによって、二つのことを明らかにしたいと考えている。「監査法人の交代に関する適時開示に記載される監査法人の交代理由は本当であるのか」と「日本企業の適時開示に対する姿勢がどのようなものであるのか」である。

2019年1月22日以降、監査法人の交代に関する適時開示に記載される監査法人の交代理由は急に具体的なものになった。果たしてそれを額面どおりに受け取っていいのだろうかという疑問が、一つ目の「監査法人の交代に関する適時開示に記載される監査法人の交代理由は本当であるのか」を明らかにしたいという動機となっている。

「監査法人の交代に関する適時開示に記載される監査法人の交代理由は本当であるのか」を明らかにするにあたっては、監査法人の交代理由の主に記載の内容を分析するのだが、二つ目の「日本企業の適時開示に対する姿勢がどのようなものであるのか」を明らかにするにあたっては、記載の内容というよりは表現を分析することになる（仮に監査法人の交代理由が本当ではないことが明らかになれば、それ自体も日本企業の適時開示に対する姿勢を表すものになるのだが）。

本書を読み進めて頂くとわかると思われるが、監査法人の交代に関する適時開示は、日本企業の適時開示に対する姿勢を明らかにするのに特に適していると思われる。その監査法人の交代理由の記載は、日本企業の適時開示に対する

姿勢を表す特徴を色濃く有している。なお、2019年1月22日以降の記載だけでなく、2019年1月21日以前の記載も、また、2019年1月22日以降、記載が急に変化したこと自体も、日本企業の適時開示に対する姿勢を表していると思われる。

3　適時開示のあり方

　本書の主な目的は以上のとおりだが、最後に適時開示のあり方について見解を述べたいと考えている。ただし、それは、「日本企業の適時開示に対する姿勢がどのようなものであるのか」を明らかにしたうえでとなる。

　2023年11月20日に「金融商品取引法等の一部を改正する法律」が成立し、第1・第3四半期報告書が廃止されて、第1・第3四半期の開示は四半期決算短信（適時開示）に一本化されることになったが、その四半期開示をめぐる議論の過程で適時開示のあり方が俎上に載せられた。

　適時開示のあり方については、当然のことながら日本企業の適時開示に対する姿勢を理解していなければ、検討することなどできないはずである。そこで、「日本企業の適時開示に対する姿勢がどのようなものであるか」を明らかにしたうえで、それを踏まえて適時開示のあり方について見解を述べることとする。

第 1 部

交代理由の
傾向

　第1部では監査法人の交代理由全体の傾向を分析している。

　第1章では、2019年1月22日以降、監査法人の交代に関する適時開示における交代理由の記載がどのように変わり、なぜそのように変わったのかについて説明している。

　第2章では、記載された交代理由、監査法人を交代させた企業の上場市場、交代類型（前任と後任の監査法人の規模）がそれぞれどれだけあり、さらにそれらの間の関係がどうなっているかをまとめている。

　第3章では、監査法人の交代理由の記載全体の傾向を分析している。

第 **1** 章　交代理由の変化

1　適時開示とは

　適時開示とは、証券取引所が、その証券市場に有価証券を上場している企業に対して、投資家の投資判断への影響が大きいと考えられる情報の開示を求めるものである（上規402条～420条）。

　適時開示が求められる情報は、決算情報、決定事実、発生事実の3種類に分けることができる[注1]。まず決算情報に関する適時開示は、具体的には決算短信や四半期決算短信であり（上規404条）、そのほかに関連情報として業績予想の修正や配当予想の修正も開示が求められる（上規405条）。そして、決定事実は企業が決定した重要事実、発生事実は企業に発生した重要事実であり[注2]、図表1 は、適時開示が求められる決定事実と発生事実をまとめたものである（上規402条、440条1号）[注3]。

図表1　決定事実・発生事実の種類

決定事実	発生事実
1　株式、自己株式、新株予約権を引受ける者の募集又は株式、新株予約権の売出し 2　発行登録及び需要状況調査の開始 3　資本金の額の減少 4　資本準備金又は利益準備金の額の減少 5　自己株式の取得	1　災害に起因する損害又は業務遂行の過程で生じた損害 2　主要株主又は主要株主である筆頭株主の異動 3　特定有価証券又は特定有価証券に係るオプションの上場廃止の原因となる事実 4　訴訟の提起又は判決等

6 株式無償割当て又は新株予約権無償割当て

7 新株予約権無償割当てに係る発行登録又は需要状況調査の開始

8 株式の分割又は併合

9 剰余金の配当

10 株式交換

11 株式移転

12 株式交付

13 合併

14 会社分割

15 事業の全部又は一部の譲渡又は譲受け

16 解散

17 新製品又は新技術の企業化

18 業務上の提携又は業務上の提携の解消

19 子会社等の異動

20 固定資産の譲渡又は取得

21 リースによる固定資産の賃貸借

22 事業の全部又は一部の休止又は廃止

23 上場廃止の申請

24 破産手続開始、再生手続開始又は再生手続開始の申立て

25 新たな事業の開始

26 公開買付け又は自己株式の公開買付け

27 公開買付けに関する意見表明等

28 代表取締役又は代表執行役の異動

29 人員削減等の合理化

30 商号又は名称の変更

31 単元株式数の変更又は単元株式数の定めの廃止若しくは新設

32 事業年度の末日の変更

33 預金保険法第 74 条第 5 項の規定による申出

5 仮処分命令の申立て又は決定等

6 行政庁による法令等に基づく処分又は行政庁による法令違反に係る告発

7 支配株主の異動又は上場会社が他の会社の関連会社である場合における当該他の会社の異動

8 破産手続開始、再生手続開始、更生手続開始又は企業担保権の実行の申立て又は通告

9 手形等の不渡り又は手形交換所による取引停止処分

10 親会社等に係る破産手続開始、再生手続開始、更生手続開始又は企業担保権の実行の申立て又は通告

11 債権の取立不能又は取立遅延

12 取引先との取引停止

13 債務免除等の金融支援

14 資源の発見

15 特別支配株主が上場会社に係る株式等売渡請求を行うことについての決定をしたこと又は当該特別支配株主が当該決定に係る株式等売渡請求を行わないことを決定したこと

16 株式若しくは新株予約権の発行又は自己株式の処分の差止請求

17 株主総会の招集請求

18 有価証券の含み損

19 社債に係る期限の利益の喪失

20 上場債券に関する権利に係る重要な事実等

21 公認会計士等の異動

22 有価証券報告書又は四半期報告書の提出遅延

23 有価証券報告書又は四半期報告書の提出延長の承認

34　特定調停法に基づく特定調停手続による調停の申立て

35　繰上償還又は社債権者集会の招集その他上場債券に関する権利に係る重要な事項

36　普通出資の総口数の増加を伴う事項

37　公認会計士等の異動

38　継続企業の前提に関する事項の注記

39　有価証券報告書又は四半期報告書の提出延長に係る承認申請書の提出

40　株式事務代行機関への委託の取りやめ

41　内部統制に開示すべき重要な不備がある旨又は内部統制の評価結果を表明できない旨を記載する内部統制報告書の提出

42　定款の変更

43　上場無議決権株式、上場議決権付株式（複数の種類の議決権付株式を発行している会社が発行するものに限る。）又は上場優先株等（子会社連動配当株を除く。）に係る株式の内容その他のスキームの変更

44　全部取得条項付種類株式の全部の取得

45　株式等売渡請求の承認又は不承認

46　その他会社の運営、業務、財産又は上場有価証券に関する重要な事項

47　買収防衛策の導入、発動、変更又は廃止

24　継続企業の前提に関する事項の監査意見の対象からの除外

25　内部統制報告書に添付される内部統制監査報告書について、「不適正意見」又は「意見を表明しない」旨が記載されることとなったこと

26　株式事務代行委託契約の解除通知の受領等

27　その他会社の運営、業務、財産又は上場有価証券に関する重要な事実

2　監査法人の交代に関する適時開示

図表1の決定事実「37 公認会計士等の異動」（上規 402 条 1 号 aj）と発生事実「21　公認会計士等の異動」（上規 402 条 2 号 t）が、適時開示が求められる監査法人の交代である。決定事実と発生事実の両方に監査法人の交代が定められているのは、企業が監査法人の交代を決定した場合は決定事実として[注4]、監査法人の方から退任あるいは辞任した場合は発生事実として開示が必要とされるからである[注5]。なお、決定事実として開示される方が圧倒的に件数は多い。

図表2は、通常の決定事実としての監査法人の交代に関する適時開示の構成である[注6]。なお、開示の題名は、通常、「公認会計士等の異動に関するお知らせ」か「会計監査人の異動に関するお知らせ」とされる[注7]。

図表2　監査法人の交代に関する適時開示の構成

1. 異動予定年月日
2. 異動する公認会計士等の概要
   (1) 就任する公認会計士等の概要
   (2) 退任する公認会計士等の概要
3. 2.（1）に記載する者を公認会計士等の候補者とした理由
4. 退任する公認会計士等の就任年月日
5. 退任する公認会計士等が直近 3 年間に作成した監査報告書等における意見等
6. 異動の決定又は異動に至った理由及び経緯
7. 6. の理由及び経緯に対する意見
   (1) 退任する公認会計士等の意見
   (2) 監査役会の意見

出所：東京証券取引所上場部（2022）179–180 頁と開示資料をもとに筆者作成

本書が分析対象とするのは、このうち「6. 異動の決定又は異動に至った理由及び経緯」[注8] の記載である。ここに監査法人の交代理由が記載される。「3.

2.（1）に記載する者を公認会計士等の候補者とした理由」には、次の記載のように（巻末一覧表10）、監査法人の交代理由ではなく、後任の監査法人を選んだ理由が記載される。

> 監査役会が PwC あらた有限責任監査法人を公認会計士等の候補者とした理由は、当社の会計監査人評価・選定基準に照らして、会計監査人に必要とされる専門性、独立性および監査品質管理と、当社グループのグローバルな事業活動を一元的に監査する体制を有していること、加えて、会計監査人の交代により、従来と異なる視点や手法による監査を通じて当社財務情報の更なる信頼性の向上が期待できると判断したためであります。

そして、この開示の「6.　異動の決定又は異動に至った理由及び経緯」は次のように記載され、「継続監査期間」が監査法人の交代理由であるとされている（下線は筆者による）。

> 当社の会計監査人である EY 新日本有限責任監査法人は、2019 年 3 月 20 日開催予定の第 17 期定時株主総会終結の時をもって任期満了となります。異動に至った理由及び経緯としては、現会計監査人の監査継続年数が 16 年以上と長期にわたっていることから、同法人を含む複数の監査法人を対象とした定期的な会計監査人の評価・見直しを行ったことです。以上を総合的に勘案した結果、新たに会計監査人として PwC あらた有限責任監査法人を選任する議案の内容を決定したものであります。

ただし、開示の中には、「6.　異動の決定又は異動に至った理由及び経緯」ではなく「3.　2.（1）に記載する者を公認会計士等の候補者とした理由」に監査法人の交代理由を具体的に記載しているものが若干あるため、その場合は「3.　2.（1）に記載する者を公認会計士等の候補者とした理由」の記載も分析対象としている。

3　2019 年 1 月 22 日以後の劇的な変化

　監査法人の交代に関する適時開示における交代理由の記載は、2019 年 1 月 21 日までではほとんどが次のようなものであった。

> 　当社の会計監査人である○○監査法人は、××年×月×日開催予定の当社第×回定時株主総会終結の時をもって任期満了となります。これに伴い、△△監査法人を新たな会計監査人として選任するものです。

　監査契約は 1 年間であり、定時株主総会終結の時をもって任期満了となるのは当然であり、通常、何もなければ、そのまま更新される。したがって、これでは、交代理由に関する説明にまったくなっていないのだが、ほとんどがこうした記載であった[注9]。

　2019 年 1 月 21 日までは、監査法人の合併や、グループ間での監査法人の統一などを除くと、交代理由はほとんどが「任期満了」とされていた[注10]。しかし、それは 2019 年 1 月 22 日を境にして劇的に変化する。巻末一覧表に示したとおり、多様な交代理由が記載されるようになった。巻末一覧表の中で相変わらず「任期満了」を交代理由としているのは 3 件のみである（巻末一覧表 359・373・652）[注11]。

4　変化した理由

　2019 年 1 月 22 日に金融庁が公表した「『会計監査についての情報提供の充実に関する懇談会』報告書（会計監査に関する情報提供の充実について―通常とは異なる監査意見等に係る対応を中心として―）」の「Ⅲ．監査人の交代に関する説明・情報提供（2）監査人の交代理由の開示についての考え方」は、次のように記載されていた[注12]。

監査人の交代理由及びこれに対する監査人の意見は、財務諸表利用者にとって、監査上の懸念事項の有無や監査品質に影響する事象の有無を把握する上で重要な情報であり、企業及び監査人は、臨時報告書において、実質的な内容を記載することが必要であるとの指摘がある。

まず、監査人の任期が通常 1 年で終了することからすれば、「任期満了」との記載は、交代理由の開示として不適切である。

また、「監査報酬や会計処理に関する見解の相違」といった実質的な交代理由があった場合に関しては、企業側と監査人側が具体的にどのような点で対立しているのか、できるだけ実質的な内容を開示することが求められる。

その他の交代理由に関しても、少なくとも、公認会計士・監査審査会がモニタリングを通じて把握した内容（監査報酬、監査チームへの不満等の項目への該当の有無及びそれに係る具体的な説明）と同程度の実質的な情報価値を有する理由が開示されるべきである。（後略）

そして、これを受けて、東京証券取引所は、同日、「『会計監査の情報提供の充実に関する懇談会』の報告等を踏まえた会社情報適時開示ガイドブックの改訂等について」を公表し、『会社情報適時開示ガイドブック』を改訂した。同書は、東京証券取引所が上場企業に対して適時開示について解説したものだが、その中の決定事実としての監査法人の交代に関する適時開示についての解説において、「開示に関する注意事項」の一つとして、それまで「期中に異動する場合又は短期間で退任する場合には、異動の経緯を詳細に開示してください。」と記載されていたものが注13、次のように改訂されることとなった注14。

開示に際しては、異動を行うこととした実質的な理由（任期満了時に退任を決定する場合は、退任する公認会計士等を再任しない理由）やその経緯を開示資料に具体的に記載してください。特に、期中に解任する場合又は短期間で退任を決定する場合には、期中又は短期間であるにもかかわらず、なぜ解任又は退任を決定することとなったのかがわかるように記載してくださ

> い。また、会計処理等に関する見解の相違が存在するといった事情がある場
> 合には、その具体的な内容を含めて記載してください。

　また、ほぼ同様だが、発生事実としての監査法人の交代に関する適時開示に
ついての解説において、「開示に関する注意事項」の一つとして、それまで
「期中に異動した場合や、短期間で公認会計士等が交代することとなる場合に
は、異動の経緯を詳細に記載するようにしてください。」と記載されていたも
のが[注15]、次のように改訂されることとなった[注16]。

> 　開示にあたっては、異動が生ずる実質的な理由（任期満了時に退任する場
> 合は、退任する公認会計士等が監査を継続しないこととした理由）やその経
> 緯について、上場会社が把握している内容を開示資料に具体的に記載してく
> ださい。特に、期中に退任する場合又は短期間で退任する場合には、期中又
> は短期間であるにもかかわらず、なぜ退任することとなったのかがわかるよ
> うに記載してください。また、会計処理等に関する見解の相違が存在すると
> いった事情がある場合には、その具体的な内容を含めて記載してください。

　これが、交代理由の記載が劇的に変化した理由である。『会社情報適時開示
ガイドブック』の中の「注意事項」がこのように改訂されただけである。日本
企業は、たったこれだけの改訂に対応して、それまで「任期満了」だけだった
記載を多様なものへと変えたのである。
　交代理由を「任期満了」としか記載していなかったのは、おそらく具体的な
記載を控えたかったからだと思われる。それにもかかわらず、この改訂に対応
して一瞬にして開示姿勢を変えた日本企業は、真面目そのものに見える。

注1　　適時開示が求められる情報は、金融商品取引法上の内部者取引規制（金商法166条、167条）

　の対象となる情報（金商法166条2項、金商法令28条、28条の2、29条、29条の2）を含んでいる。そして、適時開示が行われることにより、内部者取引規制が解除されることになる（金商法166条4項、167条4項、金商法令30条1項）。

注2　自社の決定事実と発生事実だけでなく、子会社の決定事実と発生事実に関しても適時開示が求められる（上規403条）。

注3　図表 1 の決定事実「46その他会社の運営、業務、財産又は上場有価証券に関する重要な事項」（上規402条1号 ar）と発生事実「27その他会社の運営、業務、財産又は上場有価証券に関する重要な事実」（上規402条2号 x）は、いわゆる包括（バスケット）条項であり、子会社の決定事実と発生事実にも包括条項がある（上規403条1号 s・2号 l）。このように包括条項があることから、適時開示は細則主義ではない。

注4　会計監査人（会社法396条1項）でもある監査法人の交代に係る株主総会付議議案の内容は、監査役会、監査等委員会または監査委員会が決定することとされている（会社法344条、399条の2第3項2号、404条2項2号）。

注5　東京証券取引所上場部（2022）241頁。

注6　「5.　退任する公認会計士等が直近3年間に作成した監査報告書等における意見等」は、除外事項を付した限定付適正意見又は結論、不適正意見又は否定的結論、意見又は結論を表明しない旨およびその理由の記載があった場合に記載される（東京証券取引所上場部（2022）179・242頁）。また、7（2）は、監査等委員会設置会社の場合、「監査等委員会の意見」、指名委員会等設置会社の場合、「監査委員会の意見」とされる。なお、発生事実としての開示の場合、2は「退任する公認会計士等の概要」のみが記載され、3の「2.（1）に記載する者を公認会計士等の候補者とした理由」は記載されない。

注7　「公認会計士等」とは、有価証券報告書に掲載される財務諸表の監査、四半期報告書に掲載される四半期財務諸表の四半期レビュー、そして、内部統制報告書の監査を行う監査法人、「会計監査人」とは、会社法で開示が求められる計算書類等の監査を行う者である（会社法396条1項。「会計監査人」は公認会計士または監査法人でなければならない（会社法337条1項））。東京証券取引所は、「会計監査人」を「公認会計士等」として選任しなければならないとしており（上規438条）、両者は同じ監査法人になる。

注8　発生事実としての開示の場合、「3.　2.（1）に記載する者を公認会計士等の候補者とした理由」が記載されないため、番号が5となり、また、「異動に至った理由及び経緯」とのみ記載される。

注9　「任期満了」が本当の理由ではないことについては、町田（2016）、公認会計士・監査審査会（2017）64-66頁、公認会計士・監査審査会（2018a）71-72頁参照。

注10　公認会計士・監査審査会（2019a）80頁参照。「R元年6月期」（2019年6月期）における「任期満了」は、2018年7月から2019年1月21日までの間の開示におけるものである。なお、「H29年6月期」（2017年6月期）と「H30年6月期」（2018年6月期）において「継続監査期間」が一定数あることについては、第5章で触れる。

注11　「当社の会計監査人である○○有限責任監査法人は、××年×月×日開催予定の第×期定時株主総会の終結の時をもって任期満了となります。」といった記載は、交代理由の内容と関係なく、ほとんどの開示の交代理由の記載の最初に置かれている。

注12　金融庁（2019a）14-15頁。

注13　東京証券取引所上場部（2018）302頁。

注14	東京証券取引所上場部（2020）178頁参照。
注15	東京証券取引所上場部（2018）390頁。
注16	東京証券取引所上場部（2020）241頁参照。

第 2 章

交代理由の傾向

1 交代理由

本書では、2019年1月22日から2022年6月30日までに行われた711件の監査法人の交代に関する適時開示を分析対象としている[注17]。**図表3** は、そこに記載された交代理由の件数をまとめたものである。なお、一つの開示に複数の理由を記載している場合があるため、件数の合計は711にならない。

基本的に「6. 異動の決定又は異動に至った理由及び経緯」の記載を分析対象としたが（**図表2**

図表3 交代理由の件数

交代理由	件数
監査報酬	337
継続監査期間	316
監査法人からの申し出	100
グループ間統一	50
公認会計士・監査審査会勧告等	15
監査法人の合併	13
ローテーション制度	6
合意解除	3
見解の相違	3
その他	56

参照）、次のように「6. 異動の決定又は異動に至った理由及び経緯」ではなく「3. 2. (1) に記載する者を公認会計士等の候補者とした理由」に交代理由を具体的に記載している場合は（巻末一覧表48。下線は筆者による）、「3. 2. (1) に記載する者を公認会計士等の候補者とした理由」の記載も分析対象としている。

「6. 異動の決定又は異動に至った理由及び経緯」の記載

> 　当社の会計監査人である有限責任あずさ監査法人は、2019 年 6 月 19 日開催予定の第 43 回定時株主総会終結の時をもって任期満了となります。監査役会は、上記 3. の理由により、新たに会計監査人として有限責任監査法人トーマツを選任する議案の内容を決定したものであります。

「3.　2.（1）に記載する者を公認会計士等の候補者とした理由」の記載

> 　監査役会が有限責任監査法人トーマツを会計監査人の候補者とした理由は、現会計監査人が長年にわたって監査を継続していることから、新しい会計監査人の起用による新たな視点での監査、及び、親会社である株式会社リコーと会計監査人を統一することによる効率的な監査を期待し、有限責任監査法人トーマツの専門性、独立性、適切性、及び品質管理体制について総合的に検討した結果、同監査法人を新たな会計監査人として適任と判断したためであります。

　交代理由として圧倒的に多いのは、337 件の「監査報酬」と 316 件の「継続監査期間」である。ただし、確かに「監査報酬」が最も多いものの、それが全体の半数に満たないことについて意外に思われるかもしれない。

　なお、「その他」には、「監査人の法人化」8 件、「担当会計士の脱退」7 件、「海外展開への対応」6 件、「監査体制の不備」3 件、「任期満了」3 件を含めている。「監査人の法人化」「担当会計士の脱退」「監査体制の不備」は相互に関連した特殊な事例であること（第 12 章参照）、「海外展開への対応」は「事業拡大への対応」といった類似の理由がほかにあること（第 13 章参照）、「任期満了」はそもそも交代理由になり得ないことから（第 1 章参照）、それぞれ独立で扱うのは適当ではないと考えられたためである。

2　上場市場

図表4は、監査法人の交代に関する適時開示を行った企業の上場市場の数をまとめたものである（社数の順に記載しているわけではない）。東京証券取引所（以下本章において「東証」という）の市場とそれ以外の市場に重複して上場している場合、東証の市場を優先している。

なお、2022年4月4日に東証の市場区分は、一部市場・二部市場・ジャスダック市場・マザーズ市場から、プライム市場・スタンダード市場・グロース市場へ、名古屋証券取引所の市場区分は、一部市場・二部市場・セントレックス市場から、プレミア市場・メイン市場・ネクスト市場へと再編されている。

図表4 開示を行った企業の上場市場

上場市場	社数
東京一部	203
東京プライム	28
東京二部	99
東京ジャスダック	168
東京スタンダード	82
東京マザーズ	83
東京グロース	28
札幌本則	2
札幌アンビシャス	3
名古屋二部	6
名古屋メイン	1
名古屋セントレックス	5
名古屋ネクスト	2
福岡本則	1

（注）「東京」は東京証券取引所、「札幌」は札幌証券取引所、「名古屋」は名古屋証券取引所、「福岡」は福岡証券取引所。

東証の上場企業で見ると、一部市場とプライム市場の上場企業が最も多いため[注18]、それら以外の上場企業による開示が多いことがわかる。

3　交代類型

図表5 は交代類型の件数をまとめた
ものだが（件数の順に記載しているわけでは
ない）、ここで交代類型としているのは、
前任と後任の監査法人がそれぞれ大手監査
法人・準大手監査法人・中小監査法人のい
ずれに当たるかにより分類したものであ
る。対象とした期間内に後任の監査法人が
決まらなかった事例が3件あるため、件数
の合計は708になる。

なお、「大手監査法人」は有限責任あず
さ監査法人・有限責任監査法人トーマツ・
EY新日本有限責任監査法人・PwCあら
た有限責任監査法人の4法人、「準大手監
査法人」は仰星監査法人・三優監査法人・
太陽有限責任監査法人・東陽監査法人・

図表5 **交代類型の件数**

交代類型	件数
大手→大手	87
大手→準大手	134
大手→中小	247
準大手→大手	9
準大手→準大手	6
準大手→中小	45
中小→大手	11
中小→準大手	13
中小→中小	156

（注）「大手」は大手監査法人、「準大手」は
準大手監査法人、「中小」は中小監査法
人。矢印の左側が前任、右側が後任の監
査法人。

PwC京都監査法人の5法人、「中小監査法人」はそれら大手監査法人および準
大手監査法人以外の監査法人としている[19]。

最も多いのは大手監査法人から中小監査法人への交代で、次は中小監査法人
から中小監査法人への交代である。全体として見ると、規模の小さな監査法人
への交代（大手監査法人から準大手・中小監査法人へ、準大手監査法人から中小監
査法人へ）が多く、規模の大きな監査法人への交代（準大手監査法人から大手監
査法人へ、中小監査法人から大手・準大手監査法人へ）は少ないことがわかる。

4　交代理由と上場市場

図表6 は、交代理由と上場市場の関係をまとめたものである。監査法人

図表6 交代理由と上場市場

	監査報酬	継続監査期間	監査法人からの申し出	グループ間統一	公認会計士・監査審査会勧告等	監査法人の合併	ローテーション制度	合意解除	見解の相違	その他	合計
東1・東プ	84	140	20	17	8	6	6	—	—	18	299
東2・東J・東ス	167	146	61	25	5	7	—	1	2	31	445
東M・東グ	74	21	17	8	2	—	—	2	1	4	129
地方	12	9	2	—	—	—	—	—	—	3	26
合　計	337	316	100	50	15	13	6	3	3	56	

(注)「東1・東プ」は東証一部・東証プライム、「東2・東J・東ス」は東証二部・東証ジャスダック・東証スタンダード、「東M・東グ」は東証マザーズ・東証グロース、「地方」は東証以外の市場。

　の交代に関する適時開示を行った企業の上場市場を、①東証一部・東証プライム、②東証二部・東証ジャスダック・東証スタンダード、③東証マザーズ・東証グロース、④東証以外の市場、の4つに区分して、それぞれの上場企業の開示に記載された交代理由を集計している。

　東証一部・東証プライムの上場企業は「継続監査期間」を理由としている場合が最も多いが、ほかの市場の上場企業は「監査報酬」を理由としている場合が最も多くなっている。特に東証マザーズ・東証グロースの上場企業は「監査報酬」を理由としている場合が多い。

　「監査法人からの申し出」を理由としているのは、東証一部・東証プライムの上場企業数が最も多いことを踏まえると、それら以外の市場の上場企業が多いことがわかる。「合意解除」と「見解の相違」を理由としているのは、すべてが東証一部・東証プライム以外の市場の上場企業である。

　東証一部・東証プライムの上場企業数が最も多いことを踏まえる必要がある

が、「ローテーション制度」を理由としているのは、すべてが東証一部・東証プライムの上場企業である。

5　交代理由と交代類型

図表7 は、交代理由と交代類型の関係をまとめたものである。開示を交代類型ごとに分類し、そこに記載された交代理由を集計している。

「監査報酬」を理由としている場合、やはり規模の小さな監査法人への交代が多く、規模が大きな監査法人への交代は、中小監査法人から準大手監査法人

図表7 交代理由と交代類型

	監査報酬	継続監査期間	監査法人からの申し出	グループ間統一	監査審査会勧告等公認会計士・	監査法人の合併	ローテーション制度	合意解除	見解の相違	その他	合計
大手→大手	11	60	3	26	—	—	4	—	—	8	112
大手→準大手	83	78	11	5	—	—	1	—	—	1	179
大手→中小	192	120	19	4	—	—		1	—	3	339
準大手→大手	—	5	1	—	—	—	1	—	—	—	12
準大手→準大手	3	5	1	—	—	—		—	—	2	11
準大手→中小	22	14	9	1	—	—		1	1	1	49
中小→大手	—	3	1	6	1	—		—	—	2	13
中小→準大手	1	8	1	2	1	—		—	—	4	17
中小→中小	25	23	51	1	13	13		1	2	35	164
合　計	337	316	97	50	15	13	6	3	3	56	

（注）「大手」は大手監査法人、「準大手」は準大手監査法人、「中小」は中小監査法人。矢印の左側が前任、右側が後任の監査法人。

への交代 1 件のみである。

　「継続監査期間」を理由としている場合も、規模の大きな監査法人への交代がいくらかあるものの、規模の小さな監査法人への交代の方が多い。なお、「継続監査期間」と「監査報酬」をともに記載している開示が 150 件あり、「継続監査期間」のみを理由としているわけではない場合が含まれていることを踏まえて見る必要がある。

　「監査法人からの申し出」を理由としている場合は、中小監査法人から中小監査法人への交代が最も多く、ほかも規模が小さな監査法人への交代が多いが、「ローテーション制度」を理由としている場合は、大手監査法人から大手監査法人への交代が最も多くなっている。

6　上場市場と交代類型

　図表 8 は、上場市場と交代類型の関係をまとめたものである。

図表 8　上場市場と交代類型

	大手↓大手	大手↓準大手	大手↓中小	準大手↓大手	準大手↓準大手	準大手↓中小	中小↓大手	中小↓準大手	中小↓中小	合計
東 1・東プ	63	59	60	4	2	4	7	8	24	231
東 2・東 J・東ス	16	53	122	5	3	29	4	4	111	347
東 M・東グ	8	16	58	―	1	9	―	1	17	110
地方	―	6	7	―	―	3	―	―	4	20
合　計	87	134	247	9	6	45	11	13	156	

（注）「東 1・東プ」は東証一部・東証プライム、「東 2・東 J・東ス」は東証二部・東証ジャスダック・東証スタンダード、「東 M・東グ」は東証マザーズ・東証グロース、「地方」は東証以外の市場。「大手」は大手監査法人、「準大手」は準大手監査法人、「中小」は中小監査法人、矢印の上側が前任、下側が後任の監査法人。

　監査法人の交代に関する適時開示を行った企業の上場市場を「**4** 交代理由と上場市場」と同じ４つに区分して、それらの上場企業における監査法人の交代類型を集計している。

　東証一部・東証プライムの上場企業においては、大手監査法人から大手監査法人への交代が最も多く、次いで大手監査法人から準大手・中小監査法人への交代が多いのに対して、東証のほかの市場においては、大手監査法人から中小監査法人への交代が最も多く、次いで中小監査法人から中小監査法人への交代が多いことがわかる。

注17　東京プロマーケット上場企業が行った開示は対象としておらず、補章でのみ取り上げている（巻末一覧表には掲載）。また、実際に分析対象とした開示の数は、訂正等が為された開示や、後任の監査法人が当初は未定だった開示等があるため、728件になる。なお、2019年1月22日以後、最初に開示があったのは2019年1月30日であり、2022年6月中、最後に開示があったのは27日である。なお、前述のとおり、分析対象とする開示を2022年6月30日までに行われたものとしたのは、後任の監査法人に対する監査報酬の額を確認するためである。

注18　日本取引所グループ（2023）によると、2022年4月3日時点で一部市場2,176社・二部市場474社・ジャスダック市場685社・マザーズ市場429社、2022年4月4日時点でプライム市場1,839社・スタンダード市場1,466社・グロース市場466社。

注19　大手監査法人と準大手監査法人の定義は、公認会計士・監査審査会が毎年公表している「モニタリングレポート」におけるものと同じ（公認会計士・監査審査会（2023）5頁）。

第 3 章　記載内容の傾向

1　出現頻度の高い単語

　図表9 は、交代理由の記載において出現頻度の高い単語[注20]を抽出し[注21]、その上位50語を表示したものである。なお、交代理由の内容に関係なく使用される単語を分析対象から除外した[注22]ほか、ほとんどの交代理由の記載の最初に置かれる「当社の会計監査人である○○有限責任監査法人は、××年×月×日開催予定の第×期定時株主総会の終結の時をもって任期満了となります。」といった文章に使用される単語も分析対象から除外している[注23]。

　1位は「事業」（513回）、2位は「体制」（504回）だが、その後を見ていくと、やはり「報酬」（4位、379回）、「費用」（10位、258回）、「増加」（19位、179回）といった「監査報酬」を理由とする記載において使用される単語や、「継続」（3位、431回）、「長期」（9位、267回）、「年数」（11位、234回）、といった「継続監査期間」を理由とする記載において使用される単語が上位に入っていることがわかる。

図表 9 単語出現頻度（全体・上位 50 語）

順位	単語	回数	順位	単語	回数	順位	単語	回数
1	事業	513	18	複数	188	35	環境	105
2	体制	504	19	増加	179	36	報告	96
3	継続	431	20	総合	166	37	考慮	91
4	報酬	379	21	契約	160	38	効率	90
5	規模	372	22	品質	154	39	増額	87
6	対応	341	23	視点	152	40	状況	85
7	比較	286	24	グループ	139	40	調査	85
8	相当	280	24	管理	139	42	四半期	81
9	長期	267	26	必要	134	43	連結	70
10	費用	258	27	契機	133	44	申し出	69
11	年数	234	28	期待	132	45	退任	67
12	適切	227	29	工数	129	45	適正	67
13	判断	225	30	勘案	120	47	協議	65
14	確保	218	30	独立	120	48	傾向	64
15	妥当	217	32	専門	119	49	上場	62
16	十分	207	33	期間	114	50	変化	57
17	業務	191	34	適任	106			

2　類似した表現

　図表 10 は、交代理由の記載において使用される単語[注24] の共起ネットワークである[注25]。共起ネットワークは、文章中に単語と単語が共に出現する関係（共起性）を表し、円が大きいほど出現回数が多いことを、単語と単語が線で結ばれていることが共起性があることを表している。なお、円の位置や近さは共起性と関係ない。

　左下の「対応」「相当」「費用」「事業」「規模」「報酬」のつながりは、次の

図表 10 共起ネットワーク（全体）

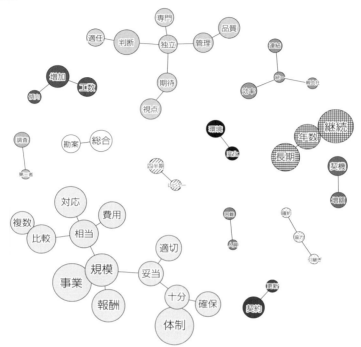

　ような「監査報酬」を理由とする記載におけるものである（巻末一覧表2。下線は筆者による）。なお、この記載に「複数」は含まれていないが、「相当」とつながっている「比較」は含まれている。

　当社の会計監査人である EY 新日本有限責任監査法人は、平成 31 年 3 月 26 日開催予定の第 36 回定時株主総会の終結の時をもって任期満了となります。監査役会は、当社の事業規模に適した監査対応と監査費用の相当性について、以前より、他の監査法人と比較検討してまいりましたが、今般、現会計監査人の監査継続年数が 16 年と長期にわたること並びに監査報酬の改定に鑑み、これを契機として上記 3．の理由により、その後任として新たに監査法人 A&A パートナーズを会計監査人として選任するものであります。

　この記載では、「監査報酬」とともに「継続監査期間」も理由とされている。共起ネットワークの右上の「継続」「年数」「長期」のつながりは、「継続監査期間」を理由とする記載におけるものだが、それらの単語も含まれている。

　なお、「対応」「相当」「費用」「事業」「規模」が含まれる「事業規模に適した監査対応と監査費用の相当性」という表現は、多くの記載に使用され、出現回数はまったく同じものが 86 件、同様のもの[注26]を含めると 110 件になる。

　左上の「工数」「増加」「傾向」のつながりと右端の「増額」「契機」のつながりも、「監査報酬」を理由とする記載におけるものである[注27]。次の記載は、「工数」「増加」「傾向」を含む事例である（巻末一覧表 15。下線は筆者による）。なお、ここでも「事業規模に適した監査対応と監査費用の相当性」という表現が使用されている。

　当社の会計監査人である EY 新日本有限責任監査法人は、平成 31 年 3 月 28 日開催予定の第 12 期定時株主総会の終結の時をもって任期満了となります。

　今般、現会計監査人から、監査工数が増加傾向にあることで、監査報酬の上昇となる改定の提示を受けたことを契機として、監査役会は、当社の事業規模に適した監査対応と監査費用の相当性について検討してまいりましたが、上記 3．の理由により、その後任として新たに海南監査法人を会計監査人として選任するものであります。

　次の「監査報酬」を理由とする記載には「増額」「契機」が含まれているが、ここでも「事業規模に適した監査対応と監査費用の相当性」という表現が使用されている（巻末一覧表 27。下線は筆者による）。

　当社の会計監査人である有限責任あずさ監査法人は、平成 31 年 4 月 24 日開催予定の第 52 期定時株主総会終結の時をもって任期満了となります。今般、現会計監査人から、現状の監査工数実績を勘案した監査報酬の増額改

> 定の提示を受けたことを<u>契機</u>として、監査役会は、当社の<u>事業規模に適した</u>
> <u>監査対応と監査費用の相当性</u>について検討してまいりましたが、上記3の理
> 由により、新たに会計監査人として、監査法人アンビシャスを選任する議案
> の内容を決定したものであります。

　右下の「契約」「更新」のつながりと中ほどの「人員」「困難」のつながり
は、「監査法人からの申し出」を理由とする記載におけるものである。次の記
載は、「契約」「更新」を含む事例である（巻末一覧表18。下線は筆者による）。
なお、「監査法人からの申し出」を自社が了承するにあたり継続監査期間を考
慮した旨が後半に記載されているが、この場合は「監査法人からの申し出」が
理由になる。

> 　当社の現任会計監査人である有限責任監査法人トーマツは、平成31年3
> 月28日開催予定の第78期定時株主総会終結の時をもって任期満了となり
> ます。
> 　現任会計監査人から人員が不足していることを理由に<u>契約更新</u>を差し控え
> たい旨の打診を受け、当社としても、現任会計監査人の当社への人員配置の
> 困難さ及び現任会計監査人の監査継続年数が30年以上続いていることなど
> に鑑みこれを了承いたしました。これを契機として、上記3．の理由により、
> 新たに清陽監査法人を会計監査人として選任するものであります。

　次の「監査法人からの申し出」を理由とする記載には「人員」「困難」が含
まれているが、ここでは、「事業規模に適した監査対応と監査費用の相当性」
という表現のほかに、それに類似した「事業規模及び監査の効率性と監査報酬
の相当性」という表現も重ねて使用されている（巻末一覧表14。下線は筆者に
よる）。

> 　当社の会計監査人である清陽監査法人は、平成31年3月26日開催予定

> 　の当社第 24 回定時株主総会終結の時をもって任期満了となります。当事業年度において、同監査法人より、翌事業年度以降の監査対応が昨今の人員不足に起因する現状の法人の業務体制からは困難であることに鑑み、来事業年度の監査業務を辞退したい旨の申し出がありました。
> 　これを契機として、19 年と長年にわたり同監査法人が当社に関与を継続してきたことも考慮して、監査法人の交代を行うこととし、当社グループの事業規模に適した監査対応と監査費用の相当性の観点から、複数の監査法人の比較検討を行いました。その結果、当社グループの事業規模及び監査の効率性と監査報酬の相当性等を検討し、監査等委員会は前述 3．の理由により新たに監査法人元和を会計監査人として選任する議案の内容を決定したものであります。

　右上の「連結」「親会社」「統一」「効率」のつながりは、次のような「グループ間統一」を理由とする記載におけるものである（巻末一覧表 666。下線は筆者による）。

> 　当社の会計監査人である有限責任監査法人トーマツは、2022 年 6 月 23 日開催予定の第 23 回定時株主総会終結の時をもって任期満了となります。現在の会計監査人については、会計監査が適切かつ妥当に行われることを確保する体制を十分に備えておりますが、当社は株式会社エヌ・ティ・ティ・データの連結子会社であることを踏まえ、親会社と会計監査人を統一することは一元的な連結監査体制の確保の他、当社の監査効率化や内部管理体制のより一層の強化に資すると判断し、有限責任あずさ監査法人を新たな公認会計士等として選任するものであります。

　ここまで見た単語のつながりは、交代理由の説明において出現するものだが、中上の「専門」「独立」「管理」「品質」「視点」「期待」「適任」「判断」のつながりは、交代理由とは関係なく、次の記載のように、後任の監査法人を選

んだ理由の説明において出現するものである（巻末一覧表16。下線は筆者による）。第 1 段落において交代理由（「監査報酬」と「継続監査期間」）を説明し、第 2 段落において後任の監査法人を選んだ理由を説明している。「3．2．（1）に記載する者を公認会計士等の候補者とした理由」に記載した内容を再度「6.異動の決定又は異動に至った理由及び経緯」に記載している形になるが、実際にこの第 2 段落の記載は「3．2．（1）に記載する者を公認会計士等の候補者とした理由」のものとまったく同じである。

> 　当社の会計監査人であります有限責任監査法人トーマツは、平成 31 年 3 月 27 日開催予定の当社第 55 回定時株主総会の終結の時をもって任期満了となります。現会計監査人は、当社の上場以前の期間も含めると関与年数が長期にわたること、また、近年は監査費用が増加傾向にあり、今後もグローバルな事業展開に伴う監査費用のさらなる上昇が見込まれることから、監査等委員会は会計監査人を見直すこととし、現会計監査人を含む複数の監査法人について比較検討いたしました。
>
> 　監査等委員会が太陽有限責任監査法人を会計監査人の候補者とした理由は、現会計監査人の継続監査年数を考慮し、新たな視点で監査が期待できることに加え、同法人の独立性、品質管理体制、専門性の有無、当社がグローバルに展開する事業分野への理解度及び監査報酬等を総合的に勘案した結果、適任と判断したためであります。

　中下の「適切」「妥当」「十分」「確保」「体制」のつながりも、交代理由と関係なく出現するものである。「妥当」が「規模」とつながっているが、「監査報酬」を理由とする記載において出現するわけではない。次の記載のように（巻末一覧表160。下線は筆者による）、「適切」「妥当」「十分」「確保」「体制」を含む「会計監査が適切かつ妥当に行われることを確保する体制を十分に備えて」[注28] という表現で出現することが多いのだが、この表現は多くの記載に使用され、出現回数はまったく同じものが102件[注29]、同様のもの[注30]を含める

と 153 件になる。

　当社の会計監査人である EY 新日本有限責任監査法人は、きたる第 52 回
定時株主総会終結の時をもって任期満了となります。現在の会計監査人につ
いては会計監査が<u>適切</u>かつ<u>妥当</u>に行われること<u>を確保する体制を十分</u>に備え
ているものの、<u>監査継続期間が長期</u>にわたること、また、親会社であるキヤ
ノン株式会社の会計監査人の変更検討を契機に、監査役会は会計監査人を見
直す時期にあると判断しました。これに伴い上記 3. の理由により、新たに
有限責任監査法人トーマツが候補者として適任であると判断致しました。

　右下の「確約」「協力」「引継ぎ」のつながりも、交代理由の内容と関係なく
出現するものである。33 件と数はそれほど多くないが、次の記載のように、
前任の監査法人から監査業務引継ぎの協力について確約を得ていることに触れ
る文言において出現する（巻末一覧表 73。下線は筆者による）。

　当社の会計監査人であります有限責任監査法人トーマツは、2019 年 6 月
21 日開催予定の第 61 回定時株主総会終結の時をもって任期満了となり、初
任以来の継続監査期間は 28 年となります。そのため、現監査法人の継続監
査年数等を考慮し、新たな視点での幅広い情報提供を期待し、他の監査法人
と比較検討した結果、有限責任監査法人トーマツとの間で新年度の監査契約
を締結しないことになりました。なお、有限責任監査法人トーマツからは監
<u>査業務の引継ぎ</u>につきましても<u>協力</u>を得ることができる旨、<u>確約</u>をいただい
ております。

　そのほか、中ほどの「環境」「変化」のつながりは、「経営環境の変化」や
「監査環境の変化」といった表現において、中ほどの「四半期」「レビュー」の
つながりは、言うまでも無く「四半期レビュー」という表現において[注31]、左
中ほどの「調査」「第三」のつながりは、「第三者委員会の調査」といった表現

において注32、左中ほどの「勘案」「総合」のつながりは、「総合的に勘案」といった表現において出現する注33。

　以上見てきたとおり、2019 年 1 月 22 日以後、交代理由は多様なものとなり、具体的に記載されるようになったのだが、実は記載の仕方は類似している。「当社の会計監査人である○○有限責任監査法人は、××年×月×日開催予定の第×期定時株主総会の終結の時をもって任期満了となります。」といった文章はほとんどの交代理由の記載の最初に置かれているし、ほかにも類似した表現が多い。これは単なる偶然ではないはずである。おそらく開示を作成する際、他社の開示を参考にした結果だろう。そのため、どうしても記載の仕方が類似することになってしまう。

注20　名詞・サ変名詞・形容動詞を分析対象とした。

注21　テキストマイニングの実施にあたっては KH Coder を使用。

注22　具体的には「上記・前述・理由・当該・対象・日付・観点・記載・お知らせ・検討・内容・経営・決算・実施・事務所・候補・議案・後任・現任・決定・決議・異動・選任・選定・株式・会社・公認・会計士・委員・新た」を分析対象から除外した。このうち「株式」と「会社」は「株式会社」を構成する単語、「公認」と「会計士」は「公認会計士」を構成する単語、「委員」は「監査等委員会が決定」といった文言において使用される単語、「新た」は「新たに○○監査法人を会計監査人に選任」といった文言において使用される単語である。

注23　「当社」と「終結」のほか、「会計監査人」を構成する「会計」と「監査人」、「有限責任監査法人」を構成する「有限」「責任」「監査」「法人」のそれぞれ、「開催予定」を構成する「開催」と「予定」、「定時株主総会」を構成する「定時」「株主」「総会」のそれぞれ、「任期満了」を構成する「任期」と「満了」を分析対象から除外した。

注24　名詞・サ変名詞・形容動詞を分析対象とした。

注25　テキストマイニングの実施にあたっては KH Coder を使用。最小出現数は30、描画する共起関係は上位60と設定し、最小スパニングツリーだけを描画している。

注26　「事業規模に適した監査対応と監査報酬の相当性」が9件、「事業規模に適した監査対応や監査費用の相当性」が6件、「事業規模に適した監査対応や監査報酬の相当性」が2件、「事業規模に適した監査対応及び監査費用の相当性」が3件、「事業規模に適した監査対応及び監査報酬の相当性」が2件、「事業規模に適した監査及び監査費用の相当性」が2件。そのほか、「事業規模に適した」を「事業規模に見合った」としているものや、「相当性」を「妥当性」としているものなどがある。

注27　「工数」「増加」「傾向」は、「監査法人からの申し出」を理由とする記載においても使用され

	ている。
注28	「備えているものの」の部分は、ほかに「備えておりますが」や「備えていると考えております すが」のように表現されているものがある。
注29	「行われる」と「備えて」がひらがな表記されている13件を含めている。
注30	「行われる」を「行われている」としているものが17件（「行われている」と「備えて」がひ らがな表記されている8件を含めている）、「十分備えて」としているものが12件、「行われる 体制」としているものが22件。
注31	「四半期」という単語は、ほかに「四半期報告書」「四半期決算短信」「四半期連結財務諸表」 「四半期決算」「四半期連結会計期間」「第1四半期」「第2四半期」「第3四半期」といった表現 においても出現する。
注32	「調査」という単語は、ほかに「社内調査」「外部調査」「特別調査」といった表現においても 出現する。
注33	「総合的に勘案」という表現が使用された事例は94件。ほかに類似する表現が使用された事 例としては、「総合的に検討」が52件、「総合的に判断」が5件、「総合的に熟慮」が2件、「総 合的に考慮」が1件。

第 **2** 部

交代理由の記載

第2部では、監査法人の交代理由別にそれぞれがどのように記載されているかを分析している。分析するにあたっては、記載の内容や表現を見るだけでなく、記載を監査報酬の増減などと照らし合わせるといったことも行っている。

数が多い交代理由はテキストマイニングを利用して記載を分析し（第4章から第7章）、それ以外は可能な限り網羅的に記載を分析している（第8章から第15章）。

なお、第15章では、ほかの章とは異なり、企業と監査法人の間で交代理由についての見解が異なる事例や、交代理由が訂正されて、前とは異なる交代理由とされた事例を取り上げている。

監査報酬

1　監査報酬を交代理由とする記載

「監査報酬」を理由とする監査法人の交代とは、監査報酬の今後の増額を回避するため、あるいは監査報酬を現在よりも減額させるため、監査法人を交代させるというものである。

図表 11 は、「監査報酬」を交代理由とする記載において出現頻度の高い単語[注34]を抽出し[注35]、その上位 50 語を表示したものである。なお、交代理由の内容に関係なく使用される単語は分析対象から除外している[注36]。

やはり上位には、「報酬」（1 位、309 回）、「事業」（2 位、308 回）、「規模」（3位、271 回）、「費用」（4 位、218 回）、「相当」（5 位、217 回）、「対応」（6 位、216回）、「増加」（8 位、145 回）、「契機」（12 位、91 回）、「増額」（13 位、86 回）、「工数」（15 位、82 回）、「傾向」（16 位、61 回）といった「監査報酬」を理由とする記載において使用される単語が並んでいる。「事業」「規模」「費用」「相当」「対応」は、「事業規模に適した監査対応と監査費用の相当性」という表現に含まれる単語である。

また、前述のとおり「監査報酬」と「継続監査期間」をともに記載している開示が 150 件あるため、「継続」（9 位、139 回）、「長期」（10 位、138 回）、「年数」（11 位、109 回）といった「継続監査期間」を理由とする記載において使用される単語も上位に入っている。

なお、47 位に「更」（10 回）が入っているが、これは、次の記載のように「更なる」（形容動詞の連体形）といった形で使用されている（巻末一覧表 263。下線は筆者による）。

　　当社の現任会計監査人である有限責任監査法人トーマツは、当社第 75 期定時株主総会終結の時をもって任期満了となります。これに伴い、当社は現任会計監査人である有限責任監査法人トーマツと第 76 期に向けた監査工数、監査報酬について協議をいたしました。その中で有限責任監査法人トーマツから、監査を適切に実施するために<u>更なる監査工数の増大が見込まれ</u>、監査費用の増加が見込まれる状況である旨の説明を受けました。そこで当社の事業規模や近年の当社の経営環境、業績等を踏まえた監査報酬の相当性を総合的に勘案した結果、今般会計監査人を見直すこととし、有限責任開花監査法人を新たな会計監査人として選任するものであります。

図表 11　単語出現頻度（監査報酬・上位 50 語）

順位	単語	回数	順位	単語	回数	順位	単語	回数
1	報酬	309	17	環境	51	35	説明	17
2	事業	308	19	改定	50	36	打診	16
3	規模	271	20	期間	48	37	基準	14
4	費用	218	21	視点	45	37	提案	14
5	相当	217	22	必要	38	37	適正	14
6	対応	216	23	業務	33	40	維持	13
7	比較	165	23	考慮	33	40	効率	13
8	増加	145	25	期待	32	40	内部	13
9	継続	139	25	変化	32	40	評価	13
10	長期	138	27	水準	31	44	展開	12
11	年数	109	28	要請	30	45	拡大	11
12	契機	91	29	状況	25	45	締結	11
13	増額	86	30	協議	23	47	企業	10
14	複数	85	30	上場	23	47	見込み	10
15	工数	82	32	提示	20	47	見直し	10
16	傾向	61	33	業績	18	47	更	10
17	グループ	51	33	契約	18	47	実績	10

　次に 図表 12 は、「監査報酬」を理由とする記載において使用される単語[注37]の共起ネットワークである[注38]。上の「期間」「長期」「継続」「年数」のつながりは、「継続監査期間」を理由とする記載におけるものだとわかるが、それ以外のつながりは、概ね「監査報酬」を理由とする記載におけるもののようである。

図表 12 共起ネットワーク（監査報酬）

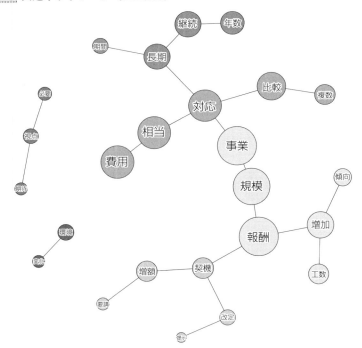

　以上は、「監査報酬」を理由とする記載における単語出現頻度と単語の共起ネットワークだが、実は「監査報酬」を理由とする記載を見ていくと、監査報酬の増額回避あるいは減額を意図していることが明確にわかる記載とそうではない記載とがあることがわかる。「監査報酬」を理由とする記載の特徴をより明確にするため、前者を「直接的表現」、後者を「間接的表現」と分けたうえで、以下でそれぞれを分析することとする。

2　直接的表現

　ここで「直接的表現」としたのは、次のように監査報酬の増額回避あるいは
減額を意図していることが明確にわかる記載である（巻末一覧表 3。下線は筆者
による）。こうした「直接的表現」は、「監査報酬」を理由とする記載 337 件の
うち 198 件である注 39。

> 　当社の会計監査人であります太陽有限責任監査法人は、平成 31 年 3 月 15
> 日開催予定の第 61 回定時株主総会終結の時をもって任期満了となります。
> これに伴い、当社は、<u>監査報酬増額の打診を受けておりましたが、当社の業
> 績不振により監査費用等の削減を目的として</u>、会計監査人を見直すこととし、
> 上記 3. の理由により、その後任として新たにあかり監査法人を会計監査法
> 人として選任するものであります。

　基本的に「監査報酬の増加」などを直接記載しているものを抽出している
が、次の記載のように、「監査報酬の改定」とだけ記載し、「増額改定」とは記
載していないものも、そうであることが明らかなため、「直接的表現」に分類
している（巻末一覧表 9。下線は筆者による）。

> 　当社の会計監査人である太陽有限責任監査法人は、平成 31 年 3 月 28 日
> 開催予定の第 44 期定時株主総会の終結の時をもって任期満了となります。
> 監査等委員会は、当社の<u>事業規模に適した監査対応と監査費用の相当性</u>につ
> いて、以前より他の監査法人と比較検討してまいりましたが、現会計監査人
> の監査継続年数が 12 年と長期にわたること並びに<u>監査報酬の改定</u>に鑑み、
> これを契機として上記 3. の理由により、その後任として新たにＰｗＣ京都
> 監査法人を会計監査人として選任するものであります。

　また、次の記載も、「監査報酬の増加」などを直接記載していないものの、

「会社規模に比し監査費用が乖離する傾向」や「傘下会社数増加に伴う監査費用の重要性が高まること」という記載から、監査報酬の増額回避あるいは減額が目的であることが明らかなため、「直接的表現」に分類している（巻末一覧表76。下線は筆者による）。

> 　当社の会計監査人である EY 新日本有限責任監査法人は、2019 年 6 月 27 日開催予定の第 47 回定時株主総会終結の時をもって任期満了となります。現会計監査人は、監査継続年数が 12 年と長期にわたること、また近年は<u>会社規模に比し監査費用が乖離する傾向</u>にあったこと、さらに、2017 年 4 月にホールディング会社体制へ移行後、積極的に M&A 戦略を継続しており、今後の<u>傘下会社数増加に伴う監査費用の重要性が高まること</u>等を考慮し、監査役会の決議に基づき新たに会計監査人として、太陽有限責任監査法人を選任する議案内容を決定したものであります。

　次の記載のように、「監査報酬の増加」などを直接記載していないものの、「業績が厳しい」ことを記載している場合も、監査報酬の増額回避あるいは減額が目的であることが明らかなため、「直接的表現」に分類している（巻末一覧表388。下線は筆者による。巻末一覧表 337・368・472 も同様）。

> 　当社の会計監査人である有限責任監査法人トーマツは、2021 年 6 月 21 日開催予定の当社第 102 期定時株主総会終結の時をもって任期満了となります。現在の会計監査人においても、会計監査が適切に行われることを確保する体制を十分に備えていると考えております。しかしながら当社の<u>業績悪化による全ての費用の見直し</u>等もあり、当社の<u>事業規模に適した監査対応及び監査費用</u>について、他の監査法人と比較検討するなどした結果、上記 3. の理由により、その後任として新たにひかり監査法人を会計監査人として選任するものであります。
> 　なお、有限責任監査法人トーマツからは、監査業務の引き継ぎについても

> 協力を得ることができる旨、確約をいただいております。

　図表 13 は、こうした「直接的表現」において出現頻度の高い単語を抽出し、その上位 50 語を表示したものである。上位の単語は、「監査報酬」を理由とする記載全体で見た場合と大きく変わらないようである。

　しかし、その場合は 1 位から 6 位が「報酬」「事業」「規模」「費用」「相当」「対応」であったのに対して（「事業」「規模」「費用」「相当」「対応」は「事業規模に適した監査対応と監査費用の相当性」で使用）、「直接的表現」においては、「監査報酬」を理由とする記載全体での順位が 8 位だった「増加」（147 回）が 3 位になっている。

　また、順位は変わらないが、1 位の「報酬」と 2 位の「事業」の出現回数の差が、「直接的表現」では大きくなっている。

図表 13 単語出現頻度（監査報酬・直接的表現・上位 50 語）

順位	単語	回数	順位	単語	回数	順位	単語	回数
1	報酬	255	18	環境	42	35	水準	14
2	事業	168	19	必要	32	35	提案	14
3	規模	147	20	要請	30	37	契約	12
3	増加	147	21	視点	28	37	内部	12
5	費用	130	22	変化	27	39	基準	11
6	対応	111	23	グループ	26	40	拡大	10
7	相当	110	24	期間	25	40	見込み	10
8	比較	96	25	業務	22	40	評価	10
9	増額	89	25	状況	22	43	見直し	9
10	契機	88	27	考慮	21	43	効率	9
11	工数	81	28	提示	20	43	実績	9
12	継続	77	29	期待	18	43	増大	9
13	長期	71	29	上場	18	43	適正	9
14	傾向	62	31	協議	17	43	展開	9
15	年数	61	31	業績	17	43	背景	9
16	複数	55	33	説明	16	43	来期	9
17	改定	52	33	打診	16			

　次に 図表 14 は、「直接的表現」において使用される単語の共起ネットワークである。当然だが、「報酬」と「増加」「増額」がつながっている。

図表 14 共起ネットワーク（監査報酬・直接的表現）

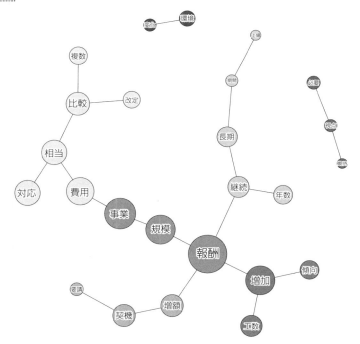

　中下の「契機」「増額」のつながりは、第3章で見たように「監査報酬」を理由とする記載におけるものだが、ここではさらに「要請」がつながっている。これは、次の記載のように「監査報酬の増額要請」といった形で使用されるものである（巻末一覧表42。下線は筆者による）。

　当社の会計監査人である太陽有限責任監査法人は、2019年6月27日開催予定の第60回定時株主総会終結の時をもって任期満了となります。同監査法人の監査継続年数が長期にわたっており、新たな視点での監査が必要な

時期であること、また、当社の監査について、2019 年 3 月期の監査状況を
踏まえると、今後はより慎重なリスク対応手続や内部統制評価を行う必要が
あるとの理由により、監査工数の増加に伴う監査報酬の増額要請があったこ
と等を契機として、複数の監査法人と面談を行い検討してまいりました結果、
上記 3 の理由により、新たな会計監査人として、永和監査法人を選任する議
案の内容を決定したものであります。

次の記載は、左上の「複数」「比較」「改定」のつながりが含まれる事例であ
る（巻末一覧表 289。下線は筆者による）。 **図表 12** では「改定」とつながってい
た「提示」も使用されている。

当社の会計監査人である有限責任あずさ監査法人は、2020 年 10 月 28 日
開催予定の第 15 期定時株主総会の終結の時をもって任期満了となります。
当社が経費削減に取り組んでいた中、同会計監査人より 2021 年 7 月期にお
いての監査報酬の増額改定の提示があったことを契機として、同会計監査人
を含む複数の監査法人を対象として、品質管理体制、専門性、独立性及び監
査報酬の水準等を総合的に比較検討してまいりました。検討の結果、新たな
会計監査人として、太陽有限責任監査法人を選任する議案の内容を決定した
ものであります。

上の「環境」「変化」のつながりは、第 3 章で見たように「経営環境の変化」
や「監査環境の変化」といった表現において出現するものである。次の記載で
は、「経営環境の変化」により「監査工数の増加」が生じ、その結果、「監査報
酬の増額」に至るとされている（巻末一覧表 147。下線は筆者による）。

当社の会計監査人である有限責任監査法人トーマツは、2019 年 12 月 20
日開催予定の第 13 回定時株主総会終結の時をもって任期満了となります。
監査等委員会は、かねてより当社グループの事業規模に適した監査対応と監

査報酬の相当性について他の監査法人と比較検討してまいりましたが、連結子会社化に伴う当社グループの事業領域の拡大等による経営環境の変化に伴い、監査工数の増加による監査報酬の増額が見込まれるため、これを契機として上記3．の理由により、その後任として新たに太陽有限責任監査法人を会計監査人として選任するものであります。

また、次の記載では、「監査環境の変化」により「監査報酬増額」が必要になるとされている（巻末一覧表367。下線は筆者による）。

当社の会計監査人であるＥＹ新日本有限責任監査法人は当社の第125期定時株主総会終結の時をもって任期満了となります。これに伴い当社現任会計監査人と第126期に向けた監査工数、監査報酬について協議を行ったところ、現任会計監査人から監査環境の変化等を理由に、監査報酬増額が必要となる旨の見解が示されました。これを踏まえ当社として現任会計監査人が就任してから14年が経過することや、当社の事業規模及び内容を考慮した監査費用と監査対応の相当性等を考慮し、上記3．の理由により有限責任大有監査法人を新たに会計監査人として選任するものです。

右端の「必要」「視点」「期待」のつながりは、「監査報酬」とは関係なく出現するものである。次の記載には「視点」と「必要」が含まれているが、「監査報酬」ではなく「継続監査期間」の説明において使用されている（巻末一覧表36。下線は筆者による）。

当社の会計監査人である有限責任監査法人トーマツは、2019年5月30日開催予定の第71回定時株主総会終結の時をもって任期満了となります。監査等委員会は、有限責任監査法人トーマツの監査継続年数が13年と長期にわたっており、新たな視点での監査が必要な時期であること、また、2019年2月期において、同監査法人の監査報酬の増額改定があったこと等

> を契機として、同監査法人を含め複数の監査法人を対象として検討してまいりました結果、上記 3 の理由により、新たな会計監査人として、ひびき監査法人を選任する議案の内容を決定したものであります。

　次の記載にも「視点」と「期待」が含まれているが、これも「監査報酬」の説明とは関係ない（巻末一覧表132。下線は筆者による）。交代理由の説明ではなく、後任の監査法人を選んだ理由の説明において使用されているようである。

> 　当社の会計監査人であります有限責任監査法人トーマツは、2019 年 9 月 26 日開催予定の第 59 期定時株主総会終結の時をもって任期満了となります。
> 　当社は、30 年間の長きにわたり有限責任監査法人トーマツを会計監査人として選任してきたこと、また、近年は監査報酬が増加傾向にあることなどから、改めて会計監査人の評価・見直しを行うべきと考え、監査役会において同法人を含む複数の監査法人を検討してまいりました。
> 　その結果、新たな視点での監査が期待できることに加え、同監査法人の規模、独立性、専門性、監査報酬及び内部管理体制などを総合的に勘案し検討した結果、当社の会計監査人として適任であると判断したため、栄監査法人を会計監査人として選任するものであります。

　ちなみに、この開示の「3．2．(1)に記載する者を公認会計士等の候補者とした理由」の記載は次のとおりであり、上の「視点」と「期待」が含まれている段落の記載とほぼ同じである。第 3 章でも見たが、このように「3．2．(1)に記載する者を公認会計士等の候補者とした理由」に記載した内容を再度「6.異動の決定又は異動に至った理由及び経緯」に記載するのは、記載の水増しと言えなくもない。

> 　監査役会が、栄監査法人を会計監査人の候補者とした理由は、新たな視点

での監査が期待できることに加え、同監査法人の規模、独立性、専門性、監査報酬及び内部管理体制などを総合的に勘案し検討した結果、当社の会計監査人として適任であると判断したためであります。

<h1>3　間接的表現</h1>

ここで「間接的表現」としたのは、次のように、「監査報酬の増加」などは直接記載せず、「事業規模に適した監査対応と監査費用の相当性」といった表現のみを記載し、監査報酬の増額回避あるいは減額を意図していることが明確にはわからないものである（巻末一覧表365。下線は筆者による）。こうした記載の場合、「当社の事業規模からすると、監査報酬が低すぎる。監査の質を高めるために、もっと監査報酬が高い監査法人にした方がいい」と企業が考えているように読めなくはない。こうした「間接的表現」は、「監査報酬」を理由とする記載337件のうち139件である[注40]。

　当社の会計監査人であるEY新日本有限責任監査法人は、2021年5月28日開催予定の第30期定時株主総会終結の時をもって任期満了となります。現在の会計監査人においても会計監査を適切かつ妥当に行われることを確保する体制を十分に備えていると考えておりますが、当社の事業規模に適した監査対応と監査費用の相当性等について、他の監査法人と比較検討してまいりました結果、上記3．の理由により、その後任として新たに清明監査法人を会計監査人として選任するものであります。

なお、基本的に「事業規模に適した監査対応と監査費用の相当性」といった表現のみを記載しているものを抽出しているが、次の記載は、「工数の増加」とは記載しているものの、「監査報酬」には触れていないため、「間接的表現」に分類している（巻末一覧表126。下線は筆者による）。

> 　当社の会計監査人である有限責任監査法人トーマツは、2019 年 9 月 26 日開催予定の第 75 回定時株主総会終結の時をもって任期満了となります。
> 　監査役会は、有限責任監査法人トーマツの監査継続年数が 18 年と長期にわたることに加え、近年の当社の事業構造の変化に伴う監査に要する<u>工数の増加</u>について説明があったこと等を契機として、今後の更なる海外への事業展開および事業構造変化に向けて、それに対応できる監査体制および業務遂行能力を備えている複数の監査法人の比較検討を実施いたしました。
> 　その結果、上記 3．の理由により、PwC あらた有限責任監査法人を会計監査人として選任する議案の内容を決定したものであります。

　図表 15 は、「間接的表現」において出現頻度の高い単語を抽出し、その上位 50 語を表示したものである。1 位から 5 位は、「事業」（141 回）、「規模」（126 回）、「相当」（108 回）、「対応」（106 回）、「費用」（91 回）と、「事業規模に適した監査対応と監査費用の相当性」で使用される単語となっている。

　「直接的表現」では 1 位だった「報酬」が、「間接的表現」では 9 位（59 回）となっている。しかも、この「報酬」は、次の記載のように、「事業規模に適した監査対応と監査費用の相当性」に類似した表現で使用されるものである（巻末一覧表 107。下線は筆者による）。

> 　当社の会計監査人である有限責任監査法人トーマツは、2019 年 6 月 27 日開催予定の当社第 18 期定時株主総会終結の時をもって任期満了となります。異動に至った理由及び経緯としては、当社グループの事業領域の多角化等を受け、当社の事業特性に即した<u>監査対応、監査の効率性と監査報酬の相当性</u>等に関し、他の監査法人との比較検討を行うことにいたしました。その結果、当社の現状に適した監査人として、太陽有限責任監査法人を会計監査人として選任する議案の内容を決定したものであります。

図表 15 単語出現頻度（監査報酬・間接的表現・上位 50 語）

順位	単語	回数	順位	単語	回数	順位	単語	回数
1	事業	141	19	環境	9	37	基準	3
2	規模	126	20	企業	7	37	契機	3
3	相当	108	20	重視	7	37	見積もり	3
4	対応	106	22	維持	6	37	向上	3
5	費用	91	22	機動	6	37	合理	3
6	比較	69	22	協議	6	37	取得	3
7	長期	67	22	契約	6	37	手法	3
8	継続	62	22	形態	6	37	情報	3
9	報酬	59	22	締結	6	37	状況	3
10	年数	48	22	必要	6	37	信頼	3
11	複数	30	29	上場	5	37	新規	3
12	グループ	25	29	適正	5	37	退任	3
13	期間	23	29	変化	5	37	調査	3
14	視点	17	32	依頼	4	37	展開	3
14	水準	17	32	交代	4	37	年度	3
16	期待	14	32	効率	4	37	評価	3
17	考慮	12	32	更	4			
18	業務	11	32	財務	4			

　次に **図表 16** は、「間接的表現」において使用される単語の共起ネットワークである。件数が「直接的表現」より少ないことも影響しているが、**図表 14** と比べるとシンプルである。左上の「年数」「継続」「長期」「期間」のつながりは「継続監査期間」を理由とする記載におけるものであるし、中心から右上にかけての「規模」「事業」「対応」「相当」「費用」のつながりは、言うまでも無く「事業規模に適した監査対応と監査費用の相当性」におけるものである。

　左下の「水準」「報酬」のつながりは、**図表 14** にはなく、こちらにだけ描

図表 16 共起ネットワーク（監査報酬・間接的表現）

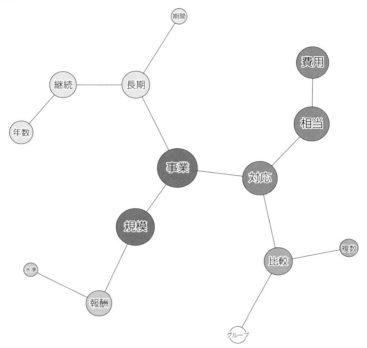

かれているのだが、これも、次の記載のように「事業規模に適した監査対応と監査費用の相当性」に類似した表現において出現するものである（巻末一覧表436。下線は筆者による）。

> 　当社の会計監査人である EY 新日本有限責任監査法人は、2021 年 6 月 25 日開催予定の第 101 期定時株主総会終結の時をもって任期満了となります。当該会計監査人との監査継続年数が長期にわたっていること、当社グループの事業規模に適した監査対応及び監査報酬の水準等を検討した結果、太陽有限責任監査法人を新たな会計監査人として選任するものであります。

　右下の「比較」「複数」とつながっている「グループ」も、**図表 14** にはな

く、こちらにだけ描かれているのだが、これも、次の記載のように、「事業規模に適した監査対応と監査費用の相当性」に類似した表現と併せて使用されるものである（巻末一覧表418。下線は筆者による）。

　当社の会計監査人であるEY新日本有限責任監査法人は、2021年6月17日開催予定の第28回定時株主総会終結時をもって任期満了となります。当該会計監査人においても、会計監査が適切かつ妥当に行われることを確保する体制を十分に備えていると考えておりますが、監査継続年数が長期に渡っていること及び当社グループの事業規模に適した監査対応及び監査報酬の相当性等について、複数の監査法人と比較検討した結果、上記3．の理由により、その後任として新たにひびき監査法人を会計監査人として選任するものであります。

　おそらく他社が使用しているからということもあるのだろうが、このように多くの企業が「事業規模に適した」という表現をためらいなく使用していることに対して、監査法人側は違和感を持っているだろう。監査対応と監査報酬は事業規模だけで決まるわけではない。事業規模が小さくても、その企業における虚偽表示発生のリスクが高ければ（事業規模が小さく、内部統制が脆弱であれば、そのリスクは高まる）、丁寧な監査対応が必要となり、監査報酬もそれだけ高くならざるを得ないのである。

4　監査報酬の変化

　本章では「監査報酬」を交代理由とする記載を分析したが、「監査報酬」を理由として監査法人が交代した場合、交代後、実際に監査報酬が減少しているのかを本節では確認してみたい。

　「監査報酬」を理由としている場合の監査報酬の変化を見る前に、まず監査法人の交代に関する適時開示を行った企業全体における監査報酬の変化を見

る。図表 17 と 図表 18 は、監査法人の交代に関する適時開示を行った企業全体における監査報酬増減率（交代により監査報酬の額が何％増加または減少したか）注41 の分布を示したものである。交代理由は「監査報酬」が最も多いためかと思われるが、全体として見ても、減少している企業が多い注42。増減率の平均値は−2.5％、中央値は−5.3％である。

図表 17 〈度数分布表〉監査報酬増減率の分布（全体）

増減率	件数	増減率	件数
−80％以下	3	10％超 20％以下	50
−80％超−70％以下	0	20％超 30％以下	27
−70％超−60％以下	2	30％超 40％以下	16
−60％超−50％以下	7	40％超 50％以下	14
−50％超−40％以下	22	50％超 60％以下	8
−40％超−30％以下	32	60％超 70％以下	5
−30％超−20％以下	83	70％超 80％以下	5
−20％超−10％以下	123	80％超 90％以下	1
−10％超 0％以下	200	90％超 100％以下	4
0％超 10％以下	73	100％超	6
		合　計	681

図表 18 〈ヒストグラム〉監査報酬増減率の分布（全体）

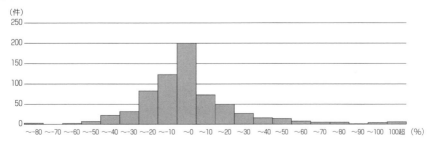

次に「監査報酬」を理由としている場合の監査報酬の変化を見る。 図表 19
と 図表 20 は、「監査報酬」を理由とした企業における監査報酬増減率の分布
を示したものである。やはり、全体で見た場合と比べて、減少している企業の
割合が高いことわかる[注43]。増減率の平均値は－11.5％、中央値は－11.4％であ
る。

図表 19 〈度数分布表〉監査報酬増減率の分布（監査報酬）

増減率	件数	増減率	件数
－80％以下	2	10％超 20％以下	17
－80％超－70％以下	0	20％超 30％以下	6
－70％超－60％以下	2	30％超 40％以下	5
－60％超－50％以下	4	40％超 50％以下	4
－50％超－40％以下	19	50％超 60％以下	2
－40％超－30％以下	21	60％超 70％以下	1
－30％超－20％以下	55	70％超 80％以下	1
－20％超－10％以下	74	80％超 90％以下	0
－10％超 0％以下	97	90％超 100％以下	0
0％超 10％以下	23	100％超	0
		合　計	333

図表 20 〈ヒストグラム〉監査報酬増減率の分布（監査報酬）

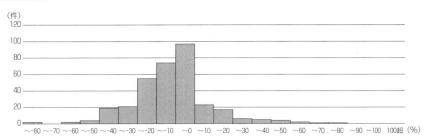

　それでは、「監査報酬」を理由としている場合の監査報酬の変化を「直接的表現」の場合と「間接的表現」の場合とに分けて見てみると、どうなるだろうか。「間接的表現」の場合は、減少する企業が少なくなるのだろうか。

　まず **図表 21** と **図表 22** は、「直接的表現」を記載した企業における監査報酬増減率の分布を示したものである[注44]。やはり減少している企業の割合が高いが、増加している企業もある。「直接的表現」では、監査報酬の増額回避あるいは減額を意図していることが明確にされているので、奇妙に見えるが、おそらく監査報酬が増加している場合、前任の監査法人のもとではより一層の監査報酬の増加が見込まれていたのではないだろうか。増減率の平均値は－10.0%、中央値は－8.7%である。

図表 21〈度数分布表〉監査報酬増減率の分布（監査報酬・直接的表現）

増減率	件数	増減率	件数
－80%以下	1	10%超 20%以下	13
－80%超－70%以下	0	20%超 30%以下	4
－70%超－60%以下	2	30%超 40%以下	5
－60%超－50%以下	3	40%超 50%以下	3
－50%超－40%以下	12	50%超 60%以下	2
－40%超－30%以下	12	60%超 70%以下	1
－30%超－20%以下	25	70%超 80%以下	0
－20%超－10%以下	41	80%超 90%以下	0
－10%超 0%以下	59	90%超 100%以下	0
0%超 10%以下	12	100%超	0
		合　計	195

図表 22 〈ヒストグラム〉監査報酬増減率の分布（監査報酬・直接的表現）

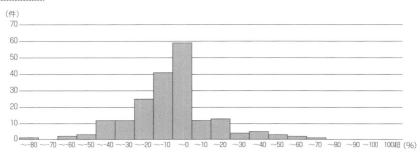

　次に **図表 23** と **図表 24** は、「間接的表現」を記載した企業における監査報酬増減率の分布を示したものである[注45]。増加している企業がいくらかあるものの、減少している企業の割合は「直接的表現」を記載した企業よりも高い。増減率の平均値は－13.7％、中央値は－14.9％と、いずれも「直接的表現」を記載した企業よりも低い率となっている。

　この結果から、「間接的表現」を記載している場合も、監査報酬の増額回避あるいは減額を意図していると捉えていいように思われる[注46]。「間接的表現」は2020年に入ってから増え始めた[注47]。「直接的表現」を避け、曖昧な表現で済ませたいと思った企業が「間接的表現」を使用し始めて、それがほかの企業に広まっていったのではないだろうか。

図表 23 〈度数分布表〉監査報酬増減率の分布（監査報酬・間接的表現）

増減率	件数	増減率	件数
−80%以下	1	10%超 20%以下	4
−80%超 −70%以下	0	20%超 30%以下	2
−70%超 −60%以下	0	30%超 40%以下	0
−60%超 −50%以下	1	40%超 50%以下	1
−50%超 −40%以下	7	50%超 60%以下	0
−40%超 −30%以下	9	60%超 70%以下	0
−30%超 −20%以下	30	70%超 80%以下	1
−20%超 −10%以下	33	80%超 90%以下	0
−10%超 0%以下	38	90%超 100%以下	0
0%超 10%以下	11	100%超	0
		合　計	138

図表 24 〈ヒストグラム〉監査報酬増減率の分布（監査報酬・間接的表現）

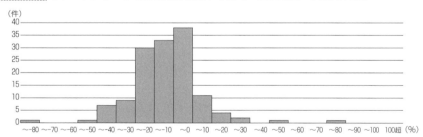

注34　名詞・サ変名詞・形容動詞を分析対象とした。

注35　テキストマイニングの実施にあたっては KH Coder を使用。

注36　**注22**と**注23**に記載した単語のほか、第3章における分析を踏まえて「確約・協力・引継ぎ・総合・勘案・適切・妥当・確保・十分・体制・適任・判断・品質・管理・独立・専門」を分析対象から除外した。

注37　名詞・サ変名詞・形容動詞を分析対象とした。

注38　テキストマイニングの実施にあたっては KH Coder を使用。最小出現数は15、描画する共起関係は上位60と設定し、最小スパニングツリーだけを描画している。

注39　巻末一覧表2・3・7・8・9・12・15・16・23・27・29・34・36・42・45・57・58・64・65・67・68・72・76・78・82・87・89・90・91・94・97・98・103・109・111・118・121・128・131・132・135・140・145・147・150・154・163・165・166・167・169・170・171・177・181・182・186・188・192・197・210・211・213・216・218・228・238・243・246・257・261・262・263・266・270・274・275・278・280・281・283・289・297・299・307・308・310・314・316・317・320・322・323・329・330・331・333・337・343・355・358・360・361・364・367・368・380・386・388・389・393・397・400・402・403・406・412・413・419・420・423・444・448・452・455・456・458・459・462・466・469・472・476・481・483・484・487・490・492・499・503・510・512・517・521・527・532・534・536・546・555・558・559・560・562・563・566・568・570・575・576・583・584・591・593・595・598・604・610・615・619・621・625・628・632・639・644・646・647・648・649・651・653・683・684・689・698・699・704・707・711・715・716・718・724・725・730・732。

注40　巻末一覧表47・70・80・106・107・126・168・196・202・204・207・219・220・248・288・296・298・303・309・311・312・318・321・324・326・332・334・338・340・344・346・353・357・363・365・366・371・374・375・384・385・387・391・394・396・399・404・407・414・416・418・424・428・429・430・436・438・447・451・454・460・463・465・470・471・473・477・479・480・495・496・500・501・505・506・507・508・513・516・522・526・528・533・550・553・557・572・573・578・579・580・581・585・586・590・597・601・606・607・611・612・613・614・618・623・627・630・631・634・636・642・643・645・654・660・670・675・676・677・678・681・682・687・692・693・695・696・701・702・705・708・710・712・713・714・717・719・720・722。

注41　有価証券報告書「第一部　企業情報　第4　提出会社の状況　4　コーポレート・ガバナンスの状況等　（3）監査の状況」記載の提出会社における監査証明業務に基づく報酬により算出した。なお、交代後に上場廃止となった企業や、期中交代を繰り返したために交代前後の比較が困難な企業などは除外している。

注42　「－10％超0％以下」のうち0％は67件であり、それらを除いても減少している企業が多い。なお、このように監査法人の交代に関する適時開示を行った企業を見ると、監査報酬は減少しているものが多いが、金融商品取引法に基づく監査を受けている企業全体を見ると、1社あたりの平均監査報酬は増加傾向にある（日本公認会計士協会（2020b）3頁、同（2021）3頁、同（2023a）3頁、同（2023b）3頁。

注43　「－10％超0％以下」のうち0％は25件であり、それらを除いても減少している企業が多い。

注44　「－10％超0％以下」のうち0％は15件であり、それらを除いても減少している企業が多い。

注45　「－10％超0％以下」のうち0％は10件であり、それらを除いても減少している企業が多い。

注46　公認会計士・監査審査会による「モニタリングレポート」は、監査法人の交代に関する適時開示に記載された交代理由を、①任期満了、②監査報酬、③監査対応と監査報酬の相当性、④継続監査期間、⑤監査人の辞任、⑥親会社等の監査人の統一、⑦期中合意解除、⑧見解の相違、⑨監査法人の合併、⑩その他、に分類して、その件数を集計している（公認会計

士・監査審査会（2023）101-102頁）。「監査報酬」と「監査対応と監査報酬の相当性」を分けて集計しているが、両者を合わせて集計するのが適切であると思われる。

注47　**注40**参照。また、公認会計士・監査審査会（2023）102頁においても、「監査対応と監査報酬の相当性」を理由とする開示は、「R 元年6月期」（2019年6月期）には僅かだったものの、「R2年6月期」（2020年6月期）に少し増えて、「R3年6月期」（2021年6月期）に急増していることが示されている。

第 **5** 章 　 継続監査期間

1　継続監査期間を交代理由とする記載

　「継続監査期間」を理由とする監査法人の交代とは、現任の監査法人による監査を継続して受けている期間が長いため、監査法人を交代させるというものである。

　図表25 は、「継続監査期間」を交代理由とする記載において出現頻度の高い単語[注48]を抽出し[注49]、その上位50語を表示したものである。なお、交代理由の内容に関係なく使用される単語は分析対象から除外している[注50]。

　上位3位には、「継続」（1位、301回）、「長期」（2位、250回）、「年数」（3位、217回）という「継続監査期間」を理由とする記載において使用される単語が入っている。12位の「期間」（98回）のほか、第4章で見たように9位の「視点」（121回）、13位の「期待」（91回）、15位の「必要」（65回）も、「継続監査期間」を理由とする記載において使用される単語である。

　「監査報酬」を理由とする記載において使用される単語も目立つ。「事業」（4位、195回）、「規模」（5位、161回）、「報酬」（6位、152回）、「対応」（8位、134回）、「相当」（10位、119回）、「費用」（11位、100回）、「増加」（17位、52回）、「契機」（18位、48回）、「増額」（20位、33回）、「改定」（21位、31回）、「傾向」（25位、22回）、「工数」（26位、21回）である。これは、前述のとおり「監査報酬」と「継続監査期間」をともに記載している開示が150件あるためである。

図表 25 単語出現頻度（継続監査期間・上位 50 語）

順位	単語	回数	順位	単語	回数	順位	単語	回数
1	継続	301	18	契機	48	35	交代	15
2	長期	250	19	グループ	36	35	水準	15
3	年数	217	20	増額	33	35	報告	15
4	事業	195	21	改定	31	38	基準	14
5	規模	161	22	効率	30	39	海外	13
6	報酬	152	23	環境	27	39	要請	13
7	比較	146	24	上場	24	41	関与	12
8	対応	134	25	傾向	22	41	適正	12
9	視点	121	26	業務	21	41	年度	12
10	相当	119	26	工数	21	41	変化	12
11	費用	100	26	親会社	21	41	有効	12
12	期間	98	29	連結	20	46	拡大	11
13	期待	91	30	向上	19	46	計画	11
14	複数	90	31	統一	18	46	見直し	11
15	必要	65	32	起用	17	46	四半期	11
16	考慮	57	32	評価	17	46	展開	11
17	増加	52	34	変更	16			

　次に **図表 26** は、「継続監査期間」を理由とする記載において使用される単語[注51]の共起ネットワークである[注52]。中央の「事業」「規模」「対応」「相当」「費用」そして「報酬」のつながり、下の「傾向」「増加」「工数」と「契機」「増額」のつながりは、これまで見てきたようにいずれも「監査報酬」を理由とする記載におけるものである。

　上の「年数」「継続」「長期」と「期間」「長期」「継続」のつながりは、「継続監査期間」を理由とする記載におけるものだが、「年数」を使う企業と「期間」を使う企業に分かれる。円の大きさからわかるとおり、「年数」を使う企

図表 26 共起ネットワーク（継続監査期間）

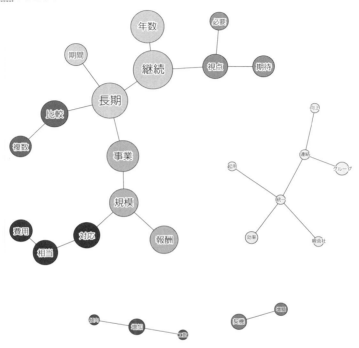

業の方が多い注53。 図表 25 においても、「年数」の出現回数が 217 回（3 位）であるのに対して、「期間」は 98 回（12 位）であった。

　次の記載は「年数」を使った事例だが、左上の「比較」「複数」のつながりも含まれている（巻末一覧表 99。下線は筆者による）。

　当社の会計監査人である有限責任監査法人トーマツは、2019 年 6 月 26 日開催予定の第 20 期定時株主総会終結の時をもって任期満了となります。監査役会は、現会計監査人の監査継続年数が 2004 年 4 月から 2019 年 3 月までの長期にわたっていることから同法人を含む複数の監査法人と比較検討を実施した結果、上記 3. の理由からその後任として新たに PwC あらた有限責任監査法人を選任するものであります。

　次の記載は「期間」を使った事例である（巻末一覧表59。下線は筆者による）。

　当社の会計監査人である有限責任あずさ監査法人は、2019年6月20日開催予定の当社第83回定時株主総会終結の時をもって任期満了となります。現任の会計監査人については会計監査が適切かつ妥当に行われることを確保する体制を十分に備えているものの、<u>監査継続期間</u>が<u>長期</u>にわたることから、監査役会は会計監査人を見直す時期にあると判断しました。これに伴い上記3の理由により、ＰｗＣあらた有限責任監査法人を新たな会計監査人として選任する議案の内容を決定しました。

　第4章でも見たが、右上の「必要」「視点」と「視点」「期待」のつながりも、「継続監査期間」を理由とする記載に頻繁に出現する。次の記載は、「必要」「視点」のつながりが含まれる事例である（巻末一覧表94。下線は筆者による）。

　当社の会計監査人である有限責任監査法人トーマツは、2019年6月27日開催予定の第94回定時株主総会終結の時をもって任期満了となります。同監査法人の監査継続年数が17年と長期にわたっており、新たな<u>視点</u>での監査が<u>必要</u>な時期であること、また、同監査法人から、監査対応時間の増加を背景とする監査報酬の増額の可能性について説明があったこと等を契機として、複数の監査法人を対象として検討してまいりました結果、上記3の理由により、新たに会計監査人として太陽有限責任監査法人を選任する議案の内容を決定したものであります。

　次の記載は、「視点」「期待」のつながりが含まれる事例である（巻末一覧表212。下線は筆者による）。

　当社の会計監査人であるＰｗＣあらた有限責任監査法人は、2020年6月

9日開催予定の第114回定時株主総会終結の時をもって任期満了となります。同監査法人の前身である監査法人伊東会計事務所の時代を含めた監査継続年数（40年）を考慮し、新たな視点での監査が期待できることから新たな会計監査人への変更を決定したものであり、上記3．の理由により、新たに会計監査人として太陽有限責任監査法人を選任するものであります。なお、当該会計監査人の選任は、2020年6月9日開催予定の第114回定時株主総会において、当該会計監査人選任に係る議案が承認可決されることが条件となります。

　いずれ記載においても「新たな視点での監査」という表現が使用されているが[54]、この表現は、監査法人を定期的に交代させるという強制的ローテーション制度に関する議論において使用され、それが広まったように思われる[55]。

　中右の「向上」「連結」「グループ」「統一」「起用」「親会社」「効率」のつながりは、第3章で見た「連結」「親会社」「統一」「効率」のつながりを含んでおり、「グループ間統一」を理由とする記載におけるものだとわかる。「継続監査期間」と「グループ間統一」をともに記載している開示が17件あるためである。次の記載は、「親会社」は含んでいないが、ほかのつながりを含んだ事例である（巻末一覧表538。下線は筆者による）。

　上記3．に記載のとおり、現会計監査人の監査継続年数を考慮したうえで、新たに会計監査人の検討を開始し、複数の監査人を検討した結果、新たな視点での監査が期待できることや専門性、独立性、品質管理体制などの観点及びグループにおいて会計監査人を統一することでグループにおける連結決算監査及びガバナンスの有効性、効率性の向上が期待できることから、ＥＹ新日本有限責任監査法人を起用することといたしました。これに伴い、当社の会計監査人である有限責任監査法人トーマツは、2022年3月18日開催予定の定時株主総会終結の時をもって任期満了となり、退任いたします。

2　継続監査期間の長さ

　本章では「継続監査期間」を交代理由とする記載を分析したが、「継続監査期間」を理由として監査法人が交代した場合、前任監査法人の継続監査期間はどの程度の長さだったのかを確認してみたい。

　「継続監査期間」を理由としている場合における前任監査法人の継続監査期間を見る前に、まず監査法人の交代に関する適時開示を行った企業全体におけ

図表 27　〈度数分布表〉継続監査期間の分布（全体）

期間	件数	期間	件数
5 年以下	161	41 年〜 45 年	14
6 年〜 10 年	114	46 年〜 50 年	17
11 年〜 15 年	125	51 年〜 55 年	9
16 年〜 20 年	58	56 年〜 60 年	8
21 年〜 25 年	34	61 年〜 65 年	1
26 年〜 30 年	40	66 年〜 70 年	3
31 年〜 35 年	27	合　計	624
36 年〜 40 年	13		

図表 28　〈ヒストグラム〉継続監査期間の分布（全体）

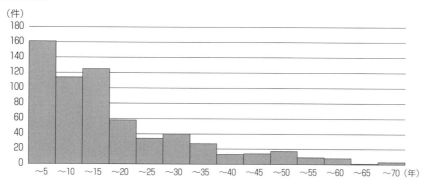

る前任監査法人の継続監査期間を見る。 図表27 と 図表28 は、監査法人の
交代に関する適時開示を行った企業全体における前任監査法人の継続監査期
間注56 の分布を示したものである。平均値は 16.0 年、中央値は 12.5 年だが、5
年以下の企業が最も多い。

　それでは、「継続監査期間」を理由としている場合における前任監査法人の
継続監査期間はどうか。 図表29 と 図表30 は、「継続監査期間」を理由とし
た企業における前任監査法人の継続監査期間の分布を示したものである。

図表29 〈度数分布表〉継続監査期間の分布（継続監査期間）

期間	件数	期間	件数
5 年以下	9	41 年〜 45 年	11
6 年〜 10 年	39	46 年〜 50 年	15
11 年〜 15 年	81	51 年〜 55 年	8
16 年〜 20 年	45	56 年〜 60 年	5
21 年〜 25 年	26	61 年〜 65 年	1
26 年〜 30 年	30	66 年〜 70 年	2
31 年〜 35 年	20	合　計	301
36 年〜 40 年	9		

図表30 〈ヒストグラム〉継続監査期間の分布（継続監査期間）

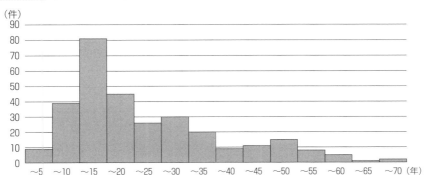

　平均値は 22.5 年、中央値は 17 年であり、監査法人の交代に関する適時開示を行った企業全体における分布と比較すると、長い傾向にある。しかし、それでも 5 年以下が 9 件ある。

　期間の長短についての評価は企業により異なるかと思われるが、監査法人側からすると、5 年以下で「継続監査期間」を理由にされると、正直なところつらいだろう。もしかすると、継続監査期間の評価にあたって、いわゆるパートナーローテーション制度注 57 において業務執行社員が交代する期間を参考にしている企業も中にはあるのかもしれない。

　なお、次の記載のように、継続監査期間は 5 年以下だが、上場以前の関与期間も含めて長期と捉えている事例もある（巻末一覧表 259。下線は筆者による）注 58。

　当社の会計監査人である有限責任監査法人トーマツは、2020 年 6 月 30 日開催予定の第 16 期定時株主総会終結の時をもって任期満了となります。現会計監査人とは良好な関係を築いてまいりましたが、当社の<u>上場以前の期間も含めると関与年数が長期に渡ること</u>、異なる視点による意見を取り入れたいことから、新たな会計監査人を選任するに妥当な時期と考えたものであります。

　これに伴い、上記 3．の理由により新たに有限責任あずさ監査法人を会計監査人として選任するものであります。

　また、次の記載も、継続監査期間が 5 年以下の事例なのだが、「継続監査期間」というよりも「内部統制の再構築」が本当の理由なのかもしれない（巻末一覧表 596。下線は筆者による）。

　当社の会計監査人である監査法人アヴァンティアは、2022 年 5 月 26 日開催予定の第 18 期定時株主総会終結の時をもって任期満了となります。

　<u>当社は、2021 年 11 月 29 日付けの「特別調査委員会の調査報告書公表に</u>

関するお知らせ」にて公表した特別調査委員会の調査結果を踏まえ、2021年 11 月 30 日に過年度の有価証券報告書等の訂正報告書を提出しております。加えて、特別調査委員会からの提言を踏まえ、経営改善へ向けた具体的な再発防止策を策定し、株式会社東京証券取引所に 2022 年 1 月 31 日に改善報告書を提出し、その防止策に基づき、新たな内部統制の整備及び運用体制の構築を進めている最中であります。

　このような状況において、監査法人アヴァンティアの継続監査期間は 2022 年 2 月期を含めてすでに 5 期が経過しており、当社では内部統制を再構築するにあたって、新たな視点を取り入れることで、従来よりも多角的に内部統制を構築できるものと考え、監査法人アヴァンティアと協議を行い、上述の方針について合意を得られたことから、新たにフロンティア監査法人を会計監査人として選任することといたしました。

3　監査報酬の変化

　最後に「継続監査期間」を理由としている場合の監査報酬の変化を確認しておきたい。前述のとおり「監査報酬」と「継続監査期間」をともに記載している開示が 150 件あるが、それらは除外して、あくまで「継続監査期間」を理由とした企業における監査報酬の変化を確認する。

　図表 31 と 図表 32 は、「継続監査期間」を理由とした企業における監査報酬増減率（交代により監査報酬の額が何％増加または減少したか）[注59] の分布を示したものである。「監査報酬」を理由とした企業ほどではないが、減少している企業の割合が高い[注60]。増減率の平均値は、大幅に増加している企業がいくらかあるため、2.3％だが、中央値は−3.7％である。

　監査報酬が減少した企業における監査法人の交代理由は、本当に「継続監査期間」なのだろうか[注61]。本当は「監査報酬」なのに、たまたま前任監査法人の継続監査期間が長くなっていたため、「監査報酬」の代わりに「継続監査期

図表 31 〈度数分布表〉監査報酬増減率の分布（継続監査期間）

増減率	件数	増減率	件数
−80%以下	0	10%超 20%以下	11
−80%超 −70%以下	0	20%超 30%以下	10
−70%超 −60%以下	0	30%超 40%以下	4
−60%超 −50%以下	1	40%超 50%以下	3
−50%超 −40%以下	2	50%超 60%以下	1
−40%超 −30%以下	2	60%超 70%以下	3
−30%超 −20%以下	18	70%超 80%以下	0
−20%超 −10%以下	31	80%超 90%以下	0
−10%超 0%以下	48	90%超 100%以下	2
0%超 10%以下	25	100%超	2
		合　計	163

図表 32 〈ヒストグラム〉監査報酬増減率の分布（継続監査期間）

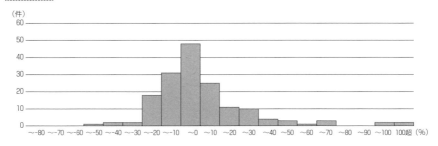

間」を理由として採用することにしたということはないのだろうか。

　また、意地悪なもの言いになるかもしれないが、「監査報酬」とともに「継続監査期間」を理由としている企業も、「監査報酬」だけでは見栄えが良くないので、「継続監査期間」も加えて記載することにしたということはないのだろうか。

　「継続監査期間」は、監査法人の交代理由を記載するにあたって便利な道具

なのかもしれない。前任監査法人の継続監査期間が長くなってさえいれば使えるし、長くなかったとしても、それを使えば、「新たな視点での監査」を求める意識の高い企業と見られるのである。

　前述のとおり 2019 年 1 月 21 日よりも前はほとんどの企業が「任期満了」を理由としていたのだが、実は強制的ローテーション制度に関する議論がなされるようになった頃[注62]から「継続監査期間」を理由とする企業が増えていた[注63]。強制的ローテーション制度に関する議論を見て、「継続監査期間」を理由にできることを発見したのかもしれない。強制的ローテーション制度についての評価はここでは行わないが[注64]、その議論は悪用も可能な便利な道具を日本企業に与えてしまったのかもしれない。

注48	名詞・サ変名詞・形容動詞を分析対象とした。
注49	テキストマイニングの実施にあたっては KH Coder を使用。
注50	注22、注23、注36に記載した単語をここでも分析対象から除外した。
注51	名詞・サ変名詞・形容動詞を分析対象とした。
注52	テキストマイニングの実施にあたっては KH Coder を使用。最小出現数は15、描画する共起関係は上位60と設定し、最小スパニングツリーだけを描画している。
注53	「監査継続年数」が187件、「継続監査年数」が19件、「監査継続期間」が48件、「継続監査期間」が12件。
注54	「新たな視点での監査」が使用されている事例は95件、「新たな視点での会計監査」が使用されている事例は1件ある。
注55	金融庁（2017）において「新たな視点での会計監査」という表現が使用されており（6頁以降）、それを契機として広まっていった可能性がある。
注56	基本的に適時開示の「4. 退任する公認会計士等の就任年月日」（ 図表2 参照）に記載された年と交代した年との差により計算している。「4. 退任する公認会計士等の就任年月日」に記載された就任年月日が、最初に就任した日ではなく、前期の定時株主総会開催日とされていて（2019年6月までに行われた開示では、ほとんどがそのように記載されている）、継続監査期間が不明なものは除外している。ただし、その場合でも交代理由などの項目において継続監査期間が記載されていれば、それを採用している。また、監査法人の合併の場合も除外している。
注57	監査法人の業務執行社員（パートナー）が同一企業の監査に継続して従事できる期間（継続監査期間）に上限を設け、再び同一企業の監査に従事するまでに一定の間隔（インターバル）

を設ける制度であり、大会社等（会計士法24条の2）の監査に従事する業務執行社員および審査担当社員の場合、継続監査期間の上限は7年、インターバルは2年とされ（会計士法24条の3、34条の11の3）、大規模監査法人（会計士法施規24条）において上場会社の監査を担当する筆頭業務執行社員および審査担当社員の場合、継続監査期間の上限は5年、インターバルは5年とされている（会計士法34条の11の4）。なお、日本公認会計士協会は、自主規制としてローテーション対象者の範囲を広げるといった措置をとっている（日本公認会計士協会「倫理規則」セクション540・監査業務の依頼人に対する担当者の長期関与とローテーション）。

注58　巻末一覧表425も同様である。

注59　有価証券報告書「第一部　企業情報　第4　提出会社の状況　4　コーポレート・ガバナンスの状況等　（3）監査の状況」記載の提出会社における監査証明業務に基づく報酬により算出した。なお、交代後に上場廃止となった企業や、期中交代を繰り返したために交代前後の比較が困難な企業などは除外している。

注60　「−10％超0％以下」のうち0％は6件であり、それらを除いても減少している企業が多い。

注61　ほとんどの監査法人の交代に関する適時開示において交代理由が「任期満了」とされていた頃は、公認会計士・監査審査会が監査法人に対するモニタリング活動を通じて把握した監査法人の交代理由の中に「継続監査期間」は見られなかった（公認会計士・監査審査会（2017）64-66頁、同（2018a）71-72頁、同（2019a）81-82頁。「継続監査期間」が見られるようになるのは、適時開示における交代理由に「継続監査期間」が記載されるようになってからである（公認会計士・監査審査会（2020）93-94頁、同（2021a）95-96頁、同（2022a）93-94頁、同（2023）102-103頁）。

注62　特に金融庁（2016）において取り上げられて以降、活発に為されるようになった。

注63　公認会計士・監査審査会（2019a）80頁。

注64　強制的ローテーション制度をめぐる議論については、町田（2015）、松本（2019b）を参照。なお、継続監査期間が長くなると、不正会計発見までの期間は長期化する可能性があるとする研究もあるが（稲葉（2020））、多くの研究では継続監査期間の長さと会計監査の質との間に関係があることを見いだせていない（藤原（2018））。

第 **6** 章　監査法人からの申し出

1　監査法人からの申し出を交代理由とする記載

　「監査法人からの申し出」を理由とする監査法人の交代とは、現任の監査法人から次回の定時株主総会終結のときをもって退任し、監査契約を更新しないという申し出を受けたため、あるいは事業年度の途中で辞任の申し出を受けたため、監査法人を交代させるというものである。

　図表33 は、「監査法人からの申し出」を交代理由とする記載において出現頻度の高い単語[注65] を抽出し[注66]、その上位50語を表示したものである。なお、交代理由の内容に関係なく使用される単語は分析対象から除外している[注67]。

　「申し出」（8位、55回）はまさに「監査法人からの申し出」の「申し出」だが、そのほか第3章で見たとおり、「契約」（1位、104回）、「更新」（9位、51回）、「困難」（12位、44回）、「人員」（18位、33回）も、「監査法人からの申し出」を理由とする記載において使用される単語である。また、「不適切」（27位、23回）や「訂正」（36位、19回）といった、財務諸表に虚偽表示があったことをうかがわせる単語も見られる。

　なお、「事業」（2位、79回）、「対応」（5位、64回）、「規模」（15位、35回）、「相当」（24位、26回）、「費用」（34位、20回）は、「事業規模に適した監査対応と監査費用の相当性」という表現に含まれる単語だが、ここで、「事業」、「対応」、「規模」はほかの表現でも使用されているが、「相当」と「費用」は、ほとんど「事業規模に適した監査対応と監査費用の相当性」とそれに類似する表現において使用されている。

　ただし、「監査法人からの申し出」を理由とする記載において、「事業規模に

図表33 単語出現頻度（監査法人からの申し出・上位50語）

順位	単語	回数	順位	単語	回数	順位	単語	回数
1	契約	104	18	人員	33	34	費用	20
2	事業	79	19	環境	31	36	グループ	19
3	業務	67	20	増加	30	36	考慮	19
3	継続	67	21	契機	29	36	増大	19
5	対応	64	21	報酬	29	36	第三者	19
6	報告	57	23	取引	28	36	通知	19
7	調査	56	24	開示	26	36	訂正	19
8	申し出	55	24	相当	26	42	受領	18
9	更新	51	26	協議	25	42	処理	18
10	四半期	47	27	レビュー	23	44	過年度	17
11	工数	45	27	終了	23	44	関係	17
12	困難	44	27	年度	23	46	子会社	16
13	状況	39	27	不適切	23	46	内部	16
14	退任	37	31	変化	22	48	解除	15
15	規模	35	32	提出	21	48	適正	15
16	必要	34	32	比較	21	50	拡大	14
16	複数	34	34	維持	20	50	情報	14

適した監査対応と監査費用の相当性」という表現は、次の記載のように、「監査法人からの申し出」を受けた後、それを考慮したという形で使用されている（巻末一覧表113。下線は筆者による）。なお、この記載では「継続監査期間」も考慮したとされている。

当社の会計監査人である有限責任監査法人トーマツは、2019年6月26日開催予定の当社第9回定時株主総会終結の時をもって任期満了となります。現任会計監査人から当社の経営環境の変化に伴う監査工数の増大を理由

に契約更新を差し控えたい旨の申出を受けました。これを契機として、当社としては、現任会計監査人の監査継続年数が長期に及ぶこと、また当社の<u>事業規模に適した監査対応と監査費用の相当性</u>等にも考慮した結果、上記３.の理由により、監査法人Ｋｓ　Ｌａｂ.を新たに会計監査人として選任するものです。

　次に $\boxed{\text{図表 34}}$ は、「監査法人からの申し出」を理由とする記載において使用される単語[注68] の共起ネットワークである[注69]。右下の「対応」「事業」「規模」「相当」「費用」のつながりは、上で見たとおり「事業規模に適した監査対応と監査費用の相当性」という表現におけるものである。また、右上の「維持」「適正」のつながりも、次の記載のように、「監査法人からの申し出」を受けた

$\boxed{\text{図表 34}}$ **共起ネットワーク（監査法人からの申し出）**

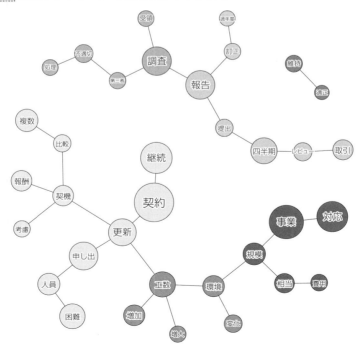

後の対応を述べるにあたって出現するものである（巻末一覧表130。下線は筆者による）。

　　当社の会計監査人であるかがやき監査法人は、2019年9月26日開催予定の第30回定時株主総会終結の時をもって任期満了となります。現会計監査人から主たる監査業務を担っている業務執行社員2名が2019年9月末日をもって脱退の予定であり、その後、これまでと同様の監査品質を継続することが困難である旨の申し出がありました。これを受け、<u>適正な監査業務が継続的に実施される体制</u>を<u>維持</u>するため、複数の公認会計士等より比較検討した結果、上記3．の理由により新たにシンシア監査法人を会計監査人として選任するものであります。

　ほかのつながりは、「監査法人からの申し出」の内容、すなわち現任の監査法人がどのような理由により退任あるいは辞任を申し出たのかについての記載に出現するものだが、その内容は、「監査報酬の水準」、「人員不足」、「監査工数の増大」、「企業側の問題」の四つに分けることができる。

2　監査報酬の水準

　「監査報酬の水準」は、監査工数が増大するため、現在の監査報酬の水準では監査を続けられないという理由により、現任の監査法人が退任を申し出たというものであり、それが記載されているのは14件である[注70]。

　次の記載は、「監査報酬の水準」を理由とする記載だが、図表34における中左の「報酬」のほか、「複数」「比較」「契機」「考慮」と「継続」「契約」「更新」「申し出」のつながりも含まれている（巻末一覧表179。下線は筆者による）。

　　当社の会計監査人である監査法人A&Aパートナーズは、2020年4月22日開催予定の第26期定時株主総会終結の時をもって任期満了となります。

> 同監査法人からは、内部統制監査の開始等にともない、想定される今後の監査手続と<u>監査報酬</u>を<u>考慮</u>した結果、採算面から 2021 年 1 月期の監査<u>契約</u>を<u>更新</u>しない旨の<u>申し出</u>を受けました。これを<u>契機</u>として、当社としても、今後の新たな事業を強化していく中、会計監査の<u>継続</u>性の確保も含め、<u>複数</u>の監査法人を<u>比較検討</u>いたしました。その結果、上記 3. の理由により、そうせい監査法人を新たに会計監査人に選定するものであります。

　おそらく現任の監査法人から企業に対して監査報酬増額の可否について打診されたものの、企業が応じなかったため、現任の監査法人から退任の申し出がなされたのだろう。なお、そうした場合、現任の監査法人から退任の申し出がなされる前に、企業がほかの監査法人を探して、そこへの交代を決めれば、「監査法人からの申し出」ではなく「監査報酬」を理由とする監査法人の交代となる。

3　人員不足

　「人員不足」は、監査工数が増大するが、それに対応するための人員の確保が困難であるという理由により、現任の監査法人が退任を申し出たというものであり、それが記載されているのは 35 件である[注71]。

　次の記載は、「人員不足」を理由とする記載だが、 図表34 における左下の「人員」「困難」のつながりのほか、「継続」「契約」「更新」のつながりも含まれている（巻末一覧表 26。下線は筆者による）。なお、「申し出」ではなく「打診」という単語が使用されている。

> 　当社の現任会計監査人である至誠清新監査法人は、2019 年 3 月 27 日開催予定の当社第 51 期定時株主総会終結の時をもって任期満了となります。当社は、現任会計監査人である至誠清新監査法人と、監査業務体制及び内部統制の改善についての継続的な協議を行ってまいりました。しかしながら、

前期において顕在化した、決算・財務報告プロセスの各種資料における整備の不備に起因し、決算日程が流動的であることから、現任会計監査人より、監査対応<u>人員の確保</u>が<u>困難</u>であるため、<u>監査契約の更新</u>を差し控えたい旨の<u>打診</u>を受けました。そこで、当社は現任会計監査人と誠実に協議をした結果、現任会計監査人と監査契約を<u>継続</u>しないことといたしました。当該状況を踏まえ、当社は複数の監査法人を候補対象者として検討した結果、上記 3．の理由により、その後任として新たに監査法人アリアを選任する議案の内容を決定したものであります。

　なお、退任にあたり至誠清新監査法人からは、監査業務の引継ぎについての協力を得ることができる旨の確約をいただいております。

　次の記載では「人員」の不足や確保困難といった表現は使われていないが、「人員不足」を理由とするものに分類している（巻末一覧表 66。下線は筆者による）。この「監査対応が現状の監査法人の業務体制からは困難」という表現を使用している事例はほかにも 1 件ある（巻末一覧表 120）。

　当社の会計監査人である京橋監査法人から、当社が今後国際事業等の事業展開するにあたり、<u>監査対応が現状の監査法人の業務体制からは困難</u>であることに鑑み、2019 年 6 月 21 日開催予定の第 124 回定時株主総会終結の時をもって任期満了により退任したい旨の申し出がありました。これに伴い監査等委員会では、当社の今後の国際事業等への事業展開に向けて、それに対応でき得る複数の監査法人の比較検討を実施いたしました。その結果、上記 3．に記載の理由により、新たな会計監査人として仰星監査法人を選任する議案の内容を決定したものであります。

　次の記載でも「人員」の不足や確保困難といった表現は使われていないが、「人員不足」を理由とするものに分類している（巻末一覧表 252。下線は筆者による）。この「適切な監査チームの編成が困難」という表現を使用している事

例はほかにも 2 件ある（巻末一覧表 362・545）^{注72}。なお、 図表 34 における中下の「工数」「増大」のつながりも含まれている。

　当社の会計監査人である有限責任監査法人トーマツは 2020 年 6 月 19 日開催予定の第 94 期定時株主総会（その後に開催予定の継続会を含む）終結の時をもって任期満了となります。現会計監査人より、監査上必要なリスク評価及びリスク対応を適切に実施するための監査工数及び監査コストが増大している状況を踏まえ、2021 年 3 月期に適切な監査チームの編成が困難となっているとの理由から任期満了をもって終了する旨の意向を受けました。監査等委員会は他の監査法人と比較検討してまいりましたが、新たな視点での監査が期待できることに加え、同監査法人の専門性、独立性、規模及び品質管理体制等を総合的に勘案した結果、その後任として新たにアーク有限責任監査法人を会計監査人に選任するものであります。

　なお、2020 年 5 月 12 日付「2020 年 3 月期決算発表延期に関するお知らせ」にてお知らせしましたとおり、新型コロナウイルス感染症拡大の影響により、国内外における決算業務および監査手続きに遅れが生じたため、当初予定していた日程での連結決算の発表を延期しており、現時点では現会計監査人より会社法に基づく監査報告書が提出されていないことから、最終的な会計監査人の引継ぎが終了していない状況です。そのため、現時点での判断を前提に後任会計監査人から就任の内諾を得ております。

　「人員不足」を理由として退任を申し出た監査法人は、やはり中小監査法人が多い。「監査報酬の水準」を理由とした事例 14 件のうち、前任監査法人が大手監査法人である事例は 7 件、準大手監査法人である事例は 1 件、中小監査法人である事例は 6 件であるのに対して、「人員不足」を理由とした事例 35 件のうち、前任監査法人が大手監査法人である事例は 6 件、準大手監査法人である事例は 3 件、中小監査法人である事例は 26 件である。

4　監査工数の増大

　「監査工数の増大」は、現任の監査法人が退任を申し出た理由として監査工数の増大のみに言及しているもので、それが記載されているのは 21 件である[注73]。監査工数が増大し、「監査報酬の水準」と「人員不足」のどちらかの理由により監査を続けられないはずだが、それが明らかにされていない。

　次の記載は、「監査工数の増大」を理由とする記載だが、**図表 34** における中下の「工数」「増加」のつながりとともに「環境」「変化」のつながりも含まれている（巻末一覧表 223。下線は筆者による）。

　当社の会計監査人である有限責任監査法人トーマツは、当社の第 19 回定時株主総会終結の時をもって任期満了となります。現任会計監査人から、当社の経営<u>環境変化</u>ならびに組織体制にかかる充足度合いについて今後も<u>監査工数の増加</u>が見込まれること等を理由に、任期満了をもって契約更新を差し控えたい旨の申し出を受けました。これを契機として当社としては現任会計監査人の監査継続年数が長期に及ぶこと、また監査の効率性と当社の事業規模に適した監査費用と監査対応の相当性等にも考慮し、上記 3．の理由によりやまと監査法人を新たに会計監査人として選任するものです。

　「監査報酬の水準」と「人員不足」のどちらにより監査を続けられないのかは不明だが、企業側があえてそれを明確に記載していないということは、多くは「監査報酬の水準」なのかもしれない。上の事例にも「事業規模に適した監査費用と監査対応の相当性」という表現が含まれているが（ほかと異なり、「監査対応」と「監査費用」の順が逆だが）、次の記載の場合、「業績が低調となる中、経費削減にも努める必要があること」という表現から、「監査報酬の水準」が理由であることがうかがえる（巻末一覧表 116。下線は筆者による）。

　当社の会計監査人である三優監査法人は、本定時株主総会終結の時をもっ

て任期満了により退任となるため、新たに監査法人アリアを会計監査人として選任するものであります。

　この度、会計監査人として三優監査法人を選任しない理由としては、同監査人から当社の経営環境の変化に伴う監査工数の増加を理由に契約更新を差し控えたい旨の申出を受けたことから、当社としては、十分な監査体制の確保と業績が低調となる中、経費削減にも努める必要があること等から、会計監査人を変更する事にいたしました。

　なお、監査役会が監査法人アリアを会計監査人の候補者とした理由は、「3.2（1）に記載する者を公認会計士等の候補者とした理由」に記載のとおりであります。

5 企業側の問題

　「企業側の問題」は、財務諸表における虚偽表示などの企業側の問題に起因して現任の監査法人が退任あるいは辞任を申し出たというものであり、それが記載されているのは 27 件である[注74]。

　次の記載は、「企業側の問題」を理由とする記載だが、**図表 34** における上の「受領」「調査」「第三者」「不適切」「処理」と「過年度」「訂正」「報告」「提出」「四半期」「レビュー」のつながりが含まれている（巻末一覧表 125。下線は筆者による）。

　当社は、令和元年 6 月 26 日に公表いたしました「2019 年 9 月期第 2 四半期報告書及び四半期決算短信の提出並びに過年度の有価証券報告書等、決算短信等の訂正のお知らせ」においてお知らせいたしましたとおり、外部から指摘を受け、過去 5 期分（平成 26 年 9 月期から平成 30 年 9 月期）に関して、不適切な会計処理がなされている疑義が生じました。これを受け、平成 31 年 3 月中旬から検証作業を行ってきました。その中で、より専門的か

つ独立した立場から、これらの事項の計上当時の事実関係につき客観的な調査が必要との判断に至りました。そこで、同年 4 月 5 日、第三者委員会を設置し調査を行い、令和元年 6 月 21 日付で第三者委員会から調査結果の報告書を受けました。当社は、当該調査結果を踏まえ、不適切な売上計上の取消し等の訂正を実施するとともに、あるべき会計処理を実施し、過年度の有価証券報告書等及び決算短信等を訂正し、監査法人大手門会計事務所より無限定適正意見を付した監査報告書及び四半期レビュー報告書を受領した上で、令和元年 6 月 26 日に、訂正有価証券届出書、訂正有価証券報告書及び訂正四半期レビュー報告書を関東財務局に提出いたしました。当社は、会計監査人である監査法人大手門会計事務所と、令和元年 9 月期の監査業務体制及び当社の内部統制の改善計画について継続的な協議を行ってまいりましたが、過年度及び令和元年 9 月期の監査状況、第三者委員会の調査結果を踏まえ、同監査法人より、過年度における不適切な会計処理が判明した結果、監査約款及び四半期レビュー約款の第 14 条 1 項 1 号、2 号、4 号※に基づき監査契約の解除通知を受領し、同契約を解除されることとなりました。なお、監査法人大手門会計事務所からは、当社が今後新たに選任する一時会計監査人への監査業務の引継ぎについて、協力頂けることを確認しております。

※監査約款及び四半期レビュー約款第 14 条（契約の解除・終了）
　1 項 1 号「委嘱者の責めに基づき本契約の履行が不可能になった場合」、2 号「委嘱者が、法令、定款その他の遵守すべき規則又は規程を遵守しない場合」4 号「委嘱者の役職員が受嘱者の業務遂行に誠実に対応しない場合等、受嘱者の委嘱者に対する信頼関係が著しく損なわれた場合」

　「人員不足」ほどではないが、「企業側の問題」を理由として退任あるいは辞任を申し出た監査法人も、中小監査法人が多い。「企業側の問題」を理由とした事例 27 件のうち、前任監査法人が大手監査法人である事例は 9 件、準大手監査法人である事例は 2 件、中小監査法人である事例は 16 件である。問題が

あり、中小監査法人から退任あるいは辞任の申し出を受けた企業の中には、これまでに大手監査法人や準大手監査法人から中小監査法人への交代があった企業が含まれている。

6　その他の理由

　以上の四つ以外の理由により現任の監査法人が退任を申し出たと記載している事例が3件あるため、それらをあげておく。まず次の記載では、「共同監査特有のリスクを解消するため」現任の二つの監査法人のうち一つが退任を申し出たとされている（巻末一覧表53。下線は筆者による）。

　当社は、協立監査法人及び神明監査法人による共同監査体制をとってまいりましたが、<u>共同監査特有のリスクを解消するため</u>神明監査法人から2019年6月27日開催予定の第60回定時株主総会終結の時をもって任期満了により退任したい旨の申し出があり、この申し出を了承することとしたものです。

　なお、今後は<u>協立監査法人の単独監査</u>となります。

　ほかの2件は、「監査法人からの申し出」とともに「グループ間統一」も監査法人の交代理由として記載している事例である。次の記載では、「子会社化の進展を鑑み」現任の監査法人が退任を申し出たとされている（巻末一覧表69。下線は筆者による）。

　当社の公認会計士等であるEY新日本有限責任監査法人は、令和元年6月20日開催予定の当社第28期定時株主総会終結の時をもって任期満了となることから、合同製鐵株式会社が当社の親会社になったことに伴い、同社と公認会計士等を統一することにより監査の効率化及び同社との連結決算の一元的な監査体制の確立を図るため、また、EY新日本有限責任監査法人からも

> 同社による<u>子会社化の進展を鑑み契約更新を差し控えたい</u>旨の申し出があっ
> た事により、有限責任あずさ監査法人を新たな公認会計士等として選任する
> ものであります。

　次の記載では、「共同持株会社の設立の進展に鑑み」現任の監査法人が退任
を申し出たとされているが（巻末一覧表497。下線は筆者による）、「監査法人か
らの申し出」と「グループ間統一」を監査法人の交代理由として記載している
だけでなく、表現の仕方も上の事例と類似している。

> 　当社の会計監査人である EY 新日本有限責任監査法人は、2021 年 9 月 28
> 日開催予定の第 14 期定時株主総会終結の時をもって任期満了となります。
> 現在の会計監査人については会計監査が適切かつ妥当に行われることを確保
> する体制を十分に備えておりますが、一方で当社は、2021 年 10 月 1 日に
> 株式会社タケエイとの共同株式移転の方法により設立する予定の共同持株会
> 社 TRE ホールディングス株式会社の完全子会社となることを踏まえ、共同
> 持株会社と会計監査人を統一することで、一元的な連結監査体制の確保、並
> びに当社の監査効率化や内部管理体制のより一層の強化に資するものと考
> え、また、EY 新日本有限責任監査法人からも<u>共同持株会社の設立の進展に
> 鑑み契約更新を差し控えたい</u>旨の申し出があったことにより、有限責任あず
> さ監査法人を新たな公認会計士等として選任するものであります。

7　開示時期

　「監査法人からの申し出」を理由とする監査法人の交代に関しては、監査法
人から退任あるいは辞任の申し出があった時点で開示を行わなければならな
い。企業は、監査法人から退任あるいは辞任の申し出を受けた後、後任の監査
法人を探すはずであるため、その時点で後任の監査法人は決まっていないはず

である。第1章で述べたとおり、まず発生事実として開示が必要となる。そして、その後、後任の監査法人が決まった時点で、改めて決定事実としての開示が必要となるのである。

　しかし、100件の「監査法人からの申し出」を理由とする監査法人の交代に関する開示のうち、後任の監査法人が未定のものは16件のみで、ほかは既に決まっているとされている。次の記載は、後任の監査法人が決まっているとされている開示におけるものだが、監査法人から「契約更新を差し控えたい旨の申出」を受けた後、それを「契機として」後任の監査法人を探していることがわかる（巻末一覧表25。下線は筆者による）。本来であれば、「契約更新を差し控えたい旨の申出」を受けた時点で開示しなければならないはずである。

> 　当社の会計監査人であるＥＹ新日本有限責任監査法人は、2019年3月31日開催予定の当社第48回定時株主総会終結の時をもって任期満了となります。現任会計監査人から当社の経営環境の変化に伴う監査工数の増大を理由に契約更新を差し控えたい旨の申出を受けました。これを契機として、当社としても増加した監査工数とこれに対応した監査報酬の増大、現任会計監査人の監査継続年数が長期に及ぶこと等を考慮し、上記3．の理由により、新たに有限責任開花監査法人を会計監査人として選任するものであります。

　100件の「監査法人からの申し出」を理由とする監査法人の交代のうち、期末交代は82件、期中交代は18件である。ここで期末交代とは、交代年月日が定時株主総会の開催日であるものであり、期中交代とは、交代年月日がそれ以外の日であるものである。

　期末交代に関する開示82件のうち実に76件は後任の監査法人が決まっているとされている。期中交代に関する開示では、やはり後任の監査法人が未定のものが多いのだが、それでも18件のうち8件は決まっているとされている。

　期末交代の場合、現任の監査法人と来年度の契約について協議している過程において、企業側が監査法人の交代の必要性を考えるようになり、後任の監査

法人を探し始めて、現任の監査法人から退任の申し出を受けた時点で既に後任の監査法人が決まっていた可能性があると百歩譲って考えられなくもない。しかし、期中交代の場合は、現任の監査法人から退任あるいは辞任の申し出を受けた時点で既に後任の監査法人が決まっているというのは不自然である。

　次の記載は、期中交代における交代理由の記載であり、既に後任の監査法人が決まっているとされているのだが、「2020 年 1 月 10 日付」で現任の監査法人から退任の申し出を受けたとされている（巻末一覧表 268。下線は筆者による）。しかし、この開示は 2020 年 6 月 22 日に行われている。明確かつ大幅な遅延開示である。

　当社の会計監査人であります監査法人コスモスは、8 月上旬を予定しております臨時株主総会終結の時をもちまして任期満了となり、当社の会計監査人を退任することとなりました。

　当社が 2020 年 3 月 11 日付けで開示した「特設注意市場銘柄の指定及び上場契約違約金の徴求に関するお知らせ」で開示した通り、第 2 四半期報告書の訂正報告書の提出遅延に関して当社の対応について同会計監査人から指摘を受けており、主として以下の理由により、<u>2020 年 1 月 10 日付で、任期満了に伴い契約更新をしない旨の通知を受けました。</u>

　①当社が会計監査人の四半期レビューが終了していないにもかかわらず、真正な四半期レビュー報告書が添付されないまま四半期報告書を提出したこと。②四半期報告書の提出後、会計監査人からの再三の要請にもかかわらず、速やかに適切な措置を取らなかったこと。③その結果、当社と会計監査人との間の信頼関係が著しく毀損されたこと。

　当社としては、今後、既存のカーテン事業及びインバウンド向け事業の業績改善を図るなか、会計監査人が不在になることを回避し、適正な監査業務が継続される体制を維持するため、複数の監査法人を比較検討いたしました。その結果、上記 3．の理由により、フロンティア監査法人を新たに会計監査人に選任するものであります。

　多くの企業は開示の趣旨をきちんと理解せず、後任の監査法人が決まった時点で開示すればよいと勘違いしているようである。

8　監査報酬の変化

　最後に「監査法人からの申し出」を理由としている場合の監査報酬の変化を確認しておきたい。

図表 35　〈度数分布表〉監査報酬増減率の分布（監査法人からの申し出）

増減率	件数	増減率	件数
−80%以下	1	10%超 20%以下	12
−80%超 −70%以下	0	20%超 30%以下	6
−70%超 −60%以下	0	30%超 40%以下	1
−60%超 −50%以下	0	40%超 50%以下	6
−50%超 −40%以下	0	50%超 60%以下	2
−40%超 −30%以下	5	60%超 70%以下	0
−30%超 −20%以下	7	70%超 80%以下	1
−20%超 −10%以下	11	80%超 90%以下	0
−10%超 0%以下	19	90%超 100%以下	1
0%超 10%以下	11	100%超	1
		合　計	84

図表 36 〈ヒストグラム〉監査報酬増減率の分布（監査法人からの申し出）

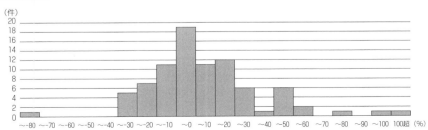

　図表35 と 図表36 は、「監査法人からの申し出」を理由とした企業におけ
る監査報酬増減率（交代により監査報酬の額が何％増加または減少したか）注75 の
分布を示したものである。

　全体として見ると、これまで見てきた「監査報酬」と「継続監査期間」を理
由とした企業と異なり、増加している企業の割合が高い。減少34件に対して、
増加は41件である注76。増減率の平均値は5.3％、中央値は0.0％となっている。

　交代類型別に見ると、大手監査法人から準大手監査法人への交代10件のう
ち7件で監査報酬が増加しているものの、大手監査法人から中小監査法人への
交代17件のうち11件、準大手監査法人から中小監査法人への交代8件のうち
6件は監査報酬が減少しており、やはり規模が小さな監査法人への交代におい
ては監査報酬が減少する傾向があるようである。

　「監査法人からの申し出」を理由とする監査法人の交代は、中小監査法人か
ら中小監査法人への交代の件数が最も多いが（ 図表7 参照）、その場合では
監査報酬が増加している事例が多い。44件のうち監査報酬の増加が24件、減
少が15件、変化なしが5件である。大手監査法人や準大手監査法人から中小
監査法人へ交代する場合と異なり、更なる監査報酬の減額を求めるのは困難な
のかもしれない。

　現任の監査法人が退任あるいは辞任を申し出た理由（「監査報酬の水準」「人
員不足」「監査工数の増大」「企業側の問題」）別に見た場合、全体としての傾向を
見いだすのは困難だが、最も件数の多い中小監査法人から中小監査法人への交
代に絞って見てみると、ある傾向を見いだすことができる。

　上述のとおり中小監査法人から中小監査法人への交代においては監査報酬が
増加している事例が多いが、その中でも「監査報酬の水準」を理由とする場合
は、監査報酬の増加が5件、減少が1件となっており、特に増加の割合が高
い。現任の監査法人からの監査報酬増額要請を拒み、退任の申し出を受けた
が、結局、後任の監査法人にはこれまでの額以下の監査報酬を受け入れてもら
えず、増加してしまったということだろうか。

　それに対して、「人員不足」を理由とする場合は、監査報酬の増加が9件、

減少が７件、変化なしが４件となっており、減少と現状維持を合わせた方の割合が高くなっている。監査法人側の問題による退任であるため、「監査報酬の水準」を理由とする場合と異なり、減少や現状維持が可能な場合があるのだとも捉えられるのだが、後任の監査法人のもとでは、前任の監査法人よりも充実した人員で監査が行われているはずであり、減少や現状維持が可能であることは不自然にも見える。

注65	名詞・サ変名詞・形容動詞を分析対象とした。
注66	テキストマイニングの実施にあたっては KH Coder を使用。
注67	**注22、注23、注36**に記載した単語をここでも分析対象から除外した。
注68	名詞・サ変名詞・形容動詞を分析対象とした。
注69	テキストマイニングの実施にあたっては KH Coder を使用。最小出現数は15、描画する共起関係は上位60と設定し、最小スパニングツリーだけを描画している。
注70	巻末一覧表100・179・251・253・273・302・369・431・435・491・520・567・587・600。
注71	巻末一覧表14・18・26・37・66・75・95・96・104・112・119・120・130・139・153・194・199・200・209・222・267・269・342・347・362・442・449・498・545・547・582・599・706・727・733。
注72	ほかに「企業側の問題」により現任の監査法人が退任を申し出た事例1件においても使用されている（巻末一覧表565）。
注73	巻末一覧表25・60・92・113・116・142・176・223・252・294・295・304・339・439・440・475・485・523・561・571・673。
注74	巻末一覧表5・24・33・38・61・115・125・133・149・155・161・180・183・203・268・282・286・290・411・474・511・531・564・565・616・726・734。
注75	有価証券報告書「第一部　企業情報　第4　提出会社の状況　4　コーポレート・ガバナンスの状況等　（3）監査の状況」記載の提出会社における監査証明業務に基づく報酬により算出した。なお、交代後に上場廃止となった企業や、期中交代を繰り返したために交代前後の比較が困難な企業などは除外している。
注76	「－10％超0％以下」のうち0％は9件である。

第 **7** 章 グループ間統一

1 グループ間統一を交代理由とする記載

「グループ間統一」を理由とする監査法人の交代とは、自社とグループ企業の監査法人を同じにするため、監査法人を交代させるというものである。

図表37 は、「グループ間統一」を交代理由とする記載において出現頻度の高い単語[注77] を抽出し[注78]、その上位 50 語を表示したものである。なお、交代理由の内容に関係なく使用される単語は分析対象から除外している[注79]。

2 位の「グループ」（45 回）と 5 位の「統一」（41 回）はまさに「グループ間統一」の「グループ」と「統一」だが、1 位の「効率」（50 回）、3 位の「連結」（43 回）、4 位の「親会社」（42 回）も、第 3 章で見たとおり「グループ間統一」を理由とする記載において使用される単語である。「グループ間統一」を理由とする監査法人の交代の件数は 50 件であるため（ **図表3** 参照）、これら 5 位までの単語はほぼすべての記載に使用されていることになる。

そのほか、「子会社」（7 位、23 回）、「一元」（12 位、15 回）、「共同」（19 位、8 回）、「統合」（19 位、8 回）、「一貫」（22 位、7 回）、「同一」（22 位、7 回）も、「グループ間統一」との関連をうかがわせる単語である。

また、「継続」（8 位、19 回）や「年数」（14 位、12 回）といった、「継続監査期間」を理由とする記載において使用される単語も見られるが、これは、第 5 章で述べたとおり「グループ間統一」と「継続監査期間」をともに記載している開示が 17 件あるためである。

図表 37 単語出現頻度（グループ間統一・上位 50 語）

順位	単語	回数	順位	単語	回数	順位	単語	回数
1	効率	50	16	考慮	10	32	資本	5
2	グループ	45	19	共同	8	32	設立	5
3	連結	43	19	強化	8	32	提携	5
4	親会社	42	19	統合	8	32	複数	5
5	統一	41	22	一貫	7	39	移行	4
6	期待	34	22	持株	7	39	海外	4
7	子会社	23	22	同一	7	39	期間	4
8	継続	19	22	内部	7	39	契機	4
9	向上	18	22	変更	7	39	経緯	4
9	有効	18	27	割当	6	39	交代	4
11	視点	16	27	完全	6	39	申し出	4
12	一元	15	27	長期	6	39	対応	4
12	事業	15	27	比較	6	39	第三者	4
14	起用	12	27	必要	6	39	分割	4
14	年数	12	32	グローバル	5	39	報酬	4
16	確立	10	32	規模	5	39	連携	4
16	業務	10	32	契約	5			

　次に **図表 38** は、「グループ間統一」を理由とする記載において使用される単語[注80]の共起ネットワークである[注81]。やはり最も目立つのは、**図表 37** において5位までを占めた単語で構成される中下の「連結」「統一」「効率」「グループ」「親会社」のつながりである。

図表 38 共起ネットワーク（グループ間統一）

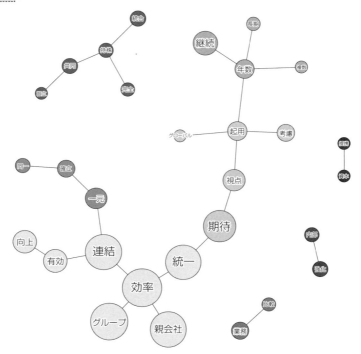

　次の記載は、その中下の「連結」「統一」「効率」「グループ」「親会社」のつながりを含む、典型的な「グループ間統一」を理由とする記載である（巻末一覧表217。下線は筆者による）。中左の「確立」「一元」のつながりも含まれている。

　当社の会計監査人である有限責任あずさ監査法人は、2020 年 6 月 29 日開催予定の第 22 回定時株主総会終結の時をもって任期満了となります。これに伴い、当社監査役会は、有限責任監査法人トーマツの専門性、独立性、適切性、及び品質管理体制について総合的に検討し、また、<u>親会社</u>である Zホールディングス株式会社と会計監査人を<u>統一</u>することによる、<u>監査</u>の<u>効率</u>

> 化及び<u>グループ連結</u>決算の<u>一元</u>的な監査体制の<u>確立</u>が可能と判断し、有限責任監査法人トーマツを新たな会計監査人候補者に選定するものであります。

　次の記載では、「統一」の代わりに中左の「同一」が使われている（巻末一覧表52。下線は筆者による）。それ以外は上の事例と同じつながりが含まれている。

> 　当社の会計監査人である有限責任監査法人トーマツは、2019 年 6 月 27 日開催予定の第 63 期定時株主総会の終結の時をもって任期満了となります。これに伴い、<u>親会社</u>である住友化学株式会社の会計監査人と<u>同一</u>にすることにより、監査の<u>効率</u>化および<u>グループ連結</u>決算の<u>一元</u>的な監査体制の<u>確立</u>を図ることとし、上記 3. の理由により、新たに会計監査人として有限責任あずさ<u>監査法人</u>を選任するものであります。

　次の記載でも、「グループ」は使われていないが、「連結」「統一」「効率」「親会社」そして「一元」のつながりが含まれ、「確立」の代わりに「確保」が使われている（巻末一覧表731。下線は筆者による）。なお、右下の「内部」「強化」のつながりも含まれている。

> 　当社の会計監査人である仰星監査法人は、2022 年 7 月 27 日開催予定の第 34 期定時株主総会終結の時をもって任期満了となります。現在の会計監査人については会計監査が適切かつ妥当に行われることを<u>確保</u>する体制を十分に備えておりますが、一方で当社は、2022 年 2 月 14 日に株式会社ショーケースへの第三者割当増資により株式会社ショーケースの<u>連結</u>子会社となったことを踏まえ、<u>親会社</u>である株式会社ショーケースと会計監査人を<u>統一</u>することで、<u>一元</u>的な<u>連結</u>監査体制の<u>確保</u>、並びに当社の監査<u>効率</u>化や<u>内部</u>管理体制のより一層の<u>強化</u>に資するものと考え、RSM 清和監査法人を新たな公認会計士等として選任するものであります。

　左上の「統合」「持株」「共同」「設立」のつながりは、次の記載のように共同持株会社を設立して経営統合を行うという文脈で出現するものである（巻末一覧表 408。下線は筆者による）。「統一」「連結」「効率」「グループ」のつながりのほか、左下の「有効」「向上」のつながりも含まれている。

　当社の会計監査人である有限責任あずさ監査法人は 2021 年 6 月 24 日開催予定の第 5 回定時株主総会終結の時をもって任期満了となります。また、当社は株式会社くふうカンパニーと 2021 年 10 月 1 日（予定）に共同持株会社である株式会社くふうカンパニーを設立し、経営統合を行う予定です。株式会社くふうカンパニーは設立時の会計監査人として誠栄監査法人を選任する計画であり、監査等委員会は、会計監査人を統一することでグループにおける連結決算監査及びガバナンスの有効性、効率性等の向上が図られると判断したため、新たに会計監査人として誠栄監査法人を選任する議案の内容を決定したものであります。

　上述のとおり「グループ間統一」と「継続監査期間」をともに記載している開示が 17 件あり、右上の「長期」「継続」「年数」「複数」のつながりはそれらの記載で出現する。次の記載にはそのつながりが含まれている（巻末一覧表544。下線は筆者による）。

　当社の会計監査人である有限責任監査法人トーマツは、2022 年 3 月 20 日開催の第 11 期定時株主総会終結の時をもって任期満了となります。これに伴い、当社は、現会計監査人の監査継続年数が長期にわたることから、その交代の必要性を認識していたところ、当社の親会社である GMO インターネット株式会社において会計監査人交代を視野に複数の会計監査人の比較検討を開始することとなり、当社においても具体的な検討を進めることとなりました。その結果、上記 3．の理由により、EY 新日本有限責任監査法人を当社の会計監査人候補者に選任するものです。

　この開示は、「3.2.（1）に記載する者を公認会計士等の候補者とした理由」に次のような記載を行っており（下線は筆者による）、この記載により「グループ間統一」も理由とすることが明確になっている。こちらには、中央の「グローバル」「起用」「考慮」「視点」「期待」のつながりのほか、「連結」「統一」「効率」「グループ」「親会社」と「有効」「向上」のつながりも含まれている。

　当社は、現会計監査人の監査継続年数を<u>考慮</u>し、各会計監査人の比較検討を行った結果、EY 新日本有限責任監査法人を<u>起用</u>することにより、新たな<u>視点</u>での監査が<u>期待</u>できることに加えて、同監査法人の専門性、独立性、品質管理体制及び<u>グローバル</u>監査体制が当社の公認会計士等として適任であると判断しました。

　なお、当社の<u>親会社</u>である GMO インターネット株式会社においても、2022 年 3 月 20 日開催予定の 2021 年 12 月期定時株主総会において、同監査法人を新たな公認会計士等の候補者として付議する予定であり、会計監査人を<u>統一</u>することで<u>グループ</u>における<u>連結</u>決算監査及びガバナンスの<u>有効</u>性、<u>効率</u>性の<u>向上</u>も期待できると考えております。

2　監査報酬の変化

　次に「グループ間統一」を理由としている場合の監査報酬の変化を確認する。**図表 39** と **図表 40** は、「グループ間統一」を理由とした企業における監査報酬増減率（交代により監査報酬の額が何％増加または減少したか）[注82]の分布を示したものである。

　減少 22 件に対して、増加は 17 件であり[注83]、全体として見ると、減少している企業の割合が高い。極めて高い増加率を示している企業があるため、増減率の平均値は 2.7％になるが、中央値は−2.4％である。

　交代類型別に見ると、まず最も件数が多い大手監査法人から大手監査法人へ

図表 39 〈度数分布表〉監査報酬増減率の分布（グループ間統一）

増減率	件数		増減率	件数
−80%以下	0		10%超 20%以下	4
−80%超 −70%以下	0		20%超 30%以下	2
−70%超 −60%以下	0		30%超 40%以下	0
−60%超 −50%以下	1		40%超 50%以下	1
−50%超 −40%以下	1		50%超 60%以下	1
−40%超 −30%以下	3		60%超 70%以下	1
−30%超 −20%以下	1		70%超 80%以下	1
−20%超 −10%以下	7		80%超 90%以下	0
−10%超 0%以下	12		90%超 100%以下	1
0%超 10%以下	6		100%超	0
			合　計	42

図表 40 〈ヒストグラム〉監査報酬増減率の分布（グループ間統一）

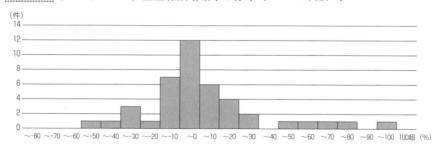

の交代 23 件のうち 16 件において監査報酬が減少している。グループ間で監査法人を統一することにより効率的な監査が可能になるため、監査報酬が抑えられるのかもしれない。

　ただし、その監査報酬が減少している大手監査法人から大手監査法人への交代 16 件のうち 8 件は、同じグループ（親会社とその子会社）によるものなのだが[注84]、その 8 社の前任監査法人は同じ監査法人だった。その親会社による交

代理由の記載は次のとおりである（巻末一覧表 537。下線は筆者による）。

> 　当社の会計監査人である有限責任監査法人トーマツは、2022 年 3 月 20 日開催予定の定時株主総会終結の時をもって任期満了となります。これに伴い、上記 3. に記載のとおり、新たな視点での監査が期待できることや専門性、独立性、品質管理体制の観点から、同監査法人が適任であると判断いたしました。また、<u>当社の連結子会社である GMO ペイメントゲートウェイ株式会社及び GMO フィナンシャルゲート株式会社と会計監査人を統一</u>することでグループにおける連結決算監査及びガバナンスの有効性、効率性の向上が期待できることもあり、ＥＹ新日本有限責任監査法人を当社の会計監査人候補者に選任するものであります。

　この企業は、「3. 2.（1）に記載する者を公認会計士等の候補者とした理由」にも次のように記載している（下線は筆者による）。

> 　現会計監査人の継続監査年数が長期にわたることから、会計監査人交代を視野に、複数の監査人について比較検討を実施いたしました。<u>EY 新日本有限責任監査法人を起用</u>することにより、新たな視点での監査が期待できること、また同監査法人の専門性、独立性、品質管理体制及び監査体制の観点から、同監査法人が適任であると判断いたしました。また、<u>当社の連結子会社である GMO ペイメントゲートウェイ株式会社及び GMO フィナンシャルゲート株式会社が同監査法人を選任</u>しており会計監査人を統一することでグループにおける連結決算監査及びガバナンスの有効性、効率性の向上を図ってまいります。

　つまり、この 10 社で構成されるグループのうち 8 社の監査法人は同一であり、2 社の監査法人のみ別だったのだが、8 社の監査法人を 2 社の監査法人の方へ交代させた結果、その 8 社すべてにおいて監査報酬が減少したことにな

る。

　逆であれば（2社の監査法人を8社の監査法人の方へ交代させた結果、その2社において監査報酬が減少したのであれば）、理解しやすいのだが、この監査報酬の減少については、グループ間で監査法人を統一することにより効率的な監査が可能になるため、監査報酬が抑えられるという理由のみで説明するのは難しいように思われる。

　以上は大手監査法人から大手監査法人への交代の場合だが、規模が異なる監査法人への交代の場合を見ると、大手監査法人から準大手監査法人への交代4件のうち監査報酬の減少が2件、変化なしが2件、大手監査法人から中小監査法人への交代3件のうち監査報酬の増加が1件、減少が2件となっており、規模が小さな監査法人への交代の場合も、減少している企業の割合が高い。

　しかも、グループ間で監査法人を統一したことによる効果に加えて、規模が小さな監査法人へ交代したからなのか、大手監査法人から中小監査法人へ交代して監査報酬が減少した2件の増減率は－56.9％（巻末一覧表494）と－44.6％（巻末一覧表513）であり、かなりの減少となっている。

　そのうちの1件は、次の記載のように「グループ間統一」とともに「監査報酬」も交代理由としている（巻末一覧表513。下線は筆者による）。**図表38** の右下の「比較」「業務」のつながりも含まれている。

　当社の会計監査人である有限責任監査法人トーマツは、2021年11月25日開催予定の第41期定時株主総会の終結の時をもって任期満了となります。

　監査等委員会は、本年5月26日にグループ化した㈱さいか屋の会計監査人が当社と異なること等を契機として、当社及び㈱さいか屋の業務内容や事業規模を踏まえ、監査報酬並びに包括的な監査による品質管理体制や合理性等について、他の監査法人と比較検討してまいりました。その結果、上記3.の理由により、監査法人アヴァンティアを新たな会計監査人として選任するものであります。

　「グループ間統一」とともに「監査報酬」も交代理由としている記載はこれのみだが、ほかの監査報酬が減少した企業は本当に「監査報酬」の減少を意図していなかったのだろうか。

　なお、規模が小さな監査法人への交代の場合とは対照的に、規模が大きな監査法人への交代の場合は、増加している企業の割合が高い。準大手監査法人から大手監査法人への交代 5 件のうち 3 件、中小監査法人から大手監査法人への交代 4 件と準大手監査法人への交代 2 件のすべてにおいて、監査報酬が増加している。

3 親会社の監査法人の交代を交代理由とする記載

　最後に「グループ間統一」に類似する「親会社の監査法人の交代」を交代理由とする記載を見ておきたい。「グループ間統一」が、グループ間で異なっていた監査法人を同じ監査法人に統一することであるのに対して、「親会社の監査法人の交代」は、これまで自社と親会社の監査法人が同じであり、親会社の監査法人が交代するため、自社も親会社に合わせて同じ監査法人に交代させることである。

　「親会社の監査法人の交代」を交代理由とする開示は 2 件あり（巻末一覧表159・160）、それらの開示を行った 2 社は同一の親会社を持ち、前任監査法人と後任監査法人も同一である。そのうち 1 社は監査報酬が減少しているが（増減率 − 10.1%）、もう 1 社は変化していない（増減率 0.0%）。

　次の記載はそのうちの 1 社によるものだが（巻末一覧表159。下線は筆者による）、もう 1 社による記載もほぼ同様である。「継続監査期間」も理由としているが、前任監査法人の継続監査期間は 42 年であり、これはもう 1 社と親会社の前任監査法人の継続監査期間と同じである。

　当社の会計監査人である EY 新日本有限責任監査法人は、きたる第 81 期定時株主総会終結の時をもって任期満了となります。当該会計監査人につい

ては会計監査が適切かつ妥当に行われていることを確保する体制を十分に備えているものの、<u>監査継続期間が長期にわたること、また、親会社であるキヤノン株式会社の会計監査人の変更検討を契機に、監査役会は会計監査人を見直す時期にあると判断し、複数の監査法人を比較評価した結果、上記 3.の理由により、新たに有限責任監査法人トーマツが候補者として適任であると判断致しました。</u>

　なお、「親会社の監査法人の交代」を交代理由とする開示を行った 2 社の親会社における監査法人の交代理由は「ローテーション制度」であり（巻末一覧表 158。「ローテーション制度」を交代理由とする記載については第 10 章参照）、監査報酬は 11.8％減少している。

注77　名詞・サ変名詞・形容動詞を分析対象とした。

注78　テキストマイニングの実施にあたっては KH Coder を使用。

注79　**注22**、**注23**、**注36**に記載した単語をここでも分析対象から除外した。

注80　名詞・サ変名詞・形容動詞を分析対象とした。

注81　テキストマイニングの実施にあたっては KH Coder を使用。最小出現数は5、描画する共起関係は上位60と設定し、最小スパニングツリーだけを描画している。なお、最小出現数を5に設定しているため、中右の「提携」「資本」のつながりは1件の記載にのみ含まれるものだが、描画されている。その記載は次のとおりだが（巻末一覧表529。下線は筆者による）、「6. 異動の決定又は異動に至った理由及び経緯」ではなく「3．2．（1）に記載する者を公認会計士等の候補者とした理由」の記載である。

> 　当社は、2021年10月28日付「株式会社電通グループとの<u>資本</u>業務<u>提携</u>、株式交換による株式会社電通ダイレクトの完全子会社化、株式会社電通グループを割当予定先とする第三者割当による新株式発行、株式会社電通デジタル株式の一部取得（持分法適用関連会社化）、並びに親会社の異動及び子会社の異動に関するお知らせ」にてお知らせしましたとおり、同日開催の取締役会において、株式会社電通グループ（以下「(株)電通グループ」といいます。）との間で<u>資本業務提携</u>契約（以下、当該契約に基づく<u>資本業務提携</u>を「本資本業務提携」といいます。）を締結することを決議しました。本資本業務提携に伴い、(株)電通グループの連結子会社となる予定ですが、(株)電通グループは会計監査人として有限責任あずさ監査法人を選任しており、会計監査人を統一することにより、グループにおける連結決算監査及びガバナンスの有効性、効率性等の向上が図られると判断したためであります。

注82	有価証券報告書「第一部　企業情報　第4　提出会社の状況　4　コーポレート・ガバナンスの状況等　（3）監査の状況」記載の提出会社における監査証明業務に基づく報酬により算出した。なお、交代後に上場廃止となった企業や、期中交代を繰り返したために交代前後の比較が困難な企業などは除外している。
注83	「－10％超0％以下」のうち0％は3件である。
注84	巻末一覧表537・538・539・540・541・542・543・544。

第 8 章

公認会計士・監査審査会による勧告等

1 公認会計士・監査審査会による勧告を交代理由とする記載

　「公認会計士・監査審査会による勧告」を理由とする監査法人の交代とは、公認会計士・監査審査会が現任の監査法人に対する行政処分勧告を行ったため[注85]、監査法人を交代させるというものである。

　図表41は、巻末一覧表から「公認会計士・監査審査会による勧告」を交代理由とする開示の情報の一部を抜粋したものである（他の情報は巻末一覧表を参照）。監査報酬を見ると、石垣食品のみ変化なし（増減率0.0%）だが、ほかはすべて増加している。

　「公認会計士・監査審査会による勧告」が交代理由である場合、企業は監査報酬の増額を受け入れざるを得ないのかもしれない。前任監査法人に対して公認会計士・監査審査会による行政処分勧告がなされたのであれば、後任監査法人には前任監査法人よりも品質の高い監査が求められるため、監査報酬が増額となることは当然だからである[注86]。

図表 41 公認会計士・監査審査会による勧告を理由とする交代

	企業名	交代内容	監査報酬
164	岡部	大手門会計事務所→アーク	3.2
184	大盛工業	大手門会計事務所→アヴァンティア	59.4
198	昭和システムエンジニアリング	大手門会計事務所→東邦	29.6
208	林兼産業	大手門会計事務所→清稜	10.0
215	ラサ商事	大手門会計事務所→八重洲	9.1
240	シンニッタン	大手門会計事務所→新創	231.6
242	片倉コープアグリ	大手門会計事務所→海南	7.7
264	チノー	大手門会計事務所→アーク	29.4
410	信越ポリマー	原会計事務所→ EY 新日本	20.7
464	大崎電気工業	原会計事務所→ RSM 清和	30.4
641	ガーラ	仁智→ Ks Lab.	31.8
679	東京機械製作所	仁智→新宿	18.6
721	石垣食品	仁智→まほろば	0.0
723	ブランディングテクノロジー	仁智→海南	31.4

（注）左端の番号は巻末一覧表における番号。「企業名」は「株式会社」を省略。「交代内容」は「監査法人」あるいは「有限責任監査法人」を省略、また、矢印の左側が前任、右側が後任の監査法人。「監査報酬」は交代による監査報酬の増減率（％）。

　次の記載は岡部によるものである（巻末一覧表164。下線は筆者による）。典型的な「公認会計士・監査審査会による勧告」を交代理由とする記載であり、他社の記載も大きな違いはない。

　　当社の会計監査人である監査法人大手門会計事務所は、2020 年 3 月 27 日開催予定の第 76 回定時株主総会終結の時をもって任期満了となります。同監査法人には 43 年間にわたり監査をお願いしておりましたが、<u>2019 年</u>

> 　12月6日に公認会計士・監査審査会より金融庁長官に対し、同監査法人についての勧告があったことから、他の監査法人の比較検討を行ってまいりました。
> 　監査等委員会は、検討の結果、上記3の理由により、新たな会計監査人として、アーク有限責任監査法人を選任する議案の内容を決定したものであります。

　大盛工業のみ期中交代であり、他社はすべて期末交代である[注87]。次の記載は大盛工業によるものだが（巻末一覧表184。下線は筆者による）、7月決算である同社の定時株主総会の開催は10月であり、次回の定時株主総会の開催まで期間があくため（2020年3月30日に開示）、期中交代を選んだのかと思われる。

> 　当社が会計監査をお願いしておりました監査法人大手門会計事務所が、2019年12月6日付にて公認会計士・監査審査会から法人運営に関する指摘を受けたことから、当社といたしましては、会計監査人の異動を前提として後任の会計監査人候補を模索しておりましたが、当社監査等委員会が、当社の事業規模、業務内容に適した監査対応、監査費用の相当性等を検討した結果、本日付で監査法人アヴァンティアを一時会計監査人として選任したものであります。
> 　なお、退任に当たり監査法人大手門会計事務所からは、監査業務の引継ぎについての協力を得ることができる旨の確約をいただいております。

　どの記載も大きな違いはないのだが、まったく同じ記載がある。次の記載は林兼産業によるものだが（巻末一覧表208。下線は筆者による）、「公認会計士・監査審査会による勧告」とともに「継続監査期間」も交代理由にしている。シンニッタンも、「公認会計士・監査審査会による勧告」と「継続監査期間」を交代理由にしているのだが（巻末一覧表240）、その記載は、定時株主総会の開催日と期、後任監査法人の名称を除いて、林兼産業によるものとまったく同じ

である。

　当社の会計監査人である監査法人大手門会計事務所は、2020 年 6 月 25 日開催予定の第 81 期定時株主総会終結の時をもって任期満了となります。当社は 36 年以上継続的に監査法人大手門会計事務所を会計監査人として選任してまいりましたが、同監査法人による監査継続年数が長期にわたること、および 2019 年 12 月 6 日に公認会計士・監査審査会より金融庁長官に対し同監査法人についての勧告があったこと等に鑑み、監査役会は、上記 3．に記載の理由により、新たに清稜監査法人を会計監査人として選任することとしたものであります。

　次の記載はガーラによるものだが（巻末一覧表 641。下線は筆者による）、ブランディングテクノロジーによる記載（巻末一覧表 723）も、後任監査法人の名称以外はまったく同じである。

　当社の会計監査人である仁智監査法人は、2022 年 1 月 21 日に公認会計士・監査審査会より金融庁長官に対し同監査法人に対して行政処分その他の措置を講ずるよう勧告があったこと等に鑑み、当社の監査の相当性を確保する観点から、不再任とすることと決定いたしました。また、その後任として監査法人 Ks Lab. を新たな会計監査人として選任することを決定いたしました。

2　金融庁による業務改善命令を交代理由とする記載

　「金融庁による業務改善命令」を理由とする監査法人の交代とは、公認会計士・監査審査会による行政処分勧告を受けて、金融庁が現任の監査法人に対して業務改善命令を行ったため[注88]、監査法人を交代させるというものであり、

それに関する開示が 1 件ある[注89]。「公認会計士・監査審査会による勧告」を理由とする交代と同様に監査報酬は増加している（増減率 52.1％）。

　次の記載は「金融庁による業務改善命令」を交代理由とする記載だが（巻末一覧表 127。下線は筆者による）、公認会計士・監査審査会がアヴァンティアに対する行政処分勧告を行ったのは 2018 年 5 月 18 日である[注90]。2018 年 9 月開催の定時株主総会において「公認会計士・監査審査会による勧告」を理由として監査法人を交代させるのではなく、金融庁がアヴァンティアに対して業務改善命令を行ってから 1 年後の 2019 年 9 月開催の定時株主総会において「金融庁による業務改善命令」を理由として監査法人を交代させている。

　「金融庁による業務改善命令」を問題と考えるのならば、もっと早く交代させて、2019 年 6 月期の監査はほかの監査法人に委ねるべきではなかったのだろうか。後任の監査法人がなかなか見つからず、遅くなってしまったのだろうか。

　当社の会計監査人である監査法人アヴァンティアは、<u>2018 年 9 月 26 日に金融庁から業務改善命令を受けました</u>。これに伴い、当社の業種や事業規模に適した監査対応や監査費用の相当性等について他の公認会計士等と比較検討いたしました。その結果、新たに会計監査人として太陽有限責任監査法人を選任するものであります。

　なお、監査法人アヴァンティアは 2019 年 9 月 24 日開催予定の当社第 13 回定時株主総会終結の時をもって任期満了となります。

注85　公認会計士・監査審査会は、必要に応じて監査法人を検査し（会計士法49条の3）、その結果、必要があると認められるときはその監査法人に対して行政処分等を講ずるように内閣総理大臣に勧告することができるとされている（会計士法41条の2）。

注86　酒井（2016）は、公認会計士・監査審査会による勧告を受けた中小監査法人の監査を受けて

いる企業はビジネス・リスクが高く（ 図表 41 掲載の前任監査法人はいずれも中小監査法人）、リスクの高い企業に対して品質の低い監査が行われている可能性があるとしている。そうであるとすると、このように監査報酬の増額から監査の品質の高まりがうかがえるため、公認会計士・監査審査会による勧告は、そうしたビジネス・リスクの高い企業に対する監査の品質を高める効果を有しているといえる。

注87　「期末交代」と「期中交代」の定義については第6章 7 参照。

注88　内閣総理大臣は、監査法人がその社員の故意または過失により虚偽証明を行った場合、公認会計士法または同法に基づく命令に違反し、または運営が著しく不当と認められる場合、業務改善指示に従わない場合は、その監査法人に対して、戒告、業務改善命令、2年以内の業務停止命令、解散命令といった処分を行うことができるとされている（会計士法34条の21）。したがって、ここでは「金融庁による業務改善命令」が交代理由とされているが、処分の内容によって、「金融庁による戒告」、「金融庁による業務停止命令」、「金融庁による解散命令」といった交代理由もあり得る。

注89　 図表 3 ・ 図表 6 ・ 図表 7 における「公認会計士・監査審査会勧告等」15件に含めている。

注90　公認会計士・監査審査会（2018b）。

第 9 章

監査法人の合併

1　監査法人の合併を交代理由とする記載

　「監査法人の合併」を理由とする監査法人の交代とは、現任の監査法人がほかの監査法人と合併（吸収されて消滅）するというものである。現任の監査法人が消滅し、存続する監査法人が後任の監査法人となるため、一応監査法人の交代ではあるのだが、ほかの理由によるものと異なり、企業側にとっては、少なくとも当面は監査を担当する公認会計士は同じであり、特に変化が生じるものではない。

　そのため、図表42 は巻末一覧表から「監査法人の合併」を交代理由とする開示の情報の一部を抜粋したものだが（他の情報は巻末一覧表を参照）、ほとんどの企業において監査報酬は変化していない。ホッカンホールディングと東京會舘の監査報酬が変化しているが、これは「監査法人の合併」以外の理由によるものだと思われる。

　なお、もちろん監査報酬は、直接投入される監査資源にかかるものだけでなく、監査法人の運営に必要とされる費用なども含めて算定されるものであり、監査を担当する公認会計士が同じであっても、その所属が異なれば変化する可能性があるのだが、企業側にとって変化が生じないのであれば、少なくとも当面は監査法人から企業に対して監査報酬の増額を求めるのは難しいはずである。

図表 42 監査法人の合併を理由とする交代

	企業名	交代内容	監査報酬
136	フリージア・マクロス	日栄→双研日栄	0.0
137	山崎製パン	日栄→双研日栄	0.0
138	エスビー食品	日栄→双研日栄	0.0
271	タカラスタンダード	近畿第一→アーク	0.0
272	アサヒペン	近畿第一→アーク	0.0
548	明治海運	協立→協立神明	0.0
549	トーホー	協立→協立神明	0.0
551	トレーディア	協立→協立神明	0.0
655	富士急行	きさらぎ→ Moore みらい	0.0
657	いい生活	きさらぎ→ Moore みらい	0.0
661	ホッカンホールディング	きさらぎ→ Moore みらい	−6.3
662	東京會舘	きさらぎ→ Moore みらい	11.1
686	日本製罐	きさらぎ→ Moore みらい	0.0

（注）左端の番号は巻末一覧表における番号。「企業名」は「株式会社」を省略。「交代内容」は「監査法人」あるいは「有限責任監査法人」を省略、また、矢印の左側が前任、右側が後任の監査法人。「監査報酬」は交代による監査報酬の増減率（％）。

　次の事例は山崎製パンによる開示である（巻末一覧表 137。一部省略）。このように「監査法人の合併」を理由とする監査法人の交代である場合、開示の題名は「公認会計士等の合併に伴う異動に関するお知らせ」か「会計監査人の合併に伴う異動に関するお知らせ」となり[注91]、また、開示の構成も異なり、「6. 異動の決定又は異動に至った理由及び経緯」ではなく「2. 異動の理由」に交代理由を記載することとなる[注92]。

公認会計士等の合併に伴う異動に関するお知らせ

　金融商品取引法第 193 条の 2 第 1 項及び第 2 項の規定に基づき、当社の監査証明を行う公認会計士等の異動が生じる予定ですので、お知らせいたします。

記

1．異動年月日

　2019 年 10 月 1 日

2. 異動の理由

　当社の会計監査人である日栄監査法人（消滅監査法人）は 2019 年 10 月 1 日付で、監査法人双研社（存続監査法人）と合併いたしました。これに伴いまして、当社の監査証明を行う公認会計士等は双研日栄監査法人となります。

3. 合併後の監査法人の概要（存続監査法人）

①名称	双研日栄監査法人
②所在地	（略）
③法人代表者	（略）
④日本公認会計士協会の上場会社監査事務所登録制度における登録状況	上場会社監査事務所名簿に記載されております。

4．消滅監査法人の概要

①名称	日栄監査法人
②所在地	（略）
③法人代表者	（略）
④日本公認会計士協会の上場会社監査事務所登録制度における登録状況	上場会社監査事務所名簿に記載されております。

以上

　次の記載はタカラスタンダード（巻末一覧表271）とアサヒペン（巻末一覧表272）によるものであり、段落の区切り方も含めてまったく同じである。両社は同じ2020年7月1日に開示を行っている。

> 　当社の会計監査人である近畿第一監査法人（消滅監査法人）は、2020年7月1日付で、アーク有限責任監査法人（存続監査法人）と合併しました。
>
> 　これに伴いまして、当社の監査証明を行う監査公認会計士等はアーク有限責任監査法人となります。

　次の記載は、富士急行（巻末一覧表655）、いい生活（巻末一覧表657）、ホッカンホールディング（巻末一覧表661）、東京會舘（巻末一覧表662）、日本製罐（巻末一覧表686）によるものであり、こちらもまったく同じである。このうち日本製罐は2022年5月23日に開示を行っているが、ほかは同じ同年5月16日に開示を行っている。

> 　当社の会計監査人であるきさらぎ監査法人（消滅監査法人）は、2022年7月1日付でMoore至誠監査法人（存続監査法人）と合併し、Mooreみらい監査法人に名称を変更する予定です。これに伴いまして、当社の監査証明を行う公認会計士等はMooreみらい監査法人となります。

　「監査法人の合併」を理由とする監査法人の交代に関する開示は、通常、同じ日に行われ、その記載内容も同じである場合が多い。特徴のある記載がなされるわけではないため、自然と同じになる可能性もないわけではないが、このように同じ日に寸分違わぬ記載がなされるところを見ると、事前に記載の統一が図られている可能性があるように思われる。「監査法人の合併」を理由とする監査法人の交代は、あくまで監査法人側の都合によるものであるため、監査法人を介して事前に統一が図られているのだろうか。

2　開示時期

　上述のとおり「監査法人の合併」を理由とする監査法人の交代に関する開示は、通常、同じ日に行われる。監査法人からその監査を受けている企業に対して事前に合併について通知されているはずであり、同じ交代内容の「監査法人の合併」を理由とする監査法人の交代に関する開示は、当然、同じ日になされるはずである。フリージア・マクロス、山崎製パン、エスビー食品は同じ2019年10月1日に、タカラスタンダードとアサヒペンも上述のとおり同じ2020年7月1日に開示している。

　しかし、明治海運とトーホーは同じ2022年1月31日に開示しているものの、トレーディアは同年2月1日に開示している。また、上述のとおり、富士急行、いい生活、ホッカンホールディング、東京會舘は同じ2022年5月16日に開示しているものの、日本製罐は同年5月23日に開示している。

　トレーディアと日本製罐による開示は遅延開示といえる。このように「監査法人の合併」を理由とする監査法人の交代に関する開示は、ほかの理由によるものと異なり、企業側が開示日を決めることができないため、開示体制に問題のある企業を浮き彫りにすることになる。

　なお、PwCあらたとPwC京都は、2023年10月16日、PwCあらたを存続監査法人、PwC京都を消滅監査法人として合併することを発表した[93]。本書の分析対象ではないが、これを受けてPwC京都の監査を受けている企業が、「監査法人の合併」を理由とする監査法人の交代に関する開示を行った。しかし、56社は2023年10月16日に開示を行ったものの[94]、同年10月17日に17社[95]、同年10月18日に2社[96]、さらに約1か月後の同年11月17日に1社[97]が開示を行っている。

注91　エスビー食品のみ「公認会計士等の異動に関するお知らせ」としている（巻末一覧表138）。

注92　「2. 異動の理由」は「2. 異動の内容」とされることもある。

注93　PwC あらた有限責任監査法人・PwC 京都監査法人（2023）。

注94　2023年10月16日に開示を行った企業は次のとおり（「株式会社」は省略）。Rebase、モビルス、京写、アズマハウス、ＪＫホールディングス、タカヨシ、ブリッジコンサルティンググループ、Ｗ　ＴＯＫＹＯ、ビーアンドピー、アイスコ、デコルテ・ホールディングス、ＴＯＷＡ、ファーストアカウンティング、大阪油化工業、データセクション、ＣＲＩ・ミドルウェア、デジタルプラス、And Do ホールディングス、ＲＳ　Ｔｅｃｈｎｏｌｏｇｉｅｓ、テクニスコ、アミタホールディングス、THECOO、Ｅｎｊｉｎ、アスタリスク、ケアサービス、平和堂、はるやまホールディングス、ＦＰパートナー、Ｔ．Ｓ．Ｉ、ジェイテクト、アライドアーキテクツ、京都機械工具、エリッツホールディングス、日本ナレッジ、ユーザーローカル、ピーバンドットコム、リネットジャパングループ、トーカロ、ブティックス、ビズメイツ、岩井コスモホールディングス、Kids Smile Holdings、ＢＴＭ、ファルコホールディングス、ラックランド、Ｍ＆Ａ総研ホールディングス、沖縄セルラー電話、ＫＤＤＩ、任天堂、MTG、京セラ、モイ、ソースネクスト、サンマルクホールディングス、ジェイテック、ＰＯＰＥＲ。このほか東京プロマーケット上場企業である五健堂が同日に開示している。

注95　2023年10月17日に開示を行った企業は次のとおり（「株式会社」は省略）。白鳩、キング、ジェイエスエス、日本セラミック、幼児活動研究会、中外炉工業、三櫻工業、岡山製紙、京進、ELEMENTS、ＣＬホールディングス、トーア紡コーポレーション、CDG、ケア21、エスケーエレクトロニクス、ニデック、日東精工。

注96　2023年10月18日に開示を行った企業は次のとおり（「株式会社」は省略）。クラウディアホールディングス、シライ電子工業。このほか東京プロマーケット上場企業であるＣ　Ｃｈａｎｎｅｌが同日に開示している。

注97　2023年11月17日に Japan Eyewear Holdings が開示を行っている（「株式会社」は省略）。また、これより前2023年10月31日に東京プロマーケット上場企業であるレボインターナショナルが開示を行っている。

第 **10** 章 ローテーション制度等

1 ローテーション制度を交代理由とする記載

　「ローテーション制度」を理由とする監査法人の交代とは、企業が自社独自のローテーション制度（一定期間ごとに監査法人を交代させる制度）を定めて、それに基づいて監査法人を交代させるというものである[注98]。

　図表43 は、巻末一覧表から「ローテーション制度」を交代理由とする開示の情報の一部を抜粋したものである（他の情報は巻末一覧表を参照）。監査報酬を見ると、変化していないのは MORESCO のみで（増減率 0.0%）、ほかはすべて後任の監査法人が大手監査法人だが、減少している。ローテーション制度に基づいて後任の監査法人を選ぶ場合も、企業は少なくとも監査報酬の増額は回避しようとするのだろうか[注99]。

図表43 ローテーション制度を理由とする交代

	企業名	交代内容	監査報酬
35	MORESCO	トーマツ→太陽	0.0
158	キヤノン	EY 新日本→トーマツ	−11.8
315	大塚ホールディングス	トーマツ→あずさ	−2.1
668	東海東京フィナンシャル・ホールディングス	トーマツ→あずさ	−15.1

（注）左端の番号は巻末一覧表における番号。「企業名」は「株式会社」を省略。「交代内容」は「監査法人」あるいは「有限責任監査法人」を省略、また、矢印の左側が前任、右側が後任の監査法人。「監査報酬」は交代による監査報酬の増減率（%）。

　次の記載は MORESCO によるものである（巻末一覧表 35。下線は筆者による）。「ローテーション制度」という用語は使っていないが、「会計監査人の継続監査期間を原則最大 10 年」にするとしている。

　当社の会計監査人であります有限責任監査法人トーマツは、2019 年 5 月 28 日開催予定の第 61 期定時株主総会終結の時をもって任期満了となり、初任以来の継続監査期間は 12 年となります。

　当社は、<u>監査役会が「会計監査人の解任・不再任の決定方針」において、会計監査人の継続監査期間を原則最大 10 年とすることを 2019 年 2 月に定めたことに伴い</u>、会計監査人を見直すことといたしました。

　次の記載はキヤノンによるものである（巻末一覧表 158。下線は筆者による）。MORESCO と異なり、具体的に何年ごとに監査法人を交代させるのかが明らかにされていない。「ローテーション制度が導入されていること」を踏まえたとされているので、企業独自のローテーション制度を導入したのであろうことがうかがえるが、曖昧な表現である。なお、「監査法人の独立性を確保するため、諸外国において監査法人のローテーション制度が導入されていること等を踏まえて」という表現は、大塚ホールディングスも用いている（巻末一覧表 315）。

　当社の会計監査人である EY 新日本有限責任監査法人は、きたる第 119 期定時株主総会終結の時をもって任期満了となります。当社の監査役会は、<u>監査法人の独立性を確保するため、諸外国で監査法人のローテーション制度が導入されていることを踏まえ</u>、2016 年から複数の監査法人を比較評価してきました。また、<u>一定期間ごとに複数の監査法人から提案を受けることとし</u>、上記 3. の理由により、新たに有限責任監査法人トーマツが候補者として適任であると判断いたしました。

　次の記載は東海東京フィナンシャル・ホールディングスによるものである（巻末一覧表 668。下線は筆者による）。自社の制度を「ローテーション制度」としている。

　当社の会計監査人である有限責任監査法人トーマツは、第 110 期定時株主総会終結の時をもって任期満了となります。当社の監査等委員会は、現会計監査人の監査継続年数を踏まえ、<u>会計監査人のローテーション制度を導入すべく</u>、複数の監査法人から提案を受けた上で比較検討した結果、上記 3. の理由により、新たに有限責任あずさ監査法人が候補者として適任であると判断いたしました。

　なお、同社は「3. 2.（1）に記載する者を公認会計士等の候補者とした理由」に次のように記載して、具体的に 10 年ごとに監査法人を見直すとしている。ただし、「監査実績等の評価を踏まえローテーションを検討する」とされており、MORESCO と異なり、必ず 10 年ごとに監査法人を交代させるのかは明らかでない。

　監査等委員会は、<u>会計監査人就任から 10 年経過時点で、監査実績等の評価を踏まえローテーションを検討する、「会計監査人のローテーション制度導入に関する基本方針」</u>を 2020 年 12 月 21 日付で決議しております。
　有限責任あずさ監査法人を会計監査人の候補者とした理由は、本方針に基づき、監査に新しい視点（フレッシュ・アイ）を導入することで、馴れ合いとなることのないように質の高い監査を目指し、会計監査の透明性を担保することにより株主の利益に資するため、会計監査人として要求される専門性、独立性、品質管理体制及び監査報酬等を総合的に勘案した結果、当社の会計監査人として適任と判断したものであります。

---

2 会計監査人再評価制度を交代理由とする記載

「ローテーション制度」ではなく「会計監査人再評価制度」を定めて、それに基づいて監査法人を交代させている事例が1件ある^{注100}。次の記載がそれであり（巻末一覧表201。下線は筆者による）、10年ごとに監査法人の「再評価」を行うとされている。「ローテーション制度」と類似しているが、それとの違いは、現任の監査法人が再任される可能性のある点である。なお、準大手監査法人から大手監査法人への交代だが、監査報酬は減少している（増減率－3.3％）。

当社の会計監査人である東陽監査法人は、2020年6月24日開催予定の第100回定時株主総会終結の時をもって任期満了となりますが、当社はこれまで同監査法人から適切かつ妥当な会計監査を受けてきたと判断しております。

しかし、会計監査の充実に向けた努力が重ねられるなか、監査役会は、監査法人の品質管理等について客観的に把握する観点及び現任会計監査人による継続監査年数が長期に及んでいることに鑑み、「会計監査人の選定基準」及び「会計監査人の評価および再任の判断の基準」の見直しを行うとともに、継続監査期間10年ごとに再評価を行う「会計監査人再評価制度」（以下「本制度」という。詳細は下表参照。）を導入いたしました。

本制度は、現任会計監査人と他の監査法人とをこれまでの当社における監査実績等を考慮することなく比較評価する機会を定期的に設けることによって、同一監査法人の再任が継続するなかでは見えてこない部分を把握し、継続的に会計監査の実効性を高めようとするものであります。本制度の導入に当たっては複数の監査法人へのヒアリング等を実施し、その内容の充実を図るように努めました。

監査役会では、本制度に基づき、現任会計監査人を含む複数の監査法人に提案を求め質疑を行い、これらを比較検討いたしました。その結果、当社の経営や事業環境の特性に即し、新たな助言や会計監査業務の効率化等への期

待を含め総合的に勘案し、会計監査人として有限責任あずさ監査法人の選任を内定いたしました。

「会計監査人再評価制度」の概要

	内　容
①実施時期	同一会計監査人の再任が 10 年間継続した場合（現任会計監査人である東陽監査法人の継続監査期間は 68 年間）
②実施方法	「会計監査人の選定基準」に基づき、現任会計監査人と複数の監査法人を比較し、その有効性等について比較検証を行う。
③次期会計監査人	②の比較検証により最適任と判断された監査法人に委嘱する。
④今後の運用	本制度実施後は「会計監査人の評価および再任の判断の基準」に基づき評価を行い、毎期再任の可否を判定する。10 年間同一監査法人の再任が継続した場合、改めて本制度を運用する。

3　入札制度を交代理由とする記載

「入札制度」を定めて、それに基づいて監査法人を交代させている事例も 1 件あり[注101]、次の記載がそれである（巻末一覧表 664。下線は筆者による）。10 年ごとに行うが、現任の監査法人が再任される可能性があり、名称は異なるものの、上の「会計監査人再評価制度」と同様の制度であることがわかる。なお、こちらも監査報酬は減少している（増減率 −2.4％）。

当社の会計監査人である EY 新日本有限責任監査法人は、2022 年 6 月 23

日開催予定の第 66 期定時株主総会終結の時をもって任期満了となります。当社はこれまで同監査法人から適切かつ妥当な会計監査を受けてきたと判断しております。

　監査役会は、同一監査法人の再任を継続する中で、監査法人の品質管理体制等について客観的な評価を行う観点から、「会計監査人を再任することの適否の決定手順書」を整備し、諸外国で導入されている監査法人のローテーション制度を参考に「入札制度」を設けました。

　監査役会では、「入札制度」に基づき、現任会計監査人を含む複数の監査法人から当社の会計監査に対する提案を受け、比較評価を行いました。その結果、上記3．の理由により、新たに有限責任監査法人トーマツを会計監査人として選任する議案を決定いたしました。

※「入札制度」は、現任の監査法人の独立性、品質管理体制及び職務遂行体制等を客観的に把握する観点から、現任の会計監査人を含む複数の監査法人から提案を受け比較検証する制度です。本制度は、少なくとも同一会計監査人による継続監査 10 年毎に実施します。

4　毎期の検討を交代理由とする記載

　次の記載は、「毎期の検討」を交代理由とする記載である（巻末一覧表21。下線は筆者による）注102。「会計監査人の評価・選定基準」に基づき「評価・検討」しているということであり、「ローテーション制度」、「会計監査人再評価制度」、「入札制度」と同様な制度を導入しているように見えるが、それらとはまったく異なる。この「毎期の検討」は、上の事例と異なり一定期間ごとに実施するのではなく、文字どおり毎期実施され、また、「ローテーション制度」と異なり、現任の監査法人が再任される可能性がある。

当社の会計監査人である有限責任監査法人トーマツは、平成 31 年 3 月 28

> 日開催予定の当社第28期定時株主総会終結の時をもって任期満了となります。監査役会は、<u>会計監査人の評価・選定基準に照らして、毎期、会計監査人の選定について検討しており、同法人を含む複数の監査法人を対象として評価・検討いたしました。</u>これに伴い、上記３．の理由から、有限責任監査法人トーマツに代えて、仰星監査法人を新たな会計監査人として選任する議案の内容を決定したものであります。

　一見したところ素晴らしい制度のように見えるかもしれないが、恣意的な運用が可能になってしまう恐れがあるように思われる。この制度の場合、一定期間ごとにではなく毎期監査法人が交代する可能性があるため、本当は「監査報酬」が理由であるのに、この「毎期の検討」を理由として監査法人を交代させることが可能になってしまう[注103]。なお、この事例では、上の事例と異なり、大手監査法人から準大手監査法人への交代だが、監査報酬は増加している（増減率1.7%）。

注98　「ローテーション・ルール」を交代理由としている事例があるが、これは、企業独自のローテーション制度ではなく、次のとおりいわゆるパートナーローテーション制度をさしている（巻末一覧表11。下線は筆者による）。なお、「パートナーローテーション制度」については**注57**参照。

> 当社の会計監査人であります松澤博昭氏及び向山光浩氏は、平成31年３月29日開催予定の第19回定時株主総会終結の時をもって任期満了になる予定です。現会計監査人２名のこれまでの<u>監査継続年数（５年）</u>および<u>公認会計士法第24条の３（会計監査人に求められているローテーション・ルール）</u>等を考慮した結果、新年度の監査契約については、会計監査人個人による監査から監査法人による監査へと変更することとし、そのため、松澤博昭氏及び向山光浩氏との間で新年度の監査契約を締結しないことといたしました。なお、松澤博昭氏及び向山光浩氏からは監査業務の引継ぎにつきましても協力を得ることが出来る旨、確約をいただいております。

注99　強制的ローテーション制度を長期間継続して実施している国は少ないため、強制的ローテーション制度が監査報酬にどのような影響を与えるかは明らかでない（佐久間（2019））。

注100　図表3 ・ 図表6 ・ 図表7 における「ローテーション制度」6件に含めている。

注101　 図表 3 ・ 図表 6 ・ 図表 7 における「ローテーション制度」6件に含めている。

注102　 図表 3 ・ 図表 6 ・ 図表 7 における「ローテーション制度」6件には含めていない。

注103　「ローテーション制度」などを理由として監査法人を交代させる場合も、監査報酬が後任の監査法人を選択する判断材料となることがあり得る。

第 **11** 章 合意解除・見解の相違

1 合意解除を交代理由とする記載

「合意解除」を理由とする監査法人の交代とは、企業と現任の監査法人が監査契約の解除に合意して、監査法人を交代させるというものである。監査契約の解除であり、期中に監査法人が一旦不在となるため[注104]、後任の監査法人は一時会計監査人として選任される[注105]。

図表44 は、巻末一覧表から「合意解除」を交代理由とする開示の情報の一部を抜粋したものである（他の情報は巻末一覧表を参照）。上述のとおり後任の監査法人は一時会計監査人として選任されるため、梅の花とユニデンホールディングスの開示の題名はいずれも「会計監査人の異動及び一時会計監査人の選任に関するお知らせ」である[注106]。

監査報酬を見ると、梅の花とユニデンホールディングスのいずれも増加しており、特に梅の花は倍以上になっている。交代理由の記載を見ればわかるが、

図表44 合意解除を理由とする交代

	企業名	交代内容	監査報酬
143	梅の花	トーマツ→如水	138.0
189	Nuts	元和→未定	―
285	ユニデンホールディングス	三優→アリア	26.7

（注）左端の番号は巻末一覧表における番号。「企業名」は「株式会社」を省略。「交代内容」は「監査法人」あるいは「有限責任監査法人」を省略、また、矢印の左側が前任、右側が後任の監査法人。「監査報酬」は交代による監査報酬の増減率（％）。

企業側の問題により期中に現任の監査法人との監査契約を解除せざるを得ない状況に陥っており、後任の監査法人はそうした企業に対して多くの監査資源を投入しなければならないため、それに応じて監査報酬も高くならざるを得ない。また、企業側も苦しい状況にあるため、監査報酬の増額を受け入れざるを得ないといえる。

　次の記載は梅の花によるものである（巻末一覧表143。下線は筆者による）。ほかの交代理由の記載と比べて、「合意解除」を交代理由とする記載は具体的である。期中に現任の監査法人との監査契約を解除するという異常事態であり、投資家の理解を得るために具体的に記載せざるを得ないのだろう。

　なお、後任の監査法人が見つかった時点で監査契約を合意解除しているが[注107]、前任の監査法人からはそれよりも前に辞任の意向が示されていたはずである。本来であれば、前任の監査法人から辞任の意向が示された時点で開示すべきである。第 1 章で述べたとおり、まずその時点で発生事実として開示が必要となる。そして、その後、後任の監査法人が決まった時点で、改めて決定事実としての開示が必要となるのである。

　2019 年 8 月 29 日付「第三者委員会の調査報告書全文開示に関するお知らせ」にて開示いたしました調査報告書にかかる当社の不適切会計処理に関し、株主、投資家の皆様を始め、関係者の皆様にはご心配をおかけしましたが、同開示にて記載した 2019 年 4 月期並びに過年度の決算及び四半期決算の訂正にかかる会計監査及びその後の 2020 年 4 月期の第 1 四半期にかかる会計監査について、いずれも有限責任監査法人トーマツより無限定適正意見を付した監査報告書を受領しております。

　その後、当社は、有限責任監査法人トーマツと、2020 年 4 月期の第 2 四半期以降にかかる監査業務体制等について、2020 年 4 月期の第 1 四半期にかかる監査状況等を踏まえ、今後必要となる監査工数や当社の規模、経済合理性等の観点から誠実に協議し、その結果、本日付で同監査法人との監査契約を合意解約し、同監査法人が当社の会計監査人を辞任することについて合

> 意いたしました。
>
> 　当社は、これに伴い、<u>会計監査人が不在となる事態を回避し、適正な監査業務が継続的に実施される体制を維持するために、新たな会計監査人の選定を行い、本日開催の監査等委員会において、如水監査法人を一時会計監査人に選任すること</u>を決議いたしました。
>
> 　なお、有限責任監査法人トーマツからは、監査業務の引継ぎについて、協力を得ることができる旨の確約をいただいております。

　次の記載はユニデンホールディングスによるものだが（巻末一覧表285。下線は筆者による）、前任の監査法人から「当社連結財務諸表の監査についても、継続して実施することは難しいとの見解を頂戴していました」と明確に過去形で記載している。

> 　当社は、今後の監査対応等について会計監査人である三優監査法人と８月21日から協議した結果、<u>監査及び四半期レビュー契約を解除することで合意に至りました。</u>
>
> 　当社は、2020 年３月期の監査の過程において、三優監査法人が加入するBDO International Limited のメンバーファームである BDO USA, LLP から、当社主要子会社である Uniden America Corporation（UAC）において、製品販売後の客先からの請求額（Chargeback）の見積額の計上に関して、UAC の認識額、および、その繰越額算定の根拠となる監査証憑の提示を求められておりました。
>
> 　Chargeback とは、売上高に応じて決定されるリベートや販売協賛金、配達遅延などの契約条件違反による売掛金の減額、返品に伴う運搬費の負担などが主な内容です。７月中旬に監査証憑の提示要求を受けたにも関わらず、UAC の立地するダラス周辺の予想を大幅に上回る新型コロナウィルス拡大に伴う在宅勤務による証憑捜索の困難さ、また、2019 年３月期と 2020 年３月期の２年分の会計処理の根拠となる多量の証憑の提示対応に長い時間を

要したことから、2020 年 8 月 18 日に BDO USA, LLP は、十分な監査を行うための証憑が入手できないこと等を理由に、2019 年会計年度における監査業務の契約打ち切りを UAC に通知するに至りました。

　三優監査法人とは、引き続き 2020 年 3 月期の連結財務諸表に対する意見表明のための協議を進めておりましたが、三優監査法人は同じメンバーファームである BDO USA, LLP が監査契約の打ち切りを決定したことに伴い、<u>当社連結財務諸表の監査</u>についても、<u>継続して実施することは難しいとの見解を頂戴していました。</u>

　当社は、このような状況下、三優監査法人との協議を進めると同時に 2020 年 8 月下旬から、一時会計監査人の選任手続を進めておりましたが、監査法人アリアより UAC の Chargeback の適切な会計処理の検討を含め、求められる精度を維持しながら、当社グループの監査に対応いただけるとの内諾を得たため、当社は、<u>三優監査法人との監査契約を合意解除することとし、本日 2020 年 9 月 4 日開催の監査役会において、監査法人アリアを一時会計監査人に選任いたしました。</u>

　なお、三優監査法人からは、監査業務の引継ぎについて、協力を得ることができる旨の確約をいただいております。

　次の記載は Nuts によるものだが（巻末一覧表 189。下線は筆者による）、後任の監査法人が未定のまま開示している。実際のところは後任の監査法人を見つけることができず、仕方なく後任の監査法人が未定のまま開示したのかもしれないが、本来であればこれが適切な開示の仕方である。ただし、「2020 年 4 月 24 日付で 2020 年 3 月期に係る監査及び四半期レビュー契約を合意解除いたしました」としているにも関わらず、同社はこの開示を 4 日後の 2020 年 4 月 28 日に行っており、明確な遅延開示である。

　当社は、2020 年 4 月 13 日に公表いたしました「会計監査人からの報告事項及び外部調査委員会の調査目的の追加に関するお知らせ」においてお知

らせいたしましたとおり、当社の会計監査人である監査法人元和が、2020年 4 月 3 日、当社が保有する現金の実査を実施したところ、2020 年 3 月 31日時点における当社が保有する現金は 0.5 百万円であるにもかかわらず、当社の帳簿上の現金の残高が 809 百万円と、両者の間に差異が存在することが発見されたとの報告を 4 月 7 日に受けました（以下この差異を「本件現金差異」といいます。）。

　監査法人元和からは、本件現金差異は当社において会社財産の保有に関する適切な管理を担うべき担当役員が、会社財産の保有に関する内部統制上のルールに反する処理を独断で行ったことに起因して発生したものと考えられ、またそのことが 2020 年 3 月期に係る監査及び四半期レビュー契約の監査約款及び四半期レビュー約款の第 14 条第 1 項第 3 号（※）に該当する旨の指摘を受けております。

　これを受けて、当社は監査法人元和と協議した結果、2020 年 4 月 24 日付けで 2020 年 3 月期に係る監査及び四半期レビュー契約を合意解除いたしました。

　なお、監査法人元和からは、当社が今後新たに選任する一時会計監査人への監査業務の引継ぎについて、協力いただけることを確認しております。

※監査約款及び四半期レビュー約款第 14 条（契約の解除・終了）
　第 1 項第 3 号「委嘱者が、その資産の保有等に関する適切な内部統制の整備又は法的若しくは物理的な措置をとらない場合」

2　見解の相違を交代理由とする記載

　「見解の相違」を理由とする監査法人の交代は、企業と現任の監査法人との間で監査をめぐる見解に相違が生じたため、監査法人を交代させるというものである。

　「見解の相違」を理由とする監査法人の交代も、期中に企業と現任の監査法人が監査契約の解除に合意する形で行われることが多い。また、「合意解除」を理由とする監査法人の交代は、監査法人の求めにより行われることが多いのに対して、「見解の相違」を理由とする監査法人の交代の方は、企業の求めにより行われることが多い。

　なお、監査をめぐる見解が相違するという理由により企業側の意向で監査法人を交代させることは、企業によるいわゆるオピニオン・ショッピングにつながりかねないリスクをはらんでいるといえる。「見解の相違」を理由として監査法人を交代させている企業は、その点を自覚しているのだろうか。

　 図表45 は、巻末一覧表から「見解の相違」を交代理由とする開示の情報の一部を抜粋したものである（他の情報は巻末一覧表を参照）。監査報酬を見ると、燦キャピタルマネージメントと天昇電気工業は増加しているものの、インパクトホールディングスは減少している。

図表45 見解の相違を理由とする交代

	企業名	交代内容	監査報酬
134	インパクトホールディングス	東陽→アリア	−47.7
457	燦キャピタルマネージメント	アリア→柴田洋・大瀧秀樹	9.1
482	天昇電気工業	アーク→清陽	19.2

（注）左端の番号は巻末一覧表における番号。「企業名」は「株式会社」を省略。「交代内容」は「監査法人」あるいは「有限責任監査法人」を省略、また、矢印の左側が前任、右側が後任の監査法人。「監査報酬」は交代による監査報酬の増減率（％）。

　次の記載はインパクトホールディングスによるものだが（巻末一覧表134。下線は筆者による）、後任の監査法人が見つかった時点で現任の監査法人に対して監査契約の解除を切り出しているようである。

　「合意解除」を交代理由とする記載と同様に具体的だが、具体的である理由は少し異なるように思われる。「見解の相違」を理由として監査法人が交代す

る場合も異常事態であり、投資家の理解を得るために具体的に記載せざるを得ないということもあるが、企業側の不満もあるのかもしれない。「合意解除」を交代理由とする記載の方は、少なくとも表面的には円満に監査契約の解除に合意したように読めるのに対して、「見解の相違」を交代理由とする記載からは、例えば「事態は進展しなかった」といった表現など、企業側の不満が読み取れるからである。

　当社は、今後の監査対応等について会計監査人である東陽監査法人と協議の結果、監査及び四半期レビュー契約を解除することで合意に至りました。

　今回、東陽監査法人からは、当社のインドにおけるコンビニエンスストア事業において、現地パートナー企業であるCDGLに対する貸付債権（約11億円）及びCDCSPLに対する投資額（約17億円）の回収可能性の評価に関して、CDGLの直近の財務状況等当社の債権及び出資先の評価に必要な財務情報の入手を求められておりました。しかし、CDGLの親会社であるCoffee Day Enterprises Limited（以下、CDEL）の創業会長であるシッダールタ氏の急逝により、シッダールタ氏が生前『最高経営者兼財務責任者として決裁した各金融取引』のうち急逝したことにより社内共有されていない事項について、決算を確定させるために速やかに明らかにし、改めて社内共有する必要が生じたため、アーストアンドヤングを調査機関として指名し、8月1日から8月31日までに調査をすることになり、調査終了後、CDGLの財務情報の開示を受ける予定でした。そのため、当社は四半期報告書の提出期限の延長を申請したところ関東財務局より承認され、提出期限が9月13日となりました。しかし、調査開始後、アーストアンドヤングはCDEL社の税務、ソフトウェアの開発等を行っていることが判明し、アーストアンドヤングがCDELの調査実施に当たり、両者の間に利益相反の発生の可能性が生じたため、改めて、中央調査局の元副監査官であるAshok Kumar Malhotra氏に調査を依頼することになり、CDGLの財務情報の開示も延期されたため、提出期限である9月13日までに四半期報告書の提出が困難となりました。

　　そこで、提出期限である９月13日までに四半期報告書の提出を間に合わ
せるべく、当社から東陽監査法人へ CDGL への貸付債権について、CDGL
の財務状況が確認できないことで評価できないのであれば、保守的に貸付債
権の全額を貸倒引当金として処理する方向で打診いたしましたが、東陽監査
法人からは、CDGL の財務状況を確認できない状況では CDGL に対する貸
付債権（約11億円）の回収可能性については判断できない旨の回答を得ま
した。それに伴い、CDCSPL に対する投資額（約17億円）についても判断
できない旨の回答を得ました。その後、当社と東陽監査法人で何度か折衝を
重ねましたが、事態は進展しなかったため、東陽監査法人と協議の結果、監
査及び四半期レビュー契約を解除することで合意に至りました。

　　当社はこれに伴い、会計監査人が不在となる事態を回避し、適正な監査業
務が継続的に実施される体制を維持するため、新たな会計監査人の選定を進
めてまいりました結果、本日開催の監査役会において監査法人アリアを一時
会計監査人に選任することを決議いたしました。

　　なお、東陽監査法人からは、監査業務引継ぎについての協力を得ることが
できる旨の確約をいただいております。

　　次の記載は燦キャピタルマネージメントによるものである（巻末一覧表457。
下線は筆者による）。こちらは、「誠実に対応して参りました。しかしながら」
や「相互理解には至らなかった」といった表現から、より直接的に企業側の不
満を読み取ることができる。

　　当社は、当社の会計監査人である監査法人アリアと、令和３年３月期連結
決算にかかる監査業務において、当社の投資先である国内外の事業及び案件
に係る評価等の会計処理を行うにあたり、現在、コロナ禍による緊急事態宣
言が発令されている中、当社として、同監査法人の要請に応じて、評価確定
のために必要な事業計画及び証憑を出来るだけ入手する等、監査の実施につ
いて誠実に対応して参りました。しかしながら、当社と同監査法人との間で、

のれんの評価及び投資先の事業の見通し等について見解の相違が生じ、協議を重ねて参りましたが、相互理解には至らなかったことから、当社は、同監査法人に対して監査契約解除の申し入れを行い、令和 3 年 5 月 25 日付で監査契約の解除について合意いたしました。

　これに伴い、会計監査人が不在となることを回避し、適法な監査業務が継続される体制を維持するため、当社監査役会は令和 3 年 5 月 25 日付で柴田洋氏及び大瀧秀樹氏を一時会計監査人に選任いたしました。

　当社としましては、令和 3 年 3 月期連結決算における監査業務について、改めて柴田洋氏及び大瀧秀樹氏と協議を行って参ります。

　なお、退任にあたり監査法人アリアからは、監査業務引継ぎについて、協力頂けることを確認しております。

　次の記載は天昇電気工業によるものである（巻末一覧表 482。下線は筆者による）。「会計認識の見解相違は解消され」たとしているが、見解の相違を発端として監査法人が交代しているため、「見解の相違」に分類している。

　なお、「定時株主総会終結時をもって、任期満了、会計監査人退任」と記載されているとおり、期末交代なのだが、この開示の題名は「会計監査人の異動及び一時会計監査人の選任に関するお知らせ」であり、後任の監査法人を一時会計監査人として選任することとしている。この開示は定時株主総会の 3 日前の 2021 年 6 月 22 日に行われており、定時株主総会への会計監査人選任議案の提出が間に合わなかったからだと思われる。定時株主総会の 3 日前に後任の監査法人が決まったため、その時点での開示となったのだろう。

　しかし、当然、前任の監査法人は定時株主総会の 3 日前よりも前に退任の意向を示していたはずである。同社は、後任の監査法人が決まらないままだったら、どうしていたのだろうか。退任の意向を示していた前任の監査法人を再任させて、後任の監査法人が見つかり次第、一時会計監査人として選任するつもりだったのだろうか。

郵便はがき

料金受取人払郵便

小石川局
承認

6246

差出有効期間
2025年8月27
日まで

（切手不要）

ᴵᴵᴵ·ᴵᴵ·ᴵᴵ·ᴵᵘᴵᴵᵖᴵᴵᴵ·ᴵ·ᴵᴵᴵᴵᵖᴵᴵᴵᵖᴵᵖᴵᵖᴵᵖᴵᵖᴵᵖᴵᵖᴵᵖᴵᵖᴵ

ご住所 〒（　　　　　　　　　　）

ビル名　　　　　　　　　　　　（　　階　　　号室）

貴社名

　　　　　　　　　　　部　　　　　　　　課

_{ふりがな}
お名前

電話番号　　　　　　　　｜　ご職業

E－mail

※本カードにご記入の個人情報は小社の商品情報のご案内、またはアン
ケート等を送付する目的にのみ使用いたします。

■**本書のタイトル**（ご購入いただいた書名をお書きください）

1. **本書をお求めの動機**

　1.書店でみて（　　　　　　　　　）2.案内書をみて

　3.新聞広告（　　　　　　　　　）4.インターネット（　　　　　　）

　5.書籍・新刊紹介（　　　　　　　）6.人にすすめられて

　7.その他（　　　　　　　　　）

2. **本書に対するご感想** （内容・装幀など）

3. **どんな出版をご希望ですか** （著者・企画・テーマなど）

> 　当社は、会計監査人のアーク有限責任監査法人と、引当金の会計認識に関し見解相違が生じ、協議を重ねてきました。結果、会計認識の見解相違は解消されましたが、この経緯から、2021 年 6 月 25 日開催の第 95 期定時株主総会終結時をもって、任期満了、会計監査人退任の申出がありました。
>
> 　これを受け、監査役会は、上記 3．の理由により、清陽監査法人を新たに会計監査人として選任するものであります。

3　監査法人が非協力的であることを交代理由とする記載

　「監査法人が非協力的」を理由とする監査法人の交代は、文字どおり監査法人が非協力的であるとして企業側の求めにより監査法人を交代させるというものであり、それに関する開示が 1 件ある。理由自体でわかるが、「監査法人が非協力的」を交代理由とする記載は、企業側の不満が読み取れる点において「見解の相違」を交代理由とする記載と類似しているといえる[注108]。

　次の記載は「監査法人が非協力的」を交代理由とする記載である（巻末一覧表 348。下線は筆者による）。これも、後任の監査法人が見つかった時点で現任の監査法人に対して監査契約の解除を切り出しているようであり、開示の題名は「会計監査人の異動及び一時会計監査人の選任に関するお知らせ」とされている。

　なお、「今後はより慎重なリスク対応手続や内部統制評価が必要となる」と記載されているように後任の監査法人に負担がかかるため、監査報酬は増加している（増減率 31.9％）。

> 　当社は、2021 年 4 月 9 日付東証適時開示「第三者委員会の設置に関するお知らせ」にてお伝えしました通り、当社が過去に行った取引およびその会計処理の妥当性について疑義が生じたため、外部専門家による第三者委員会を設置し、それら取引および会計処理に関する調査を委任することを決定し

ております。

　そうした中で、今後はより慎重なリスク対応手続や内部統制評価が必要となることを踏まえ、今後の監査体制及び第三者委員会による調査への協力についてアスカ監査法人と誠実に協議を続けた結果、同監査法人が協力的でなかったことから、当社から会計監査人の交代を打診し、本日付で監査契約を終了することで同監査法人の合意を得ました。

　これに伴い、当社監査役会は、適正な監査業務が行われる体制を維持するため、監査法人アリアを一時会計監査人に選任することを決定いたしました。

　なお、アスカ監査法人からは、監査業務の引継についての協力を得ることができる旨の確約を頂いております。

注104　「合意解除」を理由とする監査法人の交代は期中交代である。「期末交代」と「期中交代」の定義については第6章 **7** 参照。

注105　会計監査人が欠けたが、株主総会で新たな会計監査人を選任できない場合、一時会計監査人を選任する（会社法346条4項）。

注106　Nuts の開示の題名は、後任の監査法人が未定であるため、「公認会計士等の異動に関するお知らせ」である。なお、同社の株式は2020年10月3日に上場廃止となっている（東京証券取引所（2020））。

注107　梅の花は「合意解除」ではなく「合意解約」と記載している。しかし、「解除」は契約関係を遡及的に消滅させることである（金子・新堂・平井編（2008）96頁）のに対して、「解約」は契約関係を将来に向かって消滅させることである（同102-103頁）。監査法人が期中交代した場合、監査意見は、前任監査法人と後任監査法人が分担して表明するわけではなく、あくまで後任監査法人によって表明されるため、ここでは「合意解約」ではなく「合意解除」とするのが適切であると思われる。

注108　**図表3**・**図表6**・**図表7** における「見解の相違」3件には含めていない。

監査体制の不備・担当会計士の脱退・監査人の法人化

第 **12** 章

1　監査体制の不備を交代理由とする記載

　本章では、「監査体制の不備」、「担当会計士の脱退」、「監査人の法人化」という三つの交代理由をあわせて取り上げる。それらは一見したところ無関係のようだが、実は密接に関係しているからである。

　まず「監査体制の不備」を理由とする監査法人の交代とは、現任の監査法人の監査体制に不備があるため、監査法人を交代させるというものなのだが、監査体制にどのような不備があるのかは、実は「担当会計士の脱退」を交代理由とする記載を見なければ、わからない。

　図表46 は、巻末一覧表から「監査体制の不備」を交代理由とする開示の情報の一部を抜粋したものである（他の情報は巻末一覧表を参照）。前任監査法人はいずれも元和だが、開示時期も同じであり、いずれも2021年5月中に開示されている。

図表46 監査体制の不備を理由とする交代

	企業名	交代内容	監査報酬
395	ヤマノホールディングス	元和→清陽	17.8
427	ＮＦＫホールディングス	元和→アルファ	0.0
441	不二硝子	元和→フェイス	0.0

（注）左端の番号は巻末一覧表における番号。「企業名」は「株式会社」を省略。「交代内容」は「監査法人」あるいは「有限責任監査法人」を省略、また、矢印の左側が前任、右側が後任の監査法人。「監査報酬」は交代による監査報酬の増減率（％）。

131

　監査報酬を見ると、ＮＦＫホールディングスと不二硝子は変化していないが（増減率 0.0％）、ヤマノホールディングスは増加している。「監査体制の不備」がある監査法人からそれがない監査法人へ交代するため、監査の品質は上がるはずであり、少なくとも監査報酬が減少することは考えにくい。

　このうちヤマノホールディングスによる交代理由の記載は、次のとおりである（巻末一覧表395。下線は筆者による）。ほかの２社の記載も、これとほぼ同じである。

　当社の会計監査人であります監査法人元和は、2021 年 6 月 29 日開催予定の第 35 回定時株主総会終結の時をもって任期満了になります。当該会計監査人については、今後、<u>会計監査が適切かつ妥当に行われることを確保する体制を十分に備えることが難しい状況となったため</u>、当社の事業規模及び監査費用の相当性を複数比較検討した結果、上記 3 の理由により、清陽監査法人を会計監査人として選任するものであります。

　しかし、この記載は抽象的でわかりにくい。監査を受ける企業から見て、「会計監査が適切かつ妥当に行われることを確保する体制を十分に備えることが難しい状況」とは、どのような状況なのだろうか。なお、３社の交代理由の記載はほぼ同じだが、この文言は完全に一致している。

2　担当会計士の脱退を交代理由とする記載

　次に「担当会計士の脱退」を理由とする監査法人の交代とは、これまで自社の監査を担当していた公認会計士が現任の監査法人から脱退するため、監査法人を交代させるというものである。

　図表47 は、巻末一覧表から「担当会計士の脱退」を交代理由とする開示の情報の一部を抜粋したものである（他の情報は巻末一覧表を参照）。交代内容はすべて同じであり、前任監査法人は「監査体制の不備」を理由とする監査法

人の交代と同じである。また、開示時期も「監査体制の不備」を交代理由とする開示に近く、2021 年の 2 月から 5 月にかけて開示されている。

　監査報酬を見ると、明豊エンタープライズとバナーズは減少、ランドはわずかな増加だが、ほかは変化なし（増減率 0.0%）である。明豊エンタープライズ、バナーズ、ランドにおける変化の理由は明らかでないが、ほかの企業において変化しない理由は、交代理由の記載を見ていくと、明らかになる。

図表 47 担当会計士の脱退を理由とする交代

	企業名	交代内容	監査報酬
327	明豊エンタープライズ	元和→城南公認会計士共同事務所	−17.5
328	トライアイズ	元和→城南公認会計士共同事務所	0.0
356	ランド	元和→城南公認会計士共同事務所	0.4
372	日本通信	元和→城南公認会計士共同事務所	0.0
392	バナーズ	元和→城南公認会計士共同事務所	−20.0
432	グローバルウェイ	元和→城南公認会計士共同事務所	0.0
434	明治機械	元和→城南公認会計士共同事務所	0.0

（注）左端の番号は巻末一覧表における番号。「企業名」は「株式会社」を省略。「交代内容」は「監査法人」あるいは「有限責任監査法人」を省略、また、矢印の左側が前任、右側が後任の監査法人。「監査報酬」は交代による監査報酬の増減率（%）。

　このうちトライアイズによる交代理由の記載は、次のとおりである（巻末一覧表 328。下線は筆者による）。ほかの 6 社の記載も、これとほぼ同じである[109]。

　当社の会計監査人である監査法人元和は、2021 年 3 月 24 日開催予定の第 26 回定時株主総会終結の時をもって任期満了となります。<u>監査法人元和より、同法人において当社の監査を担当してきた主たる公認会計士らが近く脱退する意向である旨の申し出がありました。</u>

> こうしたことを受け、当社監査等委員会は、<u>監査法人元和においてはこれまでと同様の監査品質を継続することが困難になることが予想される</u>と判断し、<u>適正な監査業務が継続的に実施される体制を維持するため</u>、上記3．の理由により新たに城南公認会計士共同事務所を会計監査人として選任することといたしました。

　この記載だけでは、同社の「監査を担当してきた主たる公認会計士らが近く脱退」し、「これまでと同様の監査品質を継続することが困難になる」ため、元和を交代させるのだということはわかるが、なぜ後任が城南公認会計士共同事務所なのかはわからない。

　なぜ城南公認会計士共同事務所なのかは、「上記3」すなわち「3．上記2．(1) に記載する者を公認会計士等の候補者とした理由」を見ることにより明確になる。そこには次にように記載されている（下線は筆者による）。

> 　監査等委員会が城南公認会計士共同事務所を会計監査人の候補とした理由は、<u>同事務所は過去に当社の監査を担当し、当社の事業および事業環境に精通している公認会計士が参画していることから適正な監査体制を継続できること</u>、同事務所自体には上場会社の会計監査人の実績は無いものの、同事務所の構成員は過去に所属していた監査法人において上場会社の監査経験があり、会計監査人に必要な専門性、独立性および品質管理体制等を有していること、並びに監査報酬額が相当であることなどを総合的に勘案した結果、同事務所が当社に適した効率的かつ効果的な監査業務を遂行できると判断したためであります。

　この記載から、元和を脱退した公認会計士が城南公認会計士共同事務所に参画したため、城南公認会計士共同事務所を後任にしたのだということがわかる。また、交代理由の記載にあった「適正な監査業務が継続的に実施される体制を維持するため」の意味が、「自社の監査を担当していた公認会計士による

監査を引き続き受けるため」であるということもわかる。

　トライアイズ、日本通信、グローバルウェイ、明治機械における監査報酬が変化していないのは、同じ公認会計士による監査が引き続き行われ、企業側にとっては監査に変化が生じないからだと思われる。もちろん監査報酬は、直接投入される監査資源にかかるものだけでなく、監査法人の運営に必要とされる費用なども含めて算定されるものであり、監査を担当する公認会計士が同じであっても、その所属が異なれば変化する可能性がある。しかし、このように企業側にとって変化が生じない場合、少なくとも当面は後任の監査法人から企業に対して監査報酬の増額を求めるのは難しいはずである。

　なお、この記載では、「過去に当社の監査を担当」とあるだけであり、元和において実際に監査を担当していたのかは定かでない。しかし、「担当会計士の脱退」を交代理由とする 7 件の開示が 2021 年の 2 月から 5 月にかけて行われ、前任と後任がいずれも同じであるという事実に照らせば、そうである可能性は極めて高いといえる。

　以上のことを踏まえると、「監査体制の不備」を理由とする監査法人の交代における「会計監査が適切かつ妥当に行われることを確保する体制を十分に備えることが難しい状況」とは、監査法人を構成する公認会計士が不足し、監査の実施が難しい状況であると考えられる。公認会計士の脱退を機に監査法人を見直すことにした企業の交代理由は「監査体制の不備」となり、脱退した公認会計士に引き続き監査を依頼することにした企業の交代理由は「担当会計士の脱退」となったのだろう。

3　監査人の法人化を交代理由とする記載

　「監査人の法人化」を理由とする監査法人の交代とは、監査を行う者が公認会計士から監査法人になるということである。これまで法人化されていない公認会計士の事務所による監査を受けてきたが、その公認会計士が監査法人を設立したのである。

　図表48は、巻末一覧表から「監査人の法人化」を交代理由とする開示の情報の一部を抜粋したものである（他の情報は巻末一覧表を参照）。上場企業の監査を行うのはほとんどが監査法人であるため、これを理由とする交代はまれなはずだが、8件もある。

　レイを除き、「担当会計士の脱退」を交代理由とする開示と同じ企業が並んでいることから、8件もある理由はすぐに想像できるだろう。城南公認会計士共同事務所が法人化して、後任の城南監査法人となったのである。

　したがって、実質的には「交代」とはいえないかもしれない。「監査法人の合併」を理由とする監査法人の交代と同様に、「監査人の法人化」を理由とする場合も、企業側にとっては、少なくとも当面は監査を担当する公認会計士は同じであり、特に変化が生じるものではない。

　そのため、法人化により監査法人の運営に必要とされる費用などの増加も想定されるが、企業側にとって変化が生じない以上、少なくとも当面は監査法人

図表48 監査人の法人化を理由とする交代

	企業名	交代内容	監査報酬
502	明豊エンタープライズ	城南公認会計士共同事務所→城南監査法人	33.6
577	トライアイズ	城南公認会計士共同事務所→城南監査法人	5.0
602	レイ	城南公認会計士共同事務所→城南監査法人	0.0
609	ランド	城南公認会計士共同事務所→城南監査法人	−0.4
622	日本通信	城南公認会計士共同事務所→城南監査法人	0.0
629	バナーズ	城南公認会計士共同事務所→城南監査法人	0.0
674	グローバルウェイ	城南公認会計士共同事務所→城南監査法人	6.8
700	明治機械	城南公認会計士共同事務所→城南監査法人	1.4

（注）左端の番号は巻末一覧表における番号。「企業名」は「株式会社」を省略。「交代内容」は「監査法人」あるいは「有限責任監査法人」を省略、また、矢印の左側が前任、右側が後任の監査法人。「監査報酬」は交代による監査報酬の増減率（％）。

から企業に対して監査報酬の増額を求めるのは難しいはずである。レイ、日本通信、バナーズの監査報酬は変化していない（増減率0.0%）。トライアイズ、グローバルウェイ、明治機械は増加しているものの、わずかなものである。

　なお、明豊エンタープライズは「担当会計士の脱退」を理由とする交代の際には監査報酬が減少し（増減率−17.5%。**図表47**参照）、この「監査人の法人化」を理由とする交代の際には増加している（増減率33.6%）。また、ランドは「担当会計士の脱退」を理由とする交代の際にはわずかに監査報酬が増加し（増減率0.4%。**図表47**参照）、この「監査人の法人化」を理由とする交代の際にはわずかに減少している（増減率−0.4%）。いずれも交代理由と直接関係がある変化ではないように思われる。

　このうち明豊エンタープライズによる交代理由の記載は、次のとおりである（巻末一覧表502。下線は筆者による）。

　当社の会計監査人である城南公認会計士共同事務所は、2021年10月27日開催予定の第53期定時株主総会終結の時をもって任期満了となります。

　城南公認会計士共同事務所を母体として城南監査法人が設立されたため、上記3. の理由により新たに城南監査法人を会計監査人として選任することといたしました。

　ほかの7社の記載も、これとほぼ同じだが、加えてトライアイズの記載には「事務所所在地及び代表者は同一であり、現在の監査業務を継続して行う予定であること」（巻末一覧表577）、日本通信の記載には「同事務所の品質管理体制の継承が予定」（巻末一覧表622）、グローバルウェイの記載には「城南公認会計士共同事務所から品質管理システムを継承し、適正な監査体制を継続できること、会計監査人に必要な専門性、独立性及び品質管理体制等を有していること、並びに監査報酬額が相当であること」（巻末一覧表674）といった表現もある[注110]。

　今後も、ある監査法人から公認会計士が脱退し、別の監査法人を設立する過

程において、「監査体制の不備」、「担当会計士の脱退」、「監査人の法人化」、それぞれを理由とする監査法人の交代に関する開示がまた連続して現われるのかもしれない[注111]。

注109　明豊エンタープライズは期中交代であるため（「期末交代」と「期中交代」の定義については第6章 **7** 参照）、最初の「定時株主総会終結の時をもって任期満了となります」の記載がない（巻末一覧表327）。開示の題名も「会計監査人の異動及び一時会計監査人の選任に関するお知らせ」とされている。

注110　このように「監査法人の合併」を交代理由とする記載ほどの統一性はない。また、「監査人の法人化」について企業に対して通知される時期が異なるのか、開示日は、「監査法人の合併」を理由とする監査法人の交代に関する開示と異なり、明豊エンタープライズは2021年9月22日、トライアイズは2022年2月25日、レイは2022年4月18日、ランドは2022年4月21日、日本通信は2022年5月10日、バナーズは2022年5月12日、グローバルウェイは2022年5月19日、明治機械は2022年5月24日と統一性がまったくない。

注111　2023年4月1日以降、上場会社の監査は、日本公認会計士協会による上場会社等監査人名簿に登録された公認会計士または監査法人でなければ、行うことができないとされたため（会計士法34条の34の2。それ以前は日本公認会計士協会が自主規制として上場会社監査事務所登録制度を導入していた）、今後はますます法人化されていない公認会計士の事務所が上場会社の監査を行うことが難しくなるように思われる。したがって、「監査人の法人化」を理由とする監査法人の交代がなされる可能性は低いかもしれない。

第 **13** 章　環境変化への対応

1　海外展開への対応を交代理由とする記載

　本章では、企業を取り巻く環境が変化したことを監査法人の交代理由としている事例を取り上げる。まず「海外展開への対応」を理由とする監査法人の交代とは、海外のグループ企業への監査に対応してもらえるようにするため、監査法人を交代させるというものである。

　<u>図表 49</u> は、巻末一覧表から「海外展開への対応」を交代理由とする開示の情報の一部を抜粋したものである（他の情報は巻末一覧表を参照）。監査報酬を見ると、海外のグループ企業への監査に対応するにあたり必要とされる監査資源が増大するためだと思われるが、シキボウを除いて増加しており、ネクスグループにいたっては3倍に増加している（増減率200.0%）[注112]。

図表 49 海外展開への対応を理由とする交代

	企業名	交代内容	監査報酬
1	ネクスグループ	東光→ UHY 東京	200.0
17	ジオネクスト	元和→アリア	38.2
19	フィスコ	東光→ UHY 東京	74.0
44	シキボウ	東陽→ PwC あらた	−2.4
86	ウィルグループ	三優→あずさ	68.4
341	ダントーホールディングス	あけぼの→ HLB Meisei	15.6

（注）左端の番号は巻末一覧表における番号。「企業名」は「株式会社」を省略。「交代内容」は「監査法人」あるいは「有限責任監査法人」を省略、また、矢印の左側が前任、右側が後任の監査法人。「監査報酬」は交代による監査報酬の増減率（%）。

　このうち、監査報酬が 3 倍に増加したネクスグループによる交代理由の記載は、次のとおりである（巻末一覧表 1。下線は筆者による）。

　当社の会計監査人である東光監査法人は、2019 年 2 月 26 日開催予定の第 35 期定時株主総会の終結の時をもって任期満了となります。前述のとおり、<u>当社は海外展開しているグループ会社に対しても幅広いネットワークを駆使した会計監査を行っていただきたいという当社ニーズに従い、この機に伴いまして、海外における監査対応も可能な会計監査人を複数検討したところ</u>、UHY 監査法人が海外に拠点を持ちつつ、日本における十分な監査能力を有していると認め、これらの点を主たる理由として、東光監査法人の後任として UHY 東京監査法人を会計監査人として選任するものであります。

　次の記載はダントーホールディングスによるものである（巻末一覧表 341。下線は筆者による）。より具体的に海外のグループ企業が増加したことを記載している。

　当社の会計監査人でありますあけぼの監査法人は、2021 年 4 月 28 日開催予定の第 193 回定時株主総会終結の時をもって任期満了により退任されますので、新たに HLB Meisei 有限責任監査法人を会計監査人として選任するものであります。

　<u>当社グループは、2020 年 7 月に米国における新規事業として SRE Mortgage Alliance Inc. の第三者割当増資を引き受け米国に事業展開いたしました。</u>

　<u>今後の当社グループの海外での経営戦略に対応するため、グローバルネットワークのある監査法人を検討していたところ</u>、HLB Meisei 有限責任監査法人は HLB International のメンバーファームであり、海外における監査対応が可能であることから、あけぼの監査法人の後任の会計監査人として選任するものであります。

　次の記載はシキボウによるものだが（巻末一覧表44。下線は筆者による）、「継続監査期間」も交代理由とされ、「海外展開への対応」についての記載は簡潔である。準大手監査法人から大手監査法人への交代だが、上述のとおり監査報酬は唯一減少しており、初めに「継続監査期間」が記載されていることからも、「海外展開への対応」は主たる交代理由ではないのかもしれない。

　当社の会計監査人である東陽監査法人は、2019 年 6 月 27 日開催予定の第 206 期定時株主総会終結の時をもって任期満了となります。これに伴い、<u>監査等委員会は、同監査法人の監査継続年数が 11 年と長期にわたり当社に関与してきたことも考慮して、また、当社の今後の海外等への事業展開を勘案し、</u>他の監査法人と比較検討を行ってまいりました。その結果、上記 3. の理由により、当社の現状に適した監査法人として新たに PwC あらた有限責任監査法人を会計監査人として選任するものであります。

2　事業拡大への対応を交代理由とする記載

　「事業拡大への対応」を理由とする監査法人の交代とは、事業拡大に伴い範囲が広がる監査に対応してもらえるようにするため、監査法人を交代させるというものであり、それに関する開示が 2 件ある。いずれも規模が大きな監査法人への交代であり、監査報酬も増加している。

　次の記載はそのうちの一つである（巻末一覧表 306。下線は筆者による）^{注 113}。中小監査法人から大手監査法人への交代であり、監査報酬は 3 倍近く増加している（増減率 182.8%）。

　当社の会計監査人であります監査法人元和は、2021 年 1 月 28 日開催予定の当社第 35 回定時株主総会終結の時をもって任期満了になる予定です。上記 3. に記載のとおり、<u>事業拡大を計画しており海外企業への投資も実施</u>

> している投資事業において、その監査対応が可能な会計監査人を検討したところ、EY 新日本有限責任監査法人が投資事業における監査実績があり、国内外を問わず監査能力を有していると判断できたため、これらを主な理由として、新たに監査法人元和の後任として EY 新日本有限責任監査法人を会計監査人として選任する議案の内容を決定したものであります。
>
> 　なお、監査法人元和からは監査業務の引継ぎにつきましても協力を得ることが出来る旨、確約をいただいております。

　また、この開示は、「3. 2.（1）に記載する者を公認会計士等の候補者とした理由」においても、次のように記載している（下線は筆者による）。

> 　監査等委員会が EY 新日本有限責任監査法人を会計監査人の候補者とした理由は、当社グループの主たる事業である不動産業、及び今後事業拡大を予定している投資事業に関して、多くの企業監査実績があり、新たな視点での監査や品質管理等を総合的に判断した結果、適任と判断したためであります。

　次の記載も「事業拡大への対応」を交代理由とするものだが（巻末一覧表446。下線は筆者による）、「継続監査期間」も交代理由とされている。中小監査法人から準大手監査法人への交代であり、上の事例ほどではないが、監査報酬が増加している（増減率 27.0%）。

> 　当社の現在の会計監査人である監査法人まほろばは、2021 年 6 月 29 日開催予定の第 16 回定時株主総会の時をもって任期満了となります。現在の会計監査人については、会計監査が適切かつ妥当に行われることを確保する体制を十分に備えているものの、監査継続期間が長期にわたっていること及び当社の事業規模の拡大に見合った監査対応等について検討した結果、上記 3. に記載した理由の通り、新たな会計監査人として太陽有限責任監査法人を選任するものであります。

　この開示も「3.　上記 2.（1）に記載する者を公認会計士等の候補とした理由」に次のように記載しており（下線は筆者による）、これによると、「継続監査期間」も交代理由とされているが、「事業拡大への対応」が主たる理由であるように思われる。

　監査等委員会が太陽有限責任監査法人を会計監査人候補者とした理由は、<u>2020 年 10 月 1 日付で行われた当社と日産証券株式会社との経営統合による事業規模の拡大</u>に適した新たな視点での監査が期待できることに加え、同監査法人の品質管理体制、独立性、専門性、監査活動の実施体制、及び監査報酬の水準等を総合的に検討した結果、当社の会計監査が適正かつ妥当に行われることを確保する体制を備えているものと判断したためであります。

3　監査範囲拡大を交代理由とする記載

　「監査範囲拡大」を理由とする監査法人の交代とは、文字どおり監査範囲の拡大に対応してもらえるようにするため、監査法人を交代させるというものであり、それに関する開示が 2 件ある。表現が少し異なるだけであり、「事業拡大への対応」と同じ意味であると捉えられるのだが、交代類型と監査報酬の増減がそれとは異なり、また、2 件の記載に間は興味深い共通点が見られる。

　次の記載はそのうちの一つだが（巻末一覧表 174。下線は筆者による）、「継続監査期間」も交代理由とされている。「事業拡大への対応」を交代理由とする場合と異なり、中小監査法人から中小監査法人への交代であり、監査報酬は減少している（増減率 −8.5％）。

　当社の会計監査人である RSM 清和監査法人は、きたる第 44 期定時株主総会終結の時をもって任期満了となります。現在の会計監査人については会計監査が適切かつ妥当に行われることを確保する体制を十分に備えているも

のの、<u>監査継続期間が長期にわたる</u>うえ、ラオックスグループの事業規模拡
<u>大に伴う監査範囲の広がりを考慮した結果</u>、監査役会は会計監査人を見直す
時期にあると判断しました。これに伴い、上記3の理由により、新たに監査
法人アヴァンティアが候補者として適任であると判断いたしました。

　次の記載も「監査範囲拡大」を交代理由とするものだが（巻末一覧表446。下
線は筆者による）、こちらも「継続監査期間」が併せて交代理由とされている。
こちらは、上の事例とは対照的に大手監査法人から大手監査法人への交代であ
り、監査報酬は増加している（増減率12.2％）。

　当社の会計監査人である有限責任監査法人トーマツは、2020年3月27
日開催予定の第10期定時株主総会の時をもって任期満了となります。当該
会計監査人については会計監査が適切かつ妥当に行われることを確保する体
制を十分に備えているものの、<u>当社は設立以来会計監査人の交代を行ってお
らず監査継続期間が長期にわたること、また、M＆Aによる海外連結対象子
会社増加に伴う監査範囲の広がりを考慮した結果</u>、監査等委員会は会計監査
人を見直す時期にあると判断いたしました。これに伴い、上記3の理由によ
り、新たに有限責任あずさ監査法人が候補者として適任であると判断しまし
た。

　上の二つの事例は、交代類型と監査報酬の増減は対照的であるものの、交代
理由の記載は極めて類似している。後者の交代理由の表現の方が少し具体的で
あるほかは、ほぼ同じである。開示を行った企業は同じグループというわけで
はないため、単なる偶然だろうか。それぞれが過去の事例を参考にしていた
ら、偶然こうなってしまったのだろうか。なお、前者の開示の翌日に後者の開
示が行われている。

4　不動産会社の監査数を交代理由とする記載

「不動産会社の監査数」を理由とする監査法人の交代とは、不動産会社の監査を多く行っている監査法人へ交代するというものであり、それに関する開示が 1 件ある。

次に示したのがその交代理由の記載である（巻末一覧表 156。下線は筆者による）。中小監査法人から大手監査法人への交代であり、監査報酬は増加している（増減率 77.1％）。

なお、「2 事業拡大への対応を交代理由とする記載」において取り上げた事例のうちの一つ（巻末一覧表 306）も、「3．2．（1）に記載する者を公認会計士等の候補者とした理由」に「当社グループの主たる事業である不動産業、及び今後事業拡大を予定している投資事業に関して、多くの企業監査実績があり」と記載していたが、この事例と後任監査法人が同じである。

当社は、新中期経営計画「サムティ強靭化計画」を推進するべく、多様な人材確保や情報の収集・発信機能等を強化し、迅速な対応を図るため前事業年度に「東京本社」を設置し、大阪と東京の 2 本社制に移行いたしました。また、東南アジアネットワークやグローバル人材を活用すべく、高い成長が期待できる東南アジア諸国での事業展開を視野に 2019 年 2 月に海外子会社 SAMTY ASIA INVESTMENTS PTE. LTD. を設立いたしました。さらに、株式会社大和証券グループ本社との資本業務提携を実現し、より一層、事業規模の拡大及び多様な事業展開が行われることが見込まれます。

　今後予想される経営環境及び当社グループの経営戦略の変化に対応するため、上場不動産会社を多数監査している監査法人を会計監査人として選任する必要性が増してきたことに鑑み、当社の事業規模及び事業展開に適した監査の相当性について、当社の会計監査人評価・選定基準に従って複数の監査法人を対象として比較検討を行いました。

　その結果、当社は上記 3．の理由により、新たに EY 新日本有限責任監査

法人を会計監査人として選任するものであります。

5　グループ監査への対応を交代理由とする記載

「グループ監査への対応」を理由とする監査法人の交代とは、グループ企業も含めた監査[注114]により適切に対応してもらえるようにするため、監査法人を交代させるというものであり、それに関する開示が 1 件ある。

次に示したのがその交代理由の記載である（巻末一覧表51。下線は筆者による）。監査報酬は増加しているが（増減率 39.3%）、大手監査法人から大手監査法人への交代であり、なぜ前任監査法人に対して「より全世界共通の監査プラットフォームを使用してタイムリーに連携のとれたグループ監査が可能な体制」を求めるが困難だったのかがわかりにくい。

「同監査法人には長年に渡り監査をお願いしておりますが」や「新しい視点で監査を受けるために新たな会計監査人への変更を決定した」といった記載もあることから、「グループ監査への対応」は後任監査法人に求める条件であり（「3. 上記 2.（1）に記載する者を公認会計士等の候補とした理由」に記載する内容）、監査法人を交代させる本当の理由は「継続監査期間」だったのではないだろうか。

当社の会計監査人である有限責任あずさ監査法人は、2019 年 6 月 27 日開催予定の当社第 83 回定時株主総会終結の時をもって任期満了となります。同監査法人には長年に渡り監査をお願いしておりますが、<u>当社の事業領域も大きく変わり海外売上比率が高まる中で、より全世界共通の監査プラットフォームを使用してタイムリーに連携のとれたグループ監査が可能な体制を有する監査法人への変更を検討してまいりました。</u>検討の結果、今般、EY 新日本有限責任監査法人が上記の要件を満たすことが確認できましたので、新しい視点で監査を受けるために新たな会計監査人への変更を決定したもの

であります。

6　成長戦略の加速を図る転換期を交代理由とする記載

　「成長戦略の加速を図る転換期」だからという理由で監査法人を交代させている事例が 1 件あり、次に示したのがその交代理由の記載である（巻末一覧表 63。下線は筆者による）。「継続監査期間」も併せて交代理由としている。

　「東京証券取引所市場第一部銘柄への指定を受け、会社が海外事業を含む成長戦略の加速を図る転換期を迎えたタイミング」だからということであれば、規模の大きな監査法人への交代かというと、そうではない。監査報酬は増加しているが（増減率 65.1％）、大手監査法人から大手監査法人への交代である。なぜこうした交代を行わなければならないのかが、わかりにくい。初めに「現会計監査人による監査が非上場時から継続しており」といった記載がなされていることから、これも本当の交代理由は「継続監査期間」だったのではないだろうか。

　現会計監査人による監査が非上場時から継続しており、また、2018 年 12 月の東京証券取引所市場第一部銘柄への指定を受け、会社が海外事業を含む成長戦略の加速を図る転換期を迎えたタイミングであること等を勘案した結果、上記 3．の理由により、新たな会計監査人として PwC あらた有限責任監査法人を選任するものであります。

7　持株会社移行への対応を交代理由とする記載

　「持株会社移行への対応」を監査法人の交代理由としている事例が 1 件あり、次に示したのがその交代理由の記載である（巻末一覧表 88。下線は筆者による）。

　持株会社へ移行するにあたり他社との経営統合などがあり、監査範囲が広がるため、監査法人を交代させることにしたかのように思われるのだが、実はそうではない。ここでの持株会社移行とは、自社の上に持株会社を設立するだけであり、グループの規模が変化するわけではないのである[注115]。「持株会社移行への対応」が監査法人を交代させる積極的な理由となり得るようには考えにくい。

　また、「当社の経理・決算業務の効率性、品質向上による財務情報のさらなる信頼性強化が図れることが期待できると判断し」たとされているので、後任の監査法人のもとでは監査の品質が向上すると考えているようだが、監査報酬は変化していない（増減率 0.0％）。

> 　当社の会計監査人である監査法人アリアは、2019 年 6 月 27 日開催予定の当社第 17 期定時株主総会終結の時をもって任期満了となります。異動に至った理由及び経緯としては、2019 年 10 月をもって当社が持株会社への移行を予定していることから、同法人を含む複数の監査法人を対象として、3．に記載のショートレビューを含め監査人員体制の充実と開示スケジュールに沿う監査実施に重点を置いた会計監査人の評価・見直しを行いました。その結果、当社の経理・決算業務の効率性、品質向上による財務情報のさらなる信頼性強化が図れることが期待できると判断し、新たに会計監査人として永和監査法人を選任する議案の内容を決定したものであります。

8　自社の現状に即した監査を交代理由とする記載

　「自社の現状に即した監査」を監査法人の交代理由としている事例が 1 件あり、次に示したのがその交代理由の記載である（巻末一覧表 55。下線は筆者による）。理由自体が極めて曖昧だが、この記載を読んでも、なぜこの時点でこうした交代が必要なのかを読み取るのは困難である。

　「事業規模も大きく変わる中で」とされているが、事業規模が拡大したのか、縮小したのかが明らかでない。中小監査法人から中小監査法人への交代であり、監査報酬も変化していない（増減率 0.0％）。「自社の現状に即した監査」とは、どのような監査を意味しているのだろうか。

　「継続監査期間」を交代理由とする記載でよく用いられる「新しい視点」という表現や（第 5 章参照）^{注116}、「監査報酬」を交代理由とする記載をはじめとして多くの記載で用いられる「事業規模に適した監査対応と監査費用の相当性」という表現に類似する「事業規模、業務内容に適した監査対応の適切性」という表現がある。意味を考えず、他社の記載をただ表面的になぞって書いた結果、こうした記載になってしまったのではないだろうか。

> 　当社の会計監査人であるリンクス有限責任監査法人は、2019 年 6 月 23 日開催予定の第 61 期定時株主総会終結の時をもって任期満了となります。同監査法人は 12 年にわたり会計監査をお願いしております。その間に当社の事業規模も大きく変わる中で、新しい視点を持った監査を維持する上で事業規模、業務内容に適した監査対応の適切性を他の公認会計士等と比較しておりました。その結果、当社の現状により即した監査法人として、新たに桜橋監査法人を選任する議案を決定したものです。

注112　監査報酬の増減率は、有価証券報告書「第一部　企業情報　第4　提出会社の状況　4　コーポレート・ガバナンスの状況等　（3）監査の状況」記載の提出会社における監査証明業務に基づく報酬により算出しており、連結子会社におけるものは反映しておらず、また、監査法人と同一のネットワークに対する報酬も反映していない。

注113　前任の監査法人は第12章で登場した元和である。この監査法人の交代に影響があるのかは明らかでないが、この開示が行われた2020年12月22日のあと2021年2月以降、第12章で述べたとおり元和からの「担当会計士の脱退」を理由とする監査法人の交代に関する開示が行われるようになった。

注114 グループ監査とは、自社とグループ会社を合わせた財務諸表すなわち連結財務諸表に対する監査のほか、個別財務諸表であっても、それが本店と支店など複数の構成単位から作成される場合は、それに対する監査も該当する（日本公認会計士協会・監査基準委員会報告書600「グループ監査」2項）。

注115 やまねメディカルが2019年5月20日に開示した「単独株式移転による持株会社設立に関するお知らせ」を参照。その開示の「7. 今後の見通し」には、「本株式移転による業績への影響は軽微であります。」とも記載されている。

注116 「新しい視点」よりも「新たな視点」の方がよく用いられる。「新たな視点」が使用された事例は137件であるのに対して、「新しい視点」は5件である。

第 **14** 章 　その他の交代理由

1　任期満了を交代理由とする記載

　「任期満了」を理由とする監査法人の交代とは、現任の監査法人が任期満了となるため、監査法人を交代させるというものである。第1章で述べたとおり、2019年1月21日まではほとんどの監査法人の交代理由が「任期満了」とされていたのだが、定時株主総会終結の時をもって任期満了となるのは当然であり、それは交代理由に関する説明にまったくなっていない。2019年1月22日以後、「任期満了」を交代理由とする記載は姿を消したかと思われたが、未だに3件存在している。

　図表50は、巻末一覧表から「任期満了」を交代理由とする開示の情報の一部を抜粋したものである（他の情報は巻末一覧表を参照）。いずれも監査報酬が減少しているため、「監査報酬」が交代理由なのではないかと思われてくる。

図表50 任期満了を理由とする交代

	企業名	交代内容	監査報酬
359	ビットワングループ	アリア→フロンティア	−5.6
373	カネソウ	トーマツ→五十鈴	−12.5
652	ダイトウボウ	東陽→シンシア	−16.2

（注）左端の番号は巻末一覧表における番号。「企業名」は「株式会社」を省略。「交代内容」は「監査法人」あるいは「有限責任監査法人」を省略、また、矢印の左側が前任、右側が後任の監査法人。「監査報酬」は交代による監査報酬の増減率（％）。

　次の記載はカネソウによるものだが（巻末一覧表 373。下線は筆者による）、2019 年 1 月 21 日までほとんどの開示で行われていた「任期満了」を交代理由とする記載と同じである。証券取引所はこの開示に対して何もいわなかったのだろうか[注117]。

> 　当社の会計監査人である有限責任監査法人トーマツは、第 44 期<u>定時株主総会終結の時をもって任期満了</u>となりますので、その後任として新たに五十鈴監査法人を会計監査人として選任するものであります。

　次の記載はダイトウボウによるものだが（巻末一覧表 652。下線は筆者による）、これも同様である。「複数の監査法人と比較検討した結果」と記載されているが、何を比較したのかは明らかでない。準大手監査法人から中小監査法人への交代であり、監査報酬が減少していることから、やはり「監査報酬」が交代理由なのではないだろうか。

> 　当社の会計監査人である東陽監査法人は、2022 年 6 月 25 日開催予定の第 202 回定時株主総会終結の時をもって任期満了となります。そのため、複数の監査法人と比較検討した結果、上記 3 の理由から会計監査人を見直すこととし、新たな監査法人としてシンシア監査法人を選任する議案の内容を決定したものであります。

　次の記載はビットワングループによるものである（巻末一覧表 359。下線は筆者による）。「事業規模に適した監査対応と監査費用の相当性」と類似した「監査業務と監査費用の適正性・合理性」という表現を用いて、それを比較した結果、後任の監査法人を選んだとしていることから、「監査報酬」が交代理由であるように思われる。

> 　当社の会計監査人である監査法人アリアは、2021 年 5 月 27 日に開催予

定の当社第 22 回定時株主総会終結の時をもって任期満了となります。これを機に、監査等委員会は、今後の当社の事業展開を加味した上で、複数の監査法人の、監査業務と監査費用の適正性・合理性を比較し、上記 3. の理由により、新たに会計監査人としてフロンティア監査法人を選任するものであります。

2　他の監査法人からの提案を交代理由とする記載

「他の監査法人からの提案」を理由とする監査法人の交代とは、現任の監査法人以外の監査法人から監査の提案を受け、その条件などが良かったため、その監査法人に交代するというものであり、それに関する開示が 2 件ある。

次の記載はそのうちの一つである（巻末一覧表 20。下線は筆者による）。「定時株主総会終結の時をもって任期満了となります。これに伴い」と記載されているため、「任期満了」を理由とする監査法人の交代に分類してもいいのだが、その後に現任の監査法人以外の監査法人から監査の提案を受けた旨が記載されているため、「他の監査法人からの提案」を理由とする監査法人の交代に分類している。

「監査予定時間」を現任の監査法人と比較し、「効率的」な監査が期待できると判断したとされていることから、後任の監査法人による監査の条件の良さとは、具体的には監査予定時間が短くなり、監査報酬の額も抑えられるようになるということだとわかる。実際に大手監査法人から大手監査法人への交代だが、監査報酬は減少している（増減率 - 32.0％）。

当社の会計監査人である EY 新日本有限責任監査法人は、2019 年 3 月 27 日開催予定の第 20 回定時株主総会終結の時をもって任期満了となります。これに伴い、他の監査人（後任監査人）から提案を受けた監査方針（海外連結子会社を含めたグループ監査に関する方針）及び監査予定時間について、

> 現任監査人の 2019 年 12 月期の監査方針及び監査予定時間の説明を受け、比較した結果、上記 3. に記載の理由のとおり、効率的かつ効果的な監査業務の運営が期待できること等から、後任監査人選定を行ったものであります。

　次の記載も「他の監査法人からの提案」を交代理由とするものである（巻末一覧表 141。下線は筆者による）。これも、「定時株主総会終結の時をもって任期満了となります。これに伴い」と記載され、それに続いて「当社は会計監査人を見直すこととし」とまで記載されているため、「任期満了」を理由とする監査法人の交代に分類すべきかとも思われるのだが、現任の監査法人以外の監査法人から監査の提案を受けた旨が記載されているため、「他の監査法人からの提案」を理由とする監査法人の交代に分類している。

　こちらも「効率的監査」について提案されたとされているため、監査予定時間の短縮そして監査報酬の減額を期待しての監査法人の交代であると思われ、実際に監査報酬は減少している（増減率 − 24.2％）。

　また、「そうせい監査法人の複数名は、当社の監査業務の実績がある」とされていることから、以前この企業の監査を担当していた公認会計士が現在所属する監査法人から監査の提案を受けたのだということもわかる。

> 　当社の会計監査人であるフロンティア監査法人は、2019 年 11 月 26 日開催予定の当社第 15 回定時株主総会終結の時をもって任期満了となります。これに伴い、当社は会計監査人を見直すこととし、当社の業務内容や事業規模に適した監査対応や監査費用の相当性について比較検討いたしました。検討の結果、今般、そうせい監査法人から効率的監査等について提案を受け、新しい視点での有効的な監査を受けるため新たな会計監査人への変更を決定したものであります。又そうせい監査法人の複数名は、当社の監査業務の実績がある事から、当社の会計・財務及び内部統制システムを熟知しており、今後の監査業務を円滑に進めることが可能と判断いたしました。

3　担当会計士の移籍を交代理由とする記載

　「担当会計士の移籍」を理由とする監査法人の交代とは、これまで自社の監査を担当していた公認会計士がほかの監査法人へ移籍するため、その監査法人に交代するというものであり、それに関する開示が2件ある。なお、第12章で取り上げた「担当会計士の脱退」を理由とする監査法人の交代と類似しているが、それは「監査体制の不備」および「監査人の法人化」を理由とする監査法人の交代と相互に関連した特殊な事例であるため、それとは区別して本章で取り上げることとする。

　次の記載はそのうちの一つである（巻末一覧表461。下線は筆者による）。同じ公認会計士による監査が引き続き行われ、企業側にとっては監査に変化が生じないため、「担当会計士の脱退」を理由とする場合と同様に監査報酬は変化していない（増減率0.0%）。

　当社の会計監査人である東邦監査法人にて<u>当社の監査業務を担当しておりました公認会計士がオリエント監査法人に移籍することになりました。</u>
　これにより東邦監査法人は、2021年6月29日開催予定の第21回定時株主総会の終結の時をもって、任期満了により退任することとなり、新たにオリエント監査法人を会計監査人として選任するものであります。

　次の記載も「担当会計士の移籍」を交代理由とするものだが（巻末一覧表152。下線は筆者による）、公認会計士が移籍した先の監査法人から監査の提案があったとされている。なお、現任の監査法人と比較したとされているが、上の事例と異なり、こちらは監査報酬が増加している（増減率4.8%）。

　上記3．に記載のとおり、<u>本年11月15日に南青山監査法人が設立され、当社の監査を担当する監査法人銀河の東京メンバーの一部が南青山監査法人に参画したことから、南青山監査法人より当社監査について監査を受嘱した</u>

い旨の連絡をいただきました。

　その後、当社及び現会計監査人である監査法人銀河とも協議したうえで、当社にて南青山監査法人及び監査法人銀河における監査の体制及び監査報酬額を検討いたしました。

　その結果、監査法人銀河とは契約を終了することに至り、上記 3. の理由から南青山監査法人と新たに契約を締結するにいたりました。

　この監査法人の交代は期中交代であるため（「期中交代」の定義については第 6 章7参照）、「3. 上記 2.（1）に記載する者を会計監査人の候補とした理由」に次のように記載している（下線は筆者による）。なお、後任の監査法人は 2019 年 11 月 15 日に設立されたとされているが、この開示は 2019 年 12 月 24 日に行われている。この企業の会計期間の途中に、この企業の監査を担当していた公認会計士が新しい監査法人の設立に参画し、その監査法人から監査の提案を受けたのである。

　監査法人銀河は札幌と東京に拠点を有し、当社は主にその東京拠点のメンバーによって監査を受けておりましたが、本年 11 月末に、同監査法人の東京メンバーの一部が南青山監査法人に参画しました。当社は現在、2020 年 6 月期第 2 四半期の会計期間中であり、南青山監査法人に監査を依頼し、引き続き同じ公認会計士による監査を受けることは、監査の継続性の観点から合理性があること、また、南青山監査法人は 2019 年 11 月 15 日に設立され上場会社の会計監査人の経験は無いものの、同法人の社員は過去に帰属した監査法人において上場会社の監査経験があり、会計監査人に必要な専門性、独立性、適切性、品質管理体制等を具備していること、及び監査報酬額が相当であることを確認し、加えて、当社の監査業務執行社員 3 名は、前会計年度より当社の監査を行い、当社の現状のビジネス及び将来の方向性を理解しているなど、当社グループの規模拡大に伴って必要となる会計監査に適する監査法人であると判断したことによります。

　しかし、この企業は、その後、「企業側の問題」に起因する「監査法人から申し出」（第 6 章参照）を理由として再び監査法人を交代させることになった（巻末一覧表 616）。なお、それも期中交代である。

4　IFRS 対応を交代理由とする記載

　「IFRS 対応」を理由とする監査法人の交代とは、自社の財務諸表に IFRS（国際財務報告基準）を任意適用するため、それへの監査が可能となるように監査法人を交代させるというものであり、それに関する開示が 2 件ある。

　次の記載はそのうちの一つだが（巻末一覧表 237）、ここに「IFRS 対応」の記載はなく、これだけでは「任期満了」を交代理由とする記載である。「IFRS 対応」については、ここではなく「3.　2.（1）に記載する者を会計監査人の候補とした理由」に記載されている。

　当社の会計監査人である PwC あらた有限責任監査法人は、2020 年 6 月 19 日開催予定の第 21 回定時株主総会終結の時をもって任期満了となります。これに伴い、監査役会は上記 3. の理由により、新たに会計監査人として有限責任あずさ監査法人を選任する議案の内容を決定したものであります。

　この交代理由の記載から「任期満了」を理由とする監査法人の交代に分類してもいいのだが、「3.　2.（1）に記載する者を会計監査人の候補とした理由」に次のように記載されているため、「IFRS 対応」を理由とする監査法人の交代に分類している。

　「IFRS 対応」が交代理由であるならば、交代理由にその旨を記載すべきであるし、また、監査報酬は増加しているが（増減率 83.3％）、大手監査法人から大手監査法人への交代であり、なぜ現任の監査法人に対して「当社グループに対する IFRS 監査を行うのに必要な実施体制」を求めることができなかったの

かが明らかにされていない。

> 　監査役会が有限責任あずさ監査法人を会計監査人の候補者とした理由は、<u>2021 年 3 月期期末決算より連結財務諸表及び連結計算書類について、国際財務報告基準（IFRS）を任意適用するなか、当社グループに対する IFRS 監査を行うのに必要な実施体制に加え</u>、意見表明にあたっての独立性、専門性及び品質管理体制等を、監査役会が定める「会計監査人の評価基準」に基づき検討した結果、同監査法人を新たな会計監査人として適任と判断したためです。

　次の記載も「IFRS 対応」を交代理由とするものだが（巻末一覧表 31。下線は筆者による）、「継続監査期間」も併せて交代理由とされている。こちらも大手監査法人から大手監査法人への交代だが、上の事例と異なり、監査報酬が減少している（増減率 − 37.5 ％）。

　「IFRS の任意適用とのタイミングにあわせ」といった表現から、積極的に「IFRS 対応」のために監査法人を交代させたというわけではなく、主たる交代理由は、初めに記載されている「継続監査期間」の方であるように思われる。

> 　当社の会計監査人である有限責任監査法人トーマツは、2019 年 6 月 27 日開催予定の第 27 回定時株主総会終結の時をもって任期満了となります。<u>現会計監査人による約 23 年との監査継続年数を鑑み、また、予定する IFRS の任意適用とのタイミングにあわせ</u>、新たな会計監査人を選任するに妥当な時期と考えたものであります。

5　監査体制刷新を交代理由とする記載

「監査体制刷新」を理由とする監査法人の交代とは、自社のコーポレート・ガバナンス体制を再構築するにあたり監査体制も変えることにしたため、監査法人を交代させるというものであり、それに関する開示が 2 件ある。その開示を行った 2 社は類似した状況にあり、交代理由の記載も類似している。

次の記載はそのうちの一つである（巻末一覧表260。下線は筆者による）。「コーポレート・ガバナンス体制のさらなる強化を図る」ための「監査体制刷新」であり、後任の監査法人にはより品質の高い監査が期待されているからだろうか、監査報酬は増加している（増減率13.2%）。

> 当社は、株式会社東京証券取引所から 2019 年 9 月 20 日付で「特設注意市場銘柄」の指定を受け、2020 年 1 月 29 日付で開示いたしました「改善計画・状況報告書」に則り、コーポレート・ガバナンス体制の再構築に取り組んでおります。その改善施策として、管理部門の組織改編、監査役と社外役員による監査・監督機能の強化、内部監査室の設置及び内部監査体制の強化等を推進しておりますが、<u>コーポレート・ガバナンス体制のさらなる強化を図るべく、監査体制の刷新の一環として</u>、会計監査人につきましても新たな会計監査人を選任することといたしました。

次の記載も「監査体制刷新」を交代理由とするものだが（巻末一覧表446。下線は筆者による）、「グループ間統一」も併せて交代理由とされている。上述のとおり、「特設注意市場銘柄」指定が既に解除されている点や、「グループ間統一」も交代理由とされている点などのほかは、上の事例とほぼ同じ記載である。なお、大手監査法人から大手監査法人への交代だが、グループ間で監査法人を統一したことによる効果なのか、監査報酬は減少している（増減率－35.5%）[注118]。

　当社は、株式会社東京証券取引所から 2019 年 12 月 19 日付で「特設注意市場銘柄」の指定を受け、2020 年 9 月 11 日付で開示いたしました「改善計画・状況報告書」に則り、コーポレート・ガバナンス体制の再構築に取り組んでおります。尚、「特設注意市場銘柄」の指定につきましては 2021 年 4 月 29 日付で解除となっておりますが、今後も引き続き、監査等委員会設置会社への体制移行に伴う監視監督機能の強化、管理部門の体制整備、内部監査体制の強化等を推進し、<u>コーポレート・ガバナンス体制のさらなる強化を図るべく、監査体制の刷新の一環として、また、2021 年 3 月 30 日付にて実施した第三者割当増資により筆頭株主となった株式会社豊田自動織機との監査人統一の観点もあり</u>、会計監査人につきましても新たな会計監査人を選任することといたしました。

　なお、当社の会計監査人である EY 新日本有限責任監査法人は、2021 年 6 月 29 日開催予定の第 54 回定時株主総会終結の時をもって任期満了となります。

6　監査法人の所在地を交代理由とする記載

　「監査法人の所在地」を理由とする監査法人の交代とは、現任の監査法人と自社の間に物理的な距離があるため、自社の近くに所在する監査法人へ交代させるというものであり、それに関する開示が 2 件ある。

　次の記載はそのうちの一つだが（巻末一覧表 89。下線は筆者による）、「監査報酬」と「継続監査期間」も併せて交代理由としている。中小監査法人から準大手監査法人への交代だが、公認会計士の移動の負担がなくなるからだろうか、監査報酬は減少している（増減率 − 2.7%）。

　当社の会計監査人である明治アーク監査法人は、2019 年 6 月 25 日開催予定の第 13 回定時株主総会終結の時をもって任期満了となります。同監査

法人を長年にわたり選任してきておりますが、<u>東京から監査に来ていたこと</u>や、<u>2019 年 3 月期より監査報酬が増額となっていたため、監査継続年数を考慮し</u>、あらためて後任監査人の採用について検討しました。後任監査人から提案を受けた<u>監査計画</u>を検討した結果、上記 3. に記載の理由の通り、高品質な<u>監査と後任監査人の担当事務所が地元の福岡であるため効率的な監査業務の運営が期待できることから</u>、新たな会計監査人として、太陽有限責任監査法人を選任する議案の内容を決定したものであります。

　次の記載も、「監査法人の所在地」を交代理由とする記載だが（巻末一覧表245。下線は筆者による）、「継続監査期間」も併せて交代理由としている。上の事例は、東京から企業のある福岡へ公認会計士に来てもらっていたため、福岡に事務所のある監査法人へ交代させたというものだが、こちらは、企業の決算業務地を大阪から東京へ移すため、大阪の監査法人から東京の監査法人へと交代させるというものである。そのため、監査報酬は減少せず、中小監査法人から準大手監査法人への交代ということもあり、増加している（増減率28.9%）。

　当社の会計監査人である大手前監査法人は、2020 年 6 月 25 日開催予定の第 103 回定時株主総会の時をもって任期満了となります。現在の会計監査人については会計監査が適切かつ妥当に行われることを確保する体制を十分に備えているものの、<u>監査継続期間が長期にわたること、また、当社は決算業務の執行場所を大阪市から東京都江東区に移す予定としており</u>、これらに伴い、当社は会計監査人を見直すことといたしました。その結果、3. に記載した理由の通り、新たに会計監査人として太陽有限責任監査法人を選任するものであります。

7　監査法人による監査への変更を交代理由とする記載

　第 12 章で見た「監査人の法人化」を理由とする監査法人の交代とは、これまで法人化されていない公認会計士の事務所による監査を受けてきたが、その公認会計士が監査法人を設立したというものだが、「監査法人による監査への変更」を理由とする監査法人の交代とは、これまで法人化されていない公認会計士の事務所による監査を受けてきたが、それとは別の監査法人へ交代させるというものである。

　それに関する開示が 1 件あり、次に示したのがその交代理由の記載である（巻末一覧表 102。下線は筆者による）。監査報酬は、個人の公認会計士事務所から監査法人へと交代すると増加するように思われるが、減少している（増減率 − 35.5％）。

　当社の会計監査人であります松澤博昭氏及び向山光浩氏は、2019 年 6 月 26 日開催予定の第 34 期定時株主総会終結の時をもって任期満了になる予定です。

　当社の新年度の監査契約の方針として、個人の会計監査人による監査から監査法人による監査へと変更することとしており、当初松澤博昭氏及び向山光浩氏は、新年度の監査契約の更新を希望しておりましたが、今般やまと監査法人が受託の意向を示したことにより、松澤博昭氏及び向山光浩氏との間で新年度の監査契約を締結しないことといたしました。やまと監査法人は、上場会社の会計監査人の経験は無いものの、業務執行社員をはじめ、スタッフについても大手若しくは準大手の監査法人において上場会社の監査経験があり、当社が求める独立性及び専門性の有無、品質管理体制を有していることより選任するものであります。

　なお、松澤博昭氏及び向山光浩氏からは監査業務の引継ぎにつきましても協力を得ることができる旨、確約をいただいております。

8　子会社における訂正を交代理由とする記載

　「子会社における訂正」を監査法人の交代理由としている事例が１件あり、次に示したのがその交代理由の記載である（巻末一覧表 398。下線は筆者による）。「継続監査期間」も併せて交代理由とされているが、なぜ「子会社における訂正」が交代理由になり得るのかが、この記載だけではわかりにくい。

　当社の会計監査人である有限責任あずさ監査法人は、2021 年 6 月 29 日開催予定の第 92 回定時株主総会終結の時をもって任期満了となります。当社は、有限責任あずさ監査法人を会計監査人として長期にわたって選任してまいりましたが、<u>同監査法人による監査継続年数等に鑑み、また、海外子会社に起因する棚卸資産及び売上原価の訂正を契機に改めて会計監査人を検討</u>することにいたしました。この結果、上記 3. の理由により、その後任として新たに<u>監査法人アヴァンティア</u>を会計監査人として選任するものであります。

　この開示の「5.　退任する会計監査人が直近 3 年間に作成した監査報告書等における意見等」には次のように記載されており、現任の監査法人による監査および四半期レビューの結果、無限定適正意見および無限定の結論を得ることができていないことがわかる。

　このことからすると、本当の交代理由は、「子会社における訂正」というよりも、「企業側の問題」に起因した「監査法人からの申し出」（第 6 章参照）、あるいは「見解の相違」（第 11 章参照）なのではないかと思われてくる。なお、大手監査法人から中小監査法人への交代であり、監査報酬は減少している（増減率 −8.1%）。

　第 89 期（2018 年 3 月期）第 3 四半期から第 92 期（2021 年 3 月期）第 1 四半期までの有価証券報告書の訂正報告書に含まれる連結財務諸表の監

査及び四半期報告書の訂正報告書に含まれる四半期連結財務諸表の四半期レビュー、並びに第 92 期（2021 年 3 月期）第 2 四半期及び第 3 四半期の四半期報告書に含まれる四半期連結財務諸表の四半期レビューにつきましては、中国の連結子会社である小倉離合機（東莞）有限公司及び小倉離合機（長興）有限公司の棚卸資産及び売上原価について、<u>監査意見及び結論の表明の基礎となる証拠を入手することができなかったとして、限定付適正意見の監査報告書及び限定付結論の四半期レビュー報告書を受領しております。</u>

9　取締役兼務会社の監査法人を交代理由とする記載

「取締役兼務会社の監査法人」を交代理由とする監査法人の交代とは、自社の取締役が取締役を兼務している他社の監査を行っている監査法人へ交代させるというものであり、それに関する開示が 1 件ある。

　次に示したのがその交代理由の記載だが（巻末一覧表 592。下線は筆者による）、なぜ自社の取締役が取締役を兼務している他社の監査を行っている監査法人ならば、「効率的な監査の実現を期待できる」のかを理解するのは難しい。なお、中小監査法人から中小監査法人への交代であり、監査報酬は変化していない（増減率 0.0％）。

　当社の会計監査人である監査法人まほろばは、2022 年 5 月 26 日開催予定の第 74 回定時株主総会終結の時をもって任期満了となります。監査等委員会は、後任として複数の監査法人を対象として検討してまいりました結果、上記 3 の理由に加えて、<u>当社の取締役が取締役を兼務する技研ホールディングス株式会社の会計監査人である清流監査法人ならば、効率的な監査の実現を期待できると判断し</u>、選任する議案の内容を決定したものであります。

　この他社の取締役を兼務している取締役は、その他社の監査を行っている監

査法人に対して、自社の監査を行うように勧誘したのだろうか。仮にそうだとすると、その取締役はその監査法人に対して経済的利益（新たな企業の監査により得られる監査報酬）を提供することになる。問題になるほどの重要性はないかもしれないが、それは、監査の前提となる監査法人の企業からの独立性に影響を与える可能性があるように思われる[注119]。

　なお、社外取締役は監査法人の交代を主張することが多いという話を聞いたことがある。企業の事業に精通しているとは限らない社外取締役にとって、自身の存在意義を示すために監査法人の交代は主張しやすい議題になり得るのだという。

　筆者の知人の公認会計士で、中小監査法人で監査に携わりながら、上場企業の社外取締役や社外監査役も務める人物がいる。彼によると、自身が社外取締役や社外監査役を務める企業において、監査法人の交代を主張する社外取締役に遭遇したことがあるという。また、監査を行っている企業において、その企業の社外取締役の主張により監査法人を交代させることになり、自身が所属する監査法人の監査契約が更新されないことになったこともあるという。

　もちろんこれはわずかな数の事例についての伝聞情報であり、確証のあるものではない。しかし、因果関係の有無を実証することはできないが、2015 年 6 月に「コーポレートガバナンス・コード」が適用された後の上場企業における社外取締役の数の増加[注120]と監査法人の交代の数の増加とは軌を一にしている[注121]。

10　子会社の流動化完了を交代理由とする記載

　「子会社の流動化完了」を理由として監査法人を交代させている事例が 1 件あり、次に示したのがその交代理由の記載なのだが（巻末一覧表 301。下線は筆者による）、これだけでは「子会社の流動化」が何を意味するのかがわからないだろう。

　この企業は、この開示を行う前に子会社の譲渡や合併を行っており[注122]、そ

のことから、ここでの「子会社の流動化」とは、子会社を譲渡したり、合併したりすることによって、これまであった子会社がない状態にすることだと解される。それが完了し、グループの規模が変化（縮小）したため、監査法人を交代させるというのである。

　そのため、監査報酬の減額を期待した監査法人の交代であると思われる。実際、大手監査法人から大手監査法人への交代だが、監査報酬は減少している（増減率 − 52.4 ％）。

　シェアテクの会計監査人である EY 新日本有限責任監査法人は、2020 年 12 月 22 日開催予定の第 14 期定時株主総会の時をもって任期満了となります。これに合わせて、子会社の流動化完了に伴い、新たな視点での監査が期待できることを重視して、その後任として新たに有限責任あずさ監査法人を会計監査人として選任するものであります。

11　事業規模を交代理由とする記載

　「事業規模」のみを理由として監査法人を交代させている事例が 1 件あり、次に示したのがその交代理由の記載である（巻末一覧表 114。下線は筆者による）。

　事業規模が拡大したのか、縮小したのかが記載されておらず、なぜこの時点でこうした交代が必要なのかが明らかでない。中小監査法人から準大手監査法人への交代であるため、事業規模が拡大したように思われるが、監査報酬は減少している（増減率 − 10.0 ％）。

　また、「会計監査に対応する業務の効率化」と記載されているが、これは企業側が対応するものであり、監査法人の交代によってなされるものではないはずである。これも、意味を考えず、他社の記載をただ表面的になぞって書いた結果、こうした記載になってしまったのではないだろうか。

当社の会計監査人である監査法人Ａ＆Ａパートナーズは、2019 年 6 月 21 日開催予定の第 18 回定時株主総会終結の時をもって任期満了になります。

当社は現会計監査人による適切かつ妥当な会計監査を受けておりますが、監査役会は、当社グループの事業規模を鑑み、会計監査に対応する業務の効率化や会計監査を通じた新たな視点、手法、助言などを期待し、会計監査人の見直しを検討してまいりました。

2019 年 5 月 30 日開催の監査役会において、上記 3．の理由により、後任として新たに太陽有限責任監査法人を選任する議案の内容が決定されたことを受け、当該議案の第 18 回定時株主総会での承認を条件に、太陽有限責任監査法人を公認会計士等の候補者として選任するものであります。

注117　上場企業が適時開示に係る規定に違反したと認められる場合の証券取引所による措置としては、まず上場企業に対する口頭注意があり、あとは違反の重要性に応じて、公表措置制度（上規508条1項1号）、上場契約違約金制度（上規509条1項1号、上施規504条1号）、改善報告書制度（上規502条1項1号）、特設注意市場銘柄制度（上規501条1項3号・5号）が設けられている。なお、この開示を行った企業は名古屋証券取引所に上場しているが、東京証券取引所以外の取引所も同様の措置を設けている。

注118　「グループ間統一」を理由とする監査法人の交代における監査報酬の変化については第7章参照。

注119　監査基準は「監査人は、監査を行うに当たって、常に公正不偏の態度を保持し、独立の立場を損なう利害や独立の立場に疑いを招く外観を有してはならない。」としている（監査基準・第二　一般基準2）。この監査法人の独立性が維持されるように、公認会計士法が規定を設けているほか（会計士法24条～24条の4）、日本公認会計士協会は公認会計士法よりも高い水準の自主規制を定めている（日本公認会計士協会「倫理規則」独立性に関する規則）。

注120　「コーポレートガバナンス・コード」の「原則4－8．独立社外取締役の有効な活用」において、社外取締役を少なくとも2名以上選任すべきであるとされたため（2021年6月11日に施行された改訂版においては、プライム市場上場会社は少なくとも3分の1以上選任すべきであるとされた）、それ以降、上場企業における社外取締役の数が急増した（東京証券取引所（2017）74-75頁、同（2023）34-38頁）。

注121　監査法人の交代の年間件数は、2012年6月期から2015年6月期までは100件前後で推移していたが、2016年6月期（2015年7月から2016年6月まで）に134件に増加し、それ以降、波はあるものの増加傾向にあり、2022年6月期は236件、2023年6月期は204件に達している（公

認会計士・監査審査会（2016）24頁、同（2017）40頁、同（2018）68頁、同（2019）78頁、同（2020）90頁、同（2021）92頁、同（2022）90頁、同（2023）99頁）。

注122　シェアリングテクノロジーが2020年1月7日に開示した「連結子会社の異動（株式譲渡）に関する基本合意書締結及び関係会社株式売却損の計上（見込み）のお知らせ」、2020年5月15日に開示した「連結子会社の異動を伴う株式譲渡契約締結、連結子会社からの特別配当受領及び関係会社株式売却損の計上のお知らせ」、2020年7月17日に開示した「塩谷硝子株式会社との簡易吸収合併及び特定子会社の異動に関するお知らせ」、2020年8月7日に開示した「連結子会社の異動を伴う株式譲渡契約締結のお知らせ」を参照。

第 15 章

監査法人の見解と異なる交代理由

1 監査法人の見解と異なる交代理由

　本章では、企業と監査法人の間で監査法人の交代理由についての見解が異なる事例を取り上げる。

　本書は、企業が監査法人の交代に関する適時開示に記載した交代理由、すなわち「6. 異動の決定又は異動に至った理由及び経緯」（ **図表 2** 参照）に記載された交代理由を分析対象としているが[注123]、監査法人の交代に関する適時開示には前任の監査法人の見解も記載される。「7. 6. の理由及び経緯に対する意見（1）退任する公認会計士等の意見」という項目であり（ **図表 2** 参照）、ほとんどの場合、そこには判で押したように「特段の意見はない旨の回答を得ております。」と記載され、企業と監査法人の交代理由についての見解は同じであるとされている。

　しかし、企業と監査法人の間で監査法人の交代理由についての見解が異なる事例がいくつかある。 **図表 51** は、巻末一覧表からそうした開示の情報の一部を抜粋し（他の情報は巻末一覧表を参照）、それに監査法人の見解を加えたものである[注124]。

図表 51 監査法人の見解と異なる交代理由

	交代理由	監査法人の見解	交代内容	監査報酬
2	継続監査期間＋監査報酬	監査報酬	EY 新日本→A&A パートナーズ	23.8
8	継続監査期間＋監査報酬	監査報酬	EY 新日本→東陽	−2.4
22	継続監査期間	監査報酬	EY 新日本→仰星	9.5
45	監査報酬	監査法人からの申し出	EY 新日本→東邦	−11.8
64	監査報酬	監査法人からの申し出	明治アーク→アスカ	0.0
65	継続監査期間＋監査報酬	監査報酬	EY 新日本→新月	−26.8
82	監査報酬（監査法人から増額の要請）	監査報酬（企業からの減額の要請）	EY 新日本→トーマツ	−6.7
511	監査法人からの申し出	合意解除	開花→未定	−

（注）左端の番号は巻末一覧表における番号。「交代内容」は「監査法人」あるいは「有限責任監査法人」を省略、また、矢印の左側が前任、右側が後任の監査法人。「監査報酬」は交代による監査報酬の増減率（％）。

　このうち 3 件と最も数が多い、企業は「継続監査期間」と「監査報酬」を交代理由としているのに対して、監査法人の見解は「監査報酬」である事例（巻末一覧表 2・8・65）を最初に見ることにする。

　次に示したのは、企業が記載した交代理由であり（巻末一覧表 2。下線は筆者による）、「継続監査期間」と「監査報酬」が交代理由であるとされている。

　当社の会計監査人である EY 新日本有限責任監査法人は、平成 31 年 3 月 26 日開催予定の第 36 回定時株主総会の終結の時をもって任期満了となります。監査役会は、当社の事業規模に適した監査対応と監査費用の相当性について、以前より、他の監査法人と比較検討してまいりましたが、今般、<u>現会</u>

> 計監査人の監査継続年数が 16 年と長期にわたること並びに監査報酬の改定に鑑み、これを契機として上記 3．の理由により、その後任として新たに監査法人 A&A パートナーズを会計監査人として選任するものであります。

　これに対して、監査法人の見解は次のとおりであり（下線は筆者による）、交代理由は「監査報酬」のみであるとされている。企業が記載した「監査報酬の改定」と監査法人が記載した「双方合意に至らなかった」からすると、前任監査法人から監査報酬の増額要請があったものの、企業がそれを受け入れることができなかったのだろう。なお、監査報酬は増加しているが、大手監査法人から中小監査法人への交代であり、前任監査法人から示された額よりは低い額におさまっているのかもしれない。

> 「6．異動の決定または異動に至った理由および経緯」につきましては、監査報酬に関し双方合意に至らなかったため、と会社から説明を受けております。

　次に示したのも「継続監査期間」と「監査報酬」が交代理由とされた企業による記載である（巻末一覧表 8。下線は筆者による）。

> 当社の会計監査人でありますＥＹ新日本有限責任監査法人は、平成 31 年 3 月 28 日開催予定の第 7 回定時株主総会終結の時をもって任期満了となります。現会計監査人は、監査継続年数が 7 年（経営統合以前からの通算では 15 年以上）と長期にわたること、また、近年は監査費用が増加傾向にあること、さらに、今後は海外の子会社が加わったことに伴う監査費用のさらなる上昇が見込まれること等を考慮した結果、監査役会は会計監査人を見直すことにいたしました。当社の事業規模に適した監査対応や監査費用を基準に選定を行った結果、上記 3．に記載の内容のとおり、後任として東陽監査法人を選任する議案を決定したものであります。

　これに対する監査法人の見解は次のとおりであり（下線は筆者による）、上の事例と同様に「監査報酬」のみであるとされている。こちらは大手監査法人から準大手監査法人への交代であり、監査報酬は減少している。

> 　「6.　異動の決定又は異動に至った理由及び経緯」につきましては、<u>海外の子会社がグループに加わったことにより、今後の監査報酬のさらなる上昇を懸念して会計監査人を変更する</u>旨の説明を受けております。

　次に示したのも「継続監査期間」と「監査報酬」が交代理由とされた企業による記載だが（巻末一覧表65。下線は筆者による）、ほかの二つの事例と同様に「継続監査期間」が先に記載されている。

> 　当社の会計監査人である EY 新日本有限責任監査法人は、2019 年 6 月 26 日開催予定の第 34 回定時株主総会の終結の時をもって任期満了となります。監査役会は、<u>現会計監査人の監査継続年数が 20 年と長期にわたること並びに監査報酬増額の打診を受けたこと</u>を考慮し、会計監査人を見直すこととしました。
> 　2019 年 5 月 15 日開催の監査役会において、上記 3. の理由により、後任として新たに新月有限責任監査法人を選任する議案の内容が決定されたことを受け、当該議案の第 34 回定時株主総会での承認を条件に、新月有限責任監査法人を会計監査人として選任するものであります。

　これに対する監査法人の見解も、次のとおり「監査報酬」のみとされている（下線は筆者による）。ただし、「監査報酬」の記載も、企業側は「監査報酬増額の打診を受けた」と、監査法人側は「今後の監査報酬の上昇を懸念」としており、表現の仕方が若干異なっている。なお、大手監査法人から中小監査法人への交代であり、監査報酬は上の事例よりも大きく減少している。

> 「6. 異動の決定又は異動に至った理由及び経緯」につきましては、<u>今後の監査報酬の上昇を懸念して会計監査人を変更する旨</u>の説明を受けております。

　企業は「継続監査期間」と「監査報酬」を交代理由としているのに対して、監査法人の見解は「監査報酬」である事例を見てきたが、これらの事例において企業は、交代理由が「監査報酬」だけでは見栄えが良くないので、「継続監査期間」も加えて記載することにしたのだろうか。意地悪な見方かもしれないが、「監査報酬」よりも先に「継続監査期間」を記載している点も、「継続監査期間」が第一の理由であると印象づけたいかのように見えてしまう。

　次に、企業は「継続監査期間」を交代理由としているのに対して、監査法人の見解は「監査報酬」とされていている事例（巻末一覧表22）を見る。企業は「継続監査期間」と「監査報酬」を交代理由としているのに対して、監査法人の見解は「監査報酬」である事例は、まだ「監査報酬」が交代理由である点は企業と監査法人の間で共通しているが、次に見る事例には共通点がない。

　次に示したのは、企業が記載した交代理由であり（巻末一覧表22。下線は筆者による）、「継続監査期間」が交代理由であるとされている。なお、最後の段落に、監査法人の見解は異なるが、それは、この企業の「経理部門所管の取締役及び執行役員が認識を誤って伝えた」からであると記載されている。

> 　当社の会計監査人である EY 新日本有限責任監査法人は、2019 年 3 月 26 日開催予定の第 68 期定時株主総会終結の時をもって任期満了となります。監査等委員会は会計監査人として <u>EY 新日本有限責任監査法人を 7 年にわたり選任してきております</u>が、<u>監査継続年数を考慮し新たな視点での監査を期待して</u>、当社グループの会計監査人について複数の監査法人を候補対象者として検討いたしました。
> 　この結果、監査等委員会は上記 3．の理由により、その後任として新たに仰星監査法人を選任する議案の内容を決定したものであります。

> 　なお下記 7 ．のとおり現会計監査人から意見をいただいておりますが、当
> 社経理部門所管の取締役及び執行役員が認識を誤って伝えたものであって、
> 異動の決定の理由は上記のとおりであることを監査等委員から現会計監査人
> に改めて説明しております。

　これに対する監査法人の見解は次のとおりであり（下線は筆者による）、企業
側が「経理部門所管の取締役及び執行役員が認識を誤って伝えた」と主張する
交代理由は「監査報酬」である。果たして「継続監査期間」と「監査報酬」の
どちらが本当の交代理由なのだろうか。

　経理部門所管の取締役と執行役員が交代理由は「監査報酬」であると認識し
たのならば、それが真実に近いようには思われる。また、監査法人は彼らから
交代理由を聞き、それに違和感を覚えることなく受け入れているようである。

　監査法人による「監査報酬に関し合意するには至らなかった」という記載か
ら、おそらく監査法人から監査報酬の増額要請があったのではないかと思われ
る。監査報酬は増加しているが、大手監査法人から準大手監査法人への交代で
あり、前任監査法人から示された額よりは低い額におさまっているのかもしれ
ない。

> 　「6 ．異動の決定又は異動に至った理由及び経緯」の背景としましては、監
> 査報酬に関し合意するには至らなかったため、と当社経理部門所管の取締役
> 及び執行役員から説明を受けております。

　企業も監査法人も「監査報酬」を交代理由としながら、どちらが増額あるい
は減額を求めたのかにおいて食い違いのある事例もある。次に示したのは、企
業が記載した交代理由であり（巻末一覧表 82 。下線は筆者による）、監査法人
から監査報酬の増額を打診してきたとされている。

> 　当社の会計監査人である EY 新日本有限責任監査法人は、2019 年 6 月 21

日開催予定の第 95 回定時株主総会終結の時をもって任期満了となります。同監査法人を長年にわたり選任してきておりますが、<u>監査報酬増額の打診を受け</u>、監査継続年数を考慮し、あらためて後任監査人の採用について検討しました。後任監査人を含む他の監査人から提案を受けた監査計画を比較した結果、上記 3．に記載の理由の通り、高品質な監査と効率的な監査業務の運営が期待できることから、新たな会計監査人として、有限責任監査法人トーマツを選任する議案の内容を決定したものであります。

　これに対する監査法人の見解は次のとおりであり（下線は筆者による）、企業から監査報酬の減額を要請してきたとされている[注125]。同じ「監査報酬」を交代理由としながら、その内容は対立するものとなっている。

　「6．異動の決定または異動に至った理由および経緯」につきましては、<u>監査報酬の減額要請を受け、監査報酬に関し双方協議したが合意に至らなかったため</u>、と会社から説明を受けております。

　企業は「監査報酬」を交代理由としているのに対して、監査法人の見解は「監査法人からの申し出」である事例が 2 件ある（巻末一覧表 45・64）。
　次に示したのは、そのうちの一つの企業が記載した交代理由である（巻末一覧表 45。下線は筆者による）。あえてなのか、「監査工数の増大」としか記載せず（監査報酬という用語は記載していないが、監査工数が増大すれば、監査報酬も増加する）、その説明を受けたため、監査法人を交代させることにしたとされている。

　当社の会計監査人である EY 新日本有限責任監査法人は、令和元年 5 月23 日開催予定の当社第 25 回定時株主総会終結の時をもって任期満了となります。当社は、現会計監査人の監査関与年数が長期にわたること、また近年は監査報酬が増加傾向にあることを踏まえ、当社の事業規模に適した監査対

応や監査報酬を基準とした会計監査人の選定について、検討を行っておりました。また現会計監査人より、<u>当社の経営環境の変化に伴い監査工数が増大する旨の説明を受けたことから</u>、当社として会計監査人を見直すこととし、複数の監査法人について比較検討いたしました。

　この結果、当社が東邦監査法人を後任の会計監査人の候補者としたのは、会計監査人の変更により新たな視点での監査が期待できることに加え、同監査法人の監査実績及び監査費用が当社の事業規模に適していること、及び職業的専門家としての専門能力、独立性並びに品質管理体制等を総合的に勘案した結果、当社の会計監査人として適任であると判断したためであります。

　これに対する監査法人の見解は次のとおりであり（下線は筆者による）、「監査法人からの申し出」が交代理由であるとされている。

　現会計監査人からは、「<u>会社の経営環境の変化に伴い監査工数が増大することを理由に、任期満了により契約更新を差し控えたい旨を申し出たものであります。</u>」との意見を得ました。

　第6章で述べたとおり、監査法人から退任あるいは辞任の申し出があった場合、企業は、その時点で監査法人の交代に関して開示を行わなければならない。まず発生事実として開示が必要となり、その後、後任の監査法人が決まった時点で、改めて決定事実としての開示が必要となるのである。現任の監査法人から退任の申し出がなされる前に、企業がほかの監査法人を探して、そこへの交代を決めれば、「監査法人からの申し出」ではなく「監査報酬」を理由とする監査法人の交代となるが、この事例はそうではないはずである。

　次の記載も「監査報酬」を交代理由としているが（巻末一覧表64。下線は筆者による）、こちらは「監査報酬の増額」まで記載している。

　当社の公認会計士等であります明治アーク監査法人は2019年6月21日

開催予定の第 35 期定時株主総会終結の時をもって任期満了となります。<u>当社の事業拡大による監査工数増加による監査報酬の増額等</u>を契機に、当社は公認会計士等の見直しを行ったことによります。

　これに対する監査法人の見解は次のとおりであり（下線は筆者による）、上の事例と同様に「監査法人からの申し出」が交代理由であるとされているが、監査法人が退任を申し出た理由には、企業による記載にはない「関連当事者取引の新たな発生」もあるとされている。

　明治アーク監査法人からは、「<u>会社の事業拡大による監査工数の増加、関連当事者取引の新たな発生を理由に任期満了により退任する旨を申し出たものであります。</u>」との意見をいただいております。

　最後に取り上げるのは、企業は「監査法人からの申し出」を交代理由としているのに対して、監査法人の見解は「合意解除」とされている事例である。
　次に示したのは、その企業が記載した交代理由であり（巻末一覧表511。下線は筆者による）、「企業側の問題」（第 6 章参照）による「監査法人からの申し出」を理由として監査法人が交代することになったとされている。

　当社は、2021 年 8 月 6 日付適時開示「社内調査報告書の受領と今後の訂正開示に関するお知らせ」及び 2021 年 9 月 27 日付適時開示「追加調査となる社内調査報告書の受領のお知らせ」にてお知らせいたしましたとおり、2020 年 4 月から 2021 年 3 月までの 1 年間の期間において当社が行った適時開示 60 件を確認した結果、合計 24 件の適時開示資料においてその一部またはその全部に事実と異なる内容またはそのおそれがある内容が記載されていたことが判明いたしました。
　これを受けて、有限責任開花監査法人からは、当社から 2 度にわたる社内調査報告書が公表され、主に下記 3 つの要因をふまえ、監査手続に与える影

響が重大であると判断したことから監査契約の継続は困難であるとの連絡があり、同監査法人から監査契約の解除の通知を受けることとなり、本日付で監査契約が解除されることとなりました。

①当社の社内調査の結果、2020年8月26日付「株式取得（子会社化）に関する株式譲渡契約書締結に関するお知らせ」に記載のあるセネジェニックス・ジャパンの100％子会社とされたプロメテウス・バイオテックに該当する企業の存在は確認できなかった。

②監査手続のため、プロメテウス・バイオテックの登記簿及び外注先の請求書の資料提出を当社に依頼したが虚偽の資料を提示された。

③当社は2020年度のIRの4割にあたる24件のIRを修正し、投資者の投資判断に深刻な影響を与える不適切と認められる開示を継続して行い、当社の内部管理体制等については、情報開示体制にとどまらず、ガバナンスやリスク管理等に関する体制も含め改善の必要性が高く、当社における脆弱な内部管理体制の下で不適切な開示が継続していた。

これに対する監査法人の見解は次のとおりであり（下線は筆者による）注126、「合意解除」が交代理由であるとされている。ただし、これは、企業側は監査法人から一方的に監査契約を解除されたと捉え、監査法人側は企業との間で監査契約の解除に合意したと捉えているというものであり、ほかの事例とは異なり、両者の間で交代理由についての見解が異なっているとまではいえないかもしれない。

退任する会計監査人からは、「当監査法人は、監査手続のため、プロメテウス・バイオテックの登記簿及び外注先の請求書の資料提出を会社に依頼したが虚偽の資料を提示されたり、IRの4割にあたる24件のIRが虚偽表示で修正される等当監査法人の追加的監査手続の結果を踏まえても、関係者の説明や齟齬等により、当該社内調査報告書等を巡る事実関係についての疑義は払拭されるに至らず、当監査法人として意見表明のための合理的な基礎を

得られない状況であった。そのため、当監査法人は、監査手続及び意見表明に与える影響が重大であると判断したことから監査契約の継続は困難であると判断し、総合的に勘案し、当監査法人は会社との間の監査契約を合意解除した。」との回答を得ております。

　企業と監査法人の間で監査法人の交代理由についての見解が異なる事例を見てきたが、そうした事例は、**図表 51** を見るとわかりやすいが、巻末一覧表511 の事例を除いて、巻末一覧表 82 の事例以降ほとんどない[注127]。巻末一覧表 82 の開示は 2019 年 5 月 21 日に行われたものであるため、2019 年 1 月 22 日から 2019 年 5 月 21 日までの約 4 か月の間には 6 件もあったのに、それ以降はほとんどないのである[注128]。

　本当に企業と監査法人の間で見解が異なることはなくなったのだろうか。あるいは、異なることがあったとしても、企業は、「7. 6. の理由及び経緯に対する意見（1）退任する公認会計士等の意見」に決まり文句として「特段の意見はない旨の回答を得ております。」とだけ記載するようになったのだろうか。

2　訂正された交代理由

　企業と監査法人の間で監査法人の交代理由についての見解が異なる事例と関連して、交代理由が訂正されて、前とは異なる交代理由とされた 2 件の事例を取り上げる。

　次に示したのは「継続監査期間」を交代理由とする記載である（巻末一覧表255。下線は筆者による）。

　当社の会計監査人である EY 新日本有限責任監査法人は、2020 年 6 月 24 日開催予定の当社第 37 期定時株主総会終結の時をもって、任期満了となります。

　当社は、現会計監査人の監査継続年数が 10 年にわたっていることを考慮

> して、当社の監査体制について他の監査法人との比較検討をおこなった結果、
> 上記３の理由により新たにアスカ監査法人を会計監査人として選任するに至
> りました。

　この交代理由は４日後に次のように訂正され（巻末一覧表262。下線は筆者に
よる）、「監査報酬」が加えられたのである。なぜこうした訂正が行われること
になったのかについて理解するのは難しい。「監査報酬」という重要な交代理
由を書き漏らすようなことがあるのだろうか。当初はあえてそれを記載しな
かったが、指摘を受けたのだろうか。なお、大手監査法人から中小監査法人へ
の交代であり、監査報酬は減少している（増減率−5.1％）。

> 　当社の会計監査人である EY 新日本有限責任監査法人は、2020 年 6 月 24
> 日開催予定の当社第 37 期定時株主総会終結の時をもって、任期満了となり
> ます。
> 　当社は、<u>現会計監査人の監査継続年数が 10 年にわたっており</u>、<u>監査報酬</u>
> <u>の増額改定の提示を受けたこと</u>を機に当社の監査体制について他の監査法人
> との比較検討をおこなった結果、上記３の理由により新たにアスカ監査法人
> を会計監査人として選任するに至りました。

　この訂正前の開示の「7. 6. の理由及び経緯に対する意見（1）退任する公
認会計士等の意見」には、「特段の意見はない旨の回答を得ております。」と記
載されている。監査法人は本当に「特段の意見はない旨の回答」を行ったのだ
ろうか。その記載は訂正されていない。訂正前の交代理由にも訂正後の交代理
由にも「特段の意見はない」ということになるが、そもそも企業が記載する交
代理由などには「特段の意見はない」ということなのだろうか。

　次の記載も後に訂正されるものであり、訂正前は「監査報酬」が交代理由と
されている（巻末一覧表 292。下線は筆者による）[注 129]。

> 　当社の会計監査人であります監査法人元和は、2020 年 11 月 25 日開催予定の当社第 19 回定時株主総会終結の時をもって任期満了になる予定です。そのため、<u>新年度の監査及び四半期レビュー契約に係る監査報酬等について、</u>他の監査法人と比較した結果、監査法人元和との間で新年度の監査契約を締結しないことになりました。
> 　なお、監査法人元和からは監査業務の引継ぎにつきましても協力を得ることが出来る旨、確約を頂いております。

　この交代理由は、同日中、数時間後に次のように訂正され（巻末一覧表 293。下線は筆者による）、「監査報酬」ではなく「新たな視点」へと変わったのである[注130]。上の事例と同様に、なぜこうした訂正が行われることになったのかについて理解するのは難しい。開示したが、「監査報酬」はやはり見栄えが良くないということで急遽訂正したのだろうか。訂正後の交代理由が「新たな視点」という曖昧なものであるため、それが本当なのかについて疑わしく思われても仕方ないであろう。

> 　当社の会計監査人であります監査法人元和は、2020 年 11 月 25 日開催予定の当社第 19 回定時株主総会終結の時をもって任期満了になる予定です。そのため、<u>新たな視点で監査を行う観点から</u>他の監査法人と比較した結果、監査法人元和との間で新年度の監査契約を締結しないことになりました。
> 　なお、監査法人元和からは監査業務の引継ぎにつきましても協力を得ることが出来る旨、確約を頂いております。

　監査法人の見解は、訂正前も訂正後も「特段の意見はない旨の回答を得ております。」と記載されている[注131]。どちらにも「特段の意見はない」というのは、どういうことなのだろうか。やはり企業が記載する交代理由などには「特段の意見はない」ということなのだろうか。

　監査法人の交代理由に関する監査法人の見解は本当なのだろうか。もしもそ

れが本当でないとすると、企業が記載している交代理由も本当ではなくなる可能性がある。

　企業と監査法人の間で監査法人の交代理由についての見解が異なる事例が、2019 年 1 月 22 日から 2019 年 5 月 21 日までの間は 6 件もあったのに、それ以降はほとんどないというのはやはり不自然に思われる。企業はそれらの開示を学習し、波風を立てない方法を考えたのだろうか。

　企業は、監査法人に確認することなく、「7. 6. の理由及び経緯に対する意見（1）退任する公認会計士等の意見」に「特段の意見はない旨の回答を得ております。」と記載するようになったのだろうか。あるいは、企業と監査法人の間で監査法人の交代理由についての見解が異なっていたとしても、監査法人は企業がそのように記載することを黙認するようになったのだろうか注 132。もしもそうだとしたら、いずれの場合であっても、企業は虚偽開示を行っていることになる。

注123　「6. 異動の決定又は異動に至った理由及び経緯」ではなく「3. 2.（1）に記載する者を公認会計士等の候補者とした理由」（ 図表 2 参照）に交代理由を具体的に記載している場合は、その記載も分析対象としている（第2章参照）。

注124　511（テラ）の株式は2022年8月23日に上場廃止となっている（東京証券取引所（2020））。

注125　企業が監査法人に対して「監査報酬の減額要請を受け」たと説明したと記載されているが、監査法人が企業に対して監査報酬の減額要請を行うことは考えにくいため、企業が監査法人に対して監査報酬の減額要請を行ったと解釈している。

注126　企業による交代理由の記載は、2021年10月22日開示の「会計監査人からの監査契約解約通知の受領に関するお知らせ」（巻末一覧表511）上になされたが、この監査法人の見解は、2021年11月11日開示の「公認会計士等の異動及び一時会計監査人の選任に関するお知らせ」（巻末一覧表514）に記載された。

注127　企業と監査法人の間で監査法人の交代理由についての見解が異なる事例ではないが、第11章で取り上げた「見解の相違」を交代理由としている事例（巻末一覧表457）においては、監査法人が次のように見解を示している。

> 　上記6に記載のとおり、燦キャピタルマネージメント株式会社代表者より、突然の会計監査人交代の申し出があったことから、やむなく、会社の申し入れを受諾し、辞任することになりました。

注128　公認会計士・監査審査会が監査法人に対するモニタリング活動を通じて把握した監査法人の交代理由は、企業が適時開示に記載した交代理由と概ね同様の傾向を示している（公認会計士・監査審査会（2020）93-94頁、同（2021a）95-96頁、同（2022a）93-94頁、同（2023）102-103頁）。ただし、そのモニタリング活動はすべての監査法人を対象として行われたものではなく、また、監査法人があえて本当の認識を回答することはせず、企業が適時開示に記載した交代理由を回答するようにしている可能性も考えられなくはない。

注129　前任の監査法人は第12章で登場した元和である。この監査法人の交代に影響があるのかは明らかでないが、この開示が行われた2020年10月14日のあと2021年2月以降、第12章で述べたとおり元和からの「担当会計士の脱退」を理由とする監査法人の交代に関する開示が行われるようになった。

注130　「4．2．（1）に記載する者を会計監査人の候補者とした理由」の記載も以下のように訂正されている（下線は筆者による）。
訂正前（巻末一覧表292）

> 　監査役会が桜橋監査法人を会計監査人の候補者とした理由は、同監査法人の独立性及び専門性、効率性並びに監査報酬等を総合的に勘案した結果、適任と判断したためであります。

訂正後（巻末一覧表293）

> 　監査役会が桜橋監査法人を会計監査人の候補者とした理由は、同監査法人の独立性及び専門性、効率性並びに品質管理体制等を総合的に勘案した結果、適任と判断したためであります。

なお、この開示では、「3．異動の決定又は異動に至った理由」に交代理由が記載され、その後に「4．2．（1）に記載する者を会計監査人の候補者とした理由」が記載されている。

注131　訂正前の開示（巻末一覧表292）では「7．3の理由及び経緯に対する監査報告書等の記載事項に係る退任する会計監査人の意見」に、訂正後の開示（巻末一覧表293）では「7．3の理由及び経緯に対する監査報告書等の記載事項に係る退任する会計監査人の意見（1）退任する会計監査人の意見」に記載されている。

注132　町田（2016）は、適時開示における監査法人側の見解の内容が十分でないことについて、監査法人にとって、「交代後に企業に対して辛辣なコメントをすることは、守秘義務の観点及び今後の監査業務の新規契約の観点から望ましくない行動になるからである」（18頁）としている。なお、適時開示に記載される交代理由に関する見解を述べることが、守秘義務が解除される正当な理由に当たるか否かは明らかでないが（日本公認会計士協会「倫理規則」114.1 A1）、企業の求めに応じて述べるわけであり、守秘義務に抵触することはないように思われる。

補　章　東京プロマーケット上場企業における交代理由

1　開示制度

　本書では、第2章で述べたとおり2019年1月22日から2022年6月30日までに行われた711件の監査法人の交代に関する適時開示を分析対象としているが、東京プロマーケット[注133]上場企業が行った開示は対象としていない（巻末一覧表には掲載）。そのため、本章では、補足として東京プロマーケット上場企業による監査法人の交代に関する開示を見ることとする。

　まず東京プロマーケットの開示制度だが、そこに上場している有価証券も内部者取引規制（金商法166条、167条）の対象となるため[注134]、その上場企業に対しても、他市場の上場企業と同様に適時開示が求められる（特定上規117条〜127条、特定上施規108条〜114条）[注135]。ただし、決定事実と発生事実に関する開示は、他市場の上場企業に求められるものと同様であるものの（特定上規118条〜119条）[注136]、決算情報に関する開示は他市場の上場企業よりも負担が軽減されていて、年次決算と中間決算のみ必要であるとされている（特定上規127条）。なお、業績予想の修正に関する開示は、他市場の上場企業に求められるものと同様である（特定上規120条、特定上施規113条）。

　東京プロマーケットの開示制度において最も特徴的なものがJ-Adviser制度である。東京プロマーケット上場企業は、東京証券取引所に指定されたJ-Adviserを置き、J-Adviserから情報開示について指導および助言を受けるとともに（特定上規102条）、東京証券取引所との連絡もJ-Adviserを通じて行うこととされている（特定上規104条）[注137]。

　また、東京プロマーケット上場企業は、事業年度および中間会計期間経過後

3か月以内に「発行者情報」を開示しなければならないとされている（金商法
27条の32第1項、特定上規128条、特定上施規116条）。これは、他市場の上場
企業に求められる有価証券報告書（開示府令第3号様式）や半期報告書（開示府
令第5号様式）に該当するものである。

2　交代理由の記載

　東京プロマーケット上場企業による監査法人の交代に関する適時開示は6件
あった。以下、それぞれの交代理由の記載を見ていく。
　次の記載は「監査報酬」と「継続監査期間」を交代理由としているようであ
る（巻末一覧表28。下線は筆者による）。しかし、「現監査法人から監査工数及び
監査報酬が増加された監査契約の提案を受けた」とされているが、「当社の経
営環境、業績を勘案し事業規模に適した監査対応や監査費用である」とされて
おり、「監査報酬」が交代理由であるのか、判然としない。増額される前の監
査報酬が適当であるといいたいのだろうか。

　当社の監査法人であります如水監査法人は、当社の第15期（自平成29
年12月1日至平成30年11月30日）に係る監査終了（平成31年2月）
をもって監査契約期間終了となりました。第16期の監査契約については、
現監査法人から監査工数及び監査報酬が増加された監査契約の提案を受けた
ことを契機として、第16期の監査法人との契約について慎重に検討した結
果、当社の経営環境、業績を勘案し事業規模に適した監査対応や監査費用で
あること、また、平成24年以来6年にわたる監査継続年数を考慮するとと
もに、当社の現況に則した新たなステージからの監査を期待し、現監査法人
と第16期（自平成30年12月1日至平成31年11月30日）の監査契約
締結を行わないことと決定いたしました。
　なお、同法人からは、監査業務の引継ぎについて協力を得ることができる
旨の確約を頂いております。

　なお、「監査終了（平成 31 年 2 月）をもって監査契約期間終了」となり、翌期の「監査契約締結を行わないことと決定」したとのことだが、この開示は2019 年 3 月 14 日に行われている。どのような事情があったのかは明らかでないが、通常であれば、監査契約を更新するか否かの判断は監査契約期間終了までに行われるかと思われる。

　そして、後任の監査法人が未定だったため、この企業は、約 2 週間後の2019 年 3 月 29 日に後任の監査法人が決まった旨の開示を行っている。次の記載はその交代理由の記載である（巻末一覧表 32）。他市場の上場企業ならば、上のような開示を行わず、後任の監査法人が決まった時点でまとめて開示を行う可能性が高いように思われる。それに比べると、この企業の開示姿勢は正直であるといえる。

> 　当社は、平成 31 年 3 月 14 日付「公認会計士等の異動に関するお知らせ」で公表いたしました通り、株式会社東京証券取引所の特定上場有価証券に関する有価証券規程の特例第 128 条 3 項の規定に基づく監査証明を行う監査法人であった如水監査法人との第 16 期（自平成 30 年 12 月 1 日至平成 31 年 11 月 30 日）の監査契約を締結しないこととしたため、新たに特定上場有価証券に関する有価証券上場規程の特例第 128 条第 3 項に基づく監査証明を行っていただける監査法人候補と協議を行ってまいりましたが、この度仰星監査法人との監査契約を締結することとなりました。

　次の記載で交代理由とされているのは「ニーズへの対応」といえるだろうか（巻末一覧表 46。下線は筆者による）。

> 　当社は、<u>今後の事業展開を鑑み、将来見込まれる事業規模に適した監査対応及び幅広いネットワークを駆使した会計監査を行っていただきたいという当社のニーズを重要なニーズと認識し</u>、以前より他の公認会計士等と比較検討してまいりましたが、<u>監査法人ナカチが最も当社のニーズに合致した会計</u>

> 監査を行っていただけると判断し、これを契機として３．の理由によりその
> 後任として新たに監査法人ナカチと監査契約を締結するものです。

　この企業は、２年後、次のようにほぼ同様の理由を記載し、監査法人を交代
させている（巻末一覧表345。下線は筆者による）。なお、上の記載では「事業規
模に適した監査対応」とされていたところが「事業規模に適した監査対応と監
査費用の相当性」とされている。

> 　当社は、以前から、今後の事業展開を鑑み、将来見込まれる事業規模に適
> した監査対応と監査費用の相当性及び幅広いネットワークを駆使した会計監
> 査を重要なニーズと認識しており、他の公認会計士等と比較検討してまいり
> ましたが、フェイス監査法人が最も当社のニーズに合致した会計監査を行っ
> ていただけると判断し、これを契機として３．の理由によりその後任として
> 新たにフェイス監査法人と監査契約を締結するものです。
> 　なお、退任する公認会計士等からは、監査業務の引継ぎについて協力を得
> ることができる旨の確約を頂いております。

　次の記載は「新たな視点」と「事業規模」を交代理由としているようである
（巻末一覧表265。下線は筆者による）。内容は別として、表現の仕方は他市場の
上場企業による交代理由の記載と類似しているといえる。「新たな視点」と
「事業規模」はよく用いられる表現であるし、ほとんどの交代理由の記載の最
初に置かれる「定時株主総会終結の時をもって任期満了となります」のほか、
「監査対応と監査報酬の相当性」という表現も見られる。

> 　当社の会計監査人である有限会社あずさ監査法人は、2020年６月26日
> 開催予定の第６回定時株主総会終結の時をもって任期満了となります。当社
> の監査役会は、有限責任あずさ監査法人の監査対応と監査報酬の相当性につ
> いては妥当であるものの、新たな視点での監査及び当社の事業規模に応じた

> 機動的な監査が期待できることを重視して、新たに PwC 京都監査法人を会計監査人として選任するものであります。

　次の記載は、「事業規模に適した監査対応や監査報酬の妥当性について検討した結果」、この企業の「求める条件」に合ったということであるため、「監査報酬」を交代理由としているといえるだろう（巻末一覧表 728。下線は筆者による）。

> 　当社は、当社の事業規模に適した監査対応や監査報酬の妥当性について検討した結果、新月有限責任監査法人が当社の求める条件に即した会計監査を行って頂けると判断致しました。このため上記 3. に記載した理由により新たに新月有限責任監査法人と監査契約を締結することといたしました。
> 　なお、退任する公認会計士等からは、監査業務の引継ぎについて協力を得ることができる旨の確約を頂いております。

　以上のように、東京プロマーケット上場企業による交代理由の記載は、他市場の上場企業ほど定型的なものにはなっていないといえる。しかし、決して明確でわかりやすいとはいえず、一見独自性があるように見えるものの、他市場の上場企業による記載で頻繁に用いられる表現が随所に登場する。中途半端な模倣で終わっているといえるだろう。

　また、ここで取り上げた開示は異なるが、東京プロマーケット上場企業による遅延開示も時折見受けられる[注138]。J-Adviser によって能力の違いがあるのかもしれないが、それによる指導および助言にはまだ課題があるように思われる。

注133　正式名称は「TOKYO PRO Market」（特定上規101条）だが、本書では「東京プロマーケッ

ト」としている。2006年6月1日、東京証券取引所とロンドン証券取引所が共同で設立した TOKYO AIM 取引所が「TOKYO AIM」という市場を開設した。その後、2012年3月28日、東京証券取引所は、ロンドン証券取引所からそれが保有する TOKYO AIM 取引所株式を譲り受けて完全子会社化し、2012年7月1日、東京証券取引所が TOKYO AIM 取引所を吸収合併した。それに伴い、「TOKYO AIM」は「TOKYO PRO Market」へと改称された。現在のものと同様だが、TOKYO AIM 時代の開示制度については鈴木（2009）参照。

注134	東京プロマーケットは、特定取引所金融商品市場（金商法2条32項）にあたり、特定投資家（金商法2条31項）いわゆるプロ向けの市場である。
注135	**注1**参照。
注136	決定事実と発生事実に関する開示の要否を判断する軽微基準も同様である（特定上施規108条〜112条）。
注137	1997年7月1日から2018年3月31日まで日本証券業協会が運営していた、証券会社による非上場株式等の投資勧誘および売買の制度である「グリーンシート銘柄制度」においても同様の仕組が採用され、証券会社が発行会社に対する情報開示の指導責任を負わなければならないとされていた（発行会社が不適正な情報開示を行った場合、証券会社が日本証券業協会から責任を問われる）。グリーンシート銘柄制度については鈴木（2012）参照。
注138	**注96**、**注97**参照。

　　# 日本企業の開示姿勢

1　その監査法人の交代理由は本当か？

　本書では、2019 年 1 月 22 日以降の監査法人の交代に関する適時開示に記載された監査法人の交代理由を分析してきた。それを通して明らかにしたいこととして、序章において「監査法人の交代に関する適時開示に記載される監査法人の交代理由は本当であるのか」をあげていた。

　監査法人の交代理由の記載は本当なのだろうか。結論としては、それが本当ではないことを明らかにすることまではできていない。しかし、本当ではないと断定することまではできないが、本当ではない可能性をうかがわせる記載や、虚偽とまではいえないとしても、本当のことを伏せている可能性をうかがわせる記載が数多く見られた。

　例えば「監査報酬」を交代理由とする記載においては、監査報酬の増額回避あるいは減額を意図していることが明確にわかるものだけでなく、「事業規模に適した監査対応と監査費用の相当性」といった表現のみのものも見られた（第 4 章参照）。そうした記載を行っている場合も、監査報酬は減少していることが多い。直接的な表現を避け、曖昧な表現で済ませたいと思った企業がそうした記載を行うようになったのかもしれない。

　「継続監査期間」を理由とした監査法人の交代においても、監査報酬は減少していることが多い（第 5 章参照）。本当は「監査報酬」が交代理由なのに、たまたま前任監査法人の継続監査期間が長くなっていたため、「監査報酬」の代わりに「継続監査期間」を交代理由として採用することにしたのではないだろうか。

そのほか、「グループ間統一」を理由とする監査法人の交代においても、監査報酬の減少も意図したのではないかと思われるものが見られたし（第7章参照）、「ローテーション制度」を理由とする監査法人の交代においても、その多くが大手監査法人から大手監査法人への交代であるものの、監査報酬は減少しているものが多い（第10章参照）。また、依然として「任期満了」を理由とする監査法人の交代が存在したが、そのいずれも監査報酬は減少していた（第14章参照）。

　なお、企業と監査法人の間で監査法人の交代理由についての見解が異なる事例もあった（第15章参照）。しかし、そうした事例は2019年1月22日から2019年5月21日までの約4か月の間には6件もあったのに、それ以降はほとんどない。「7. 6. の理由及び経緯に対する意見（1）退任する公認会計士等の意見」（ 図表2 参照）には判で押したように「特段の意見はない旨の回答を得ております。」と記載され、企業と監査法人の交代理由についての見解は同じであるとされている。

　しかし、監査法人の交代理由が訂正されて、前とは異なる交代理由とされた事例が2件あるのだが、訂正前も訂正後も、その開示の「7. 6. の理由及び経緯に対する意見（1）退任する公認会計士等の意見」には「特段の意見はない旨の回答を得ております。」と記載されている。それは何を意味するのだろうか。監査法人の見解が本当ではないとしたら、企業が記載している交代理由も本当ではなくなる可能性がある。

　このように、監査法人の交代に関する適時開示に記載された監査法人の交代理由は、本当ではない、あるいは本当のことを伏せている可能性があるのだが（もとよりすべての記載にそうした可能性がうかがえるわけではない）、分析対象とした記載の数が限られている点は留意する必要がある。特に第8章以降で取り上げた記載はそれぞれの数が少ないため、その記載だけをもって傾向を見いだすのは難しい。今後さらに多くの記載を収集して分析する必要がある。

2 日本企業の五つの開示戦略

　2019年1月22日以降の監査法人の交代に関する適時開示に記載された監査法人の交代理由を分析することによって明らかにしたいこととして、序章において「日本企業の適時開示に対する姿勢がどのようなものであるのか」もあげていた。

　これまで監査法人の交代理由の記載（その内容というよりは表現）を見てきて、そこにいくつかの特徴が見られたはずである。その特徴を踏まえて日本企業の適時開示に対する姿勢を捉えてみると、日本企業は、意識的になのか無意識的になのかは定かでないが、適時開示を行うにあたって五つの戦略をとっているように思われる。それは、①横並び戦略、②曖昧戦略、③代替戦略、④水増し戦略、⑤表面的遵守戦略、といえるだろう。

①　横並び戦略

　他社の開示を参考にして、それと同様の表現を使用することである。第3章以降で見たように、監査法人の交代理由の記載においては類似した表現が多く使用されている。「事業規模に適した監査対応と監査費用の相当性」や「会計監査が適切かつ妥当に行われることを確保する体制を十分に備えて」といった表現は典型例だろう。

②　曖昧戦略

　直接的な表現を避け、曖昧な表現を使用することである。例えば、監査報酬の増額回避あるいは減額に直接触れず、「事業規模に適した監査対応と監査費用の相当性」といった表現で済ませることなどがあげられる。

③　代替戦略

　これはあくまで可能性にとどまるのだが、本当の交代理由を記載することを避けて、ほかの理由を記載することである。例えば、本当の交代理由は監査報

酬の増額回避あるいは減額であるのに、たまたま前任監査法人の継続監査期間が長かったため、継続監査期間を交代理由に採用している可能性が考えられる場合などである。

④　水増し戦略

　必要のない記載を行うことである。依然としてほとんどの監査法人の交代理由の記載の最初には「当社の会計監査人である〇〇有限責任監査法人は、××年×月×日開催予定の第×期定時株主総会の終結の時をもって任期満了となります。」といった文章が置かれている。また、「3．2．（1）に記載する者を公認会計士等の候補者とした理由」（ 図表2 参照）に記載した内容を再度「6．異動の決定又は異動に至った理由及び経緯」に記載している事例も見られる。2019年1月22日以降、確かに監査法人の交代理由の記載は文字数が多くなったが、その内容は薄いといわざるを得ない。

⑤　表面的遵守戦略

　法令や規則などを、その目的を理解することなく、ただ一応表面的には守るということである注139。そのため、法令や規則などで定められない限り、実行しない。

　日本企業は、2019年1月22日以降、『会社情報適時開示ガイドブック』の少しの改訂に対応して、「任期満了」だけだった監査法人の交代理由の記載を多様なものへと変えたが、それはあくまで「表面的遵守」にとどまる。実際のところ、その記載は上述の戦略に基づいて作成されている。

　監査法人の交代理由の記載に対する日本企業の姿勢は、2019年1月21日以前も2019年1月22日以降も一貫している。2019年1月21日以前、本当の理由を記載したくない企業は、「曖昧戦略」あるいは「代替戦略」により「任期満了」とのみ記載していた注140。本当の理由を記載してもいい企業も、「横並び戦略」により「任期満了」とのみ記載していた。それが許されていたため、「表面的遵守戦略」によりそのようにしていたのである。

このように述べると、日本企業の開示戦略を批判しているように思われるか
もしれないが、それを批判する意図はない（その戦略は、多くの日本人が生きて
いくうえでとっている戦略であるようにも見える）。金融商品取引法に基づく開示
なども同じであるが、適時開示は、任意の情報開示とは異なり、企業が開示し
たくない情報の開示も求めるものである。企業にとっては仕方なく行う開示と
いってよく、自主的に積極的な開示を行うことを少なくともすべての企業に対
して期待するのは、そもそも困難なのである。

3　原則主義にすべき？

最後に「日本企業の適時開示に対する姿勢がどのようなものであるか」の結
論を踏まえて適時開示のあり方について見解を述べたい。序章で触れたとおり
四半期開示を四半期決算短信に一本化するにあたっての議論の過程で適時開示
のあり方が俎上に載せられ、そこで適時開示を「細則主義」から「原則主義」
に見直すべきであるという意見が出された[141]。

しかし、第1章で述べたとおり適時開示は「細則主義」ではない。 **図表1**
の決定事実「46 その他会社の運営、業務、財産又は上場有価証券に関する重
要な事項」と発生事実「27 その他会社の運営、業務、財産又は上場有価証券
に関する重要な事実」が該当するが、いわゆる包括（バスケット）条項が存在
する[142]。

その包括条項における軽微基準を見直すべきであるという意見も出されたの
だが[143]、そもそも包括条項に軽微基準は定められていない[144]。『会社情報
適時開示ガイドブック』には包括条項を開示する目安が示されているが[145]、
それはあくまで「開示の目安」であり、「開示基準」ではないため、それに該
当しなくても開示が必要とされる場合があり得る[146]。

このように適時開示は「細則主義」とはいえず、包括条項以外の個別列挙さ
れた決定事実と発生事実は、最低限開示が必要とされる事実を示しているだけ
のはずなのだが、適時開示を「原則主義」にすべきであるという意見において

は、最低限開示が必要とされる事実を示すことも、『会社情報適時開示ガイドブック』において包括条項の開示の目安を示すこともやめるべきであると考えているようである注147。

　適時開示を「原則主義」にすべきであるという意見が出てきた背景には、2020年の新型コロナウイルス感染症拡大時、決算発表時期の到来前にその影響に関する適時開示を行った日本企業が少数であったことなどがあるようである注148。

　しかし、最低限開示が必要とされる事実を示すことをやめれば、日本企業の開示姿勢が積極的になるのだろうか。適時開示を「原則主義」にすべきであるという意見において、もしもそのように考えられているのだとしたら、論理の飛躍があるといわざるを得ないだろう注149。

　東京証券取引所が初めて上場企業に対して適時開示を求めたのは、1974年6月に上場企業宛に出した「会社情報の適時開示に関する要請」においてだが注150、開示が必要とされる事実が示されていなかったため、行われた適時開示の数はごく少数だった注151。

　そこで、東京証券取引所は1989年3月に『会社情報適時開示の手引き』を作成し、開示が必要とされる事実を示したのだが注152、それでも、規則に未だ定められていなかったため、適時開示を拒否する上場企業が存在した注153。「表面的遵守戦略」をとる日本企業らしいといえる。

　仮に適時開示を「原則主義」にした場合注154、日本企業による適時開示の数は激減するはずである。そうなれば、日本の証券市場に対する信頼も著しく低下することになるだろう注155。そうなってからでは遅い。適時開示のあり方は、日本企業の適時開示に対する姿勢を踏まえて検討されるべきである。日本人の本質が変わらないように、日本企業の本質もそう簡単には変わらないはずである。

注139　「コーポレートガバナンス・コード」の「原則4-8.　独立社外取締役の有効な活用」に対応して社外取締役の数が（東京証券取引所（2023）34-37頁）、「原則4-11.　取締役会・監査役会の実効性確保のための前提条件」に対応して女性取締役の数が増えているが（東京証券取引所（2023）98-99頁）、ただ数を増やすことだけを目的として表面的に遵守（comply）しているに過ぎない企業はないだろうか。

注140　2019年1月21日以前、監査法人の交代理由を「任期満了」としている企業の多くは、交代後に監査報酬が減少していた（佐久間（2017））。

注141　2022年12月27日に公表された「金融審議会ディスクロージャーワーキング・グループ報告」の「Ⅰ.　四半期開示をはじめとする情報開示の頻度・タイミング　1.　四半期開示の見直し（2）適時開示の充実」には、次の記載がある（金融庁（2022b）5頁。下線は筆者による）。

> まず、企業の積極的な適時開示を促すためには、取引所における好事例の公表やエンフォースメントの強化のほか、適時開示ルールの見直し（<u>細則主義から原則主義への見直し</u>、包括条項における軽微基準の見直し）について、取引所において継続的に検討を進めることが考えられる。

注142　**注3**参照。

注143　**注141**参照。

注144　上施規401条、402条、403条、404条参照。

注145　東京証券取引所上場部（2022）197、248、357、376頁。なお、この包括条項における軽微基準を見直すべきであるという意見に対応して東京証券取引所が行ったのは、『会社情報適時開示ガイドブック』における包括条項を開示する目安の記載箇所を移動するというものである（東京証券取引所上場部（2023）27、29頁）。

注146　金融商品取引法上の内部者取引規制（**注1**参照）における包括条項（金商法166条2項4号・8号）にも軽微基準は定められていない（取引規制府令49条1項、50条、52条1項、53条1項参照）。

注147　適時開示は金融商品取引法上の内部者取引規制と密接な関係にあり、適時開示が行われることにより内部者取引規制が解除されることになるのだが（**注1**参照）、適時開示を「原則主義」にすべきであるという意見は、内部者取引規制も同様に改正すべきであると考えているのだろうか。

注148　2022年6月13日に公表された「金融審議会ディスクロージャーワーキング・グループ報告－中長期的な企業価値向上につながる資本市場の構築に向けて－」の「Ⅲ.　四半期開示をはじめとする情報開示の頻度・タイミング　2.　適時開示のあり方」には、次の記載がある（金融庁（2022a）28頁）。

> 　投資判断にとって重要な情報の適時開示を求めるこうした枠組み（いわゆるtimely disclosure）は主要国の取引所共通にみられるが、日本では取引所が開示すべき事項や重要性基準を定める細則主義を取っているのに対し、欧米では原則主義を取り、企業がより自主的に適時開示を行う事項を判断している。
> 　こうした中、我が国の上場企業の中には過度に「間違いのない開示」を指向し、
> ・投資判断に重要と見込まれる情報でも「細則」に該当しない場合、開示に消極的
> ・経営環境が不透明で、「細則」への該当性が不明確な場合、開示に消極的
> といった事例がみられるとの指摘がある。
> 　例えば、2020年の新型コロナウイルス感染症拡大時には、決算発表時期の到来前に適

> 時開示を行った日本企業は１割程度であった。その後、2020年度第１四半期決算においては半数以上の企業において相当な業績のインパクトが生じていた。
>
> また、ロシア・ウクライナ情勢について、事業活動や経営成績に及ぼす影響やリスクの説明に関する積極的な開示が要請されている中、これまでのところ日本企業の開示例は少数にとどまっている。

しかし、日本企業の正確な情報を開示しようという姿勢は、必ずしも批判すべきものではないように思われる。「2020年の新型コロナウイルス感染症拡大時には、決算発表時期の到来前に適時開示を行った日本企業は１割程度であった。」とされているが、その後に続いて「その後、2020年度第１四半期決算においては半数以上の企業において相当な業績のインパクトが生じていた。」と記載されているように、３月期決算企業の半数以上が2020年７月下旬から８月中旬にかけて第１四半期決算短信において前年同四半期比で30％以上の減益となった旨を開示しているのである（金融庁（2022a）28頁）。正確とはいえない見込みの情報を開示するのではなく、速やかに四半期決算短信において影響が開示されている。

注149 適時開示の「細則主義から原則主義への見直し」に賛成しているディスクロージャーワーキング・グループのメンバーの一人は次のように述べている。「筆者は、適時開示について細則主義から原則主義への方向性について賛成だが、四半期決算短信の任意化と同様、日本企業の開示姿勢には利用者との信頼関係を醸成する明らかな変化が必要だと考える。そのためには、自発的に開示の要否を考える意識改革が求められるが、細則主義のままでは意識改革は起こらない可能性がある。本来、自発的な開示姿勢は原則主義の下で発達するものかもしれない。そうするとニワトリとタマゴの問題を抱えてしまう。」（三瓶（2023）29頁）

注150 東京証券取引所（1981）65-66頁。

注151 土本・飯沼（2007）26頁。

注152 東京証券取引所（1991）53-54頁。

注153 土本・飯沼（2007）26頁。

注154 上述のとおり適時開示は「細則主義」ではなく「原則主義」であるため、ここでいう「原則主義」とは、適時開示を「原則主義」にすべきであるという意見において想定されていると思われる、最低限開示が必要とされる事実を示すことも、『会社情報適時開示ガイドブック』において包括条項の開示の目安を示すこともやめて、すべて企業の自主的な判断により適時開示を行うということである。なお、東京証券取引所は、企業が自主的な判断により適時開示を行うようになるための環境を整備するとしながら、『会社情報適時開示ガイドブック』に「事業環境の変化に関する開示のポイント」という新たな「細則」を追加することとした（東京証券取引所上場部（2023）27、28頁）。

注155 2022年12月27日に公表された「金融審議会ディスクロージャーワーキング・グループ報告」の「Ⅰ．四半期開示をはじめとする情報開示の頻度・タイミング　1．四半期開示の見直し（1）四半期決算短信の義務付けの有無」には、適時開示（四半期決算短信以外の適時開示）の充実により四半期決算短信を任意化する可能性を示す記載もある（金融庁（2022b）4頁）。しかし、四半期決算短信の任意化も、日本の証券市場に対する信頼を著しく低下させることになると思われる。「原則主義」により適時開示が充実することはないと思われるが、仮に充実したとしても、中野（2023）によると、四半期決算短信の任意化は投資家の情報収集・処理コストを増大させ、日本の証券市場からの投資家離れを引き起こす可能性があり、また、そもそも四半期決算短信を任意化させた場合、日本企業の正確な情報を開示しようという姿勢は現在よりも強まる可能性がある。

監査法人交代
一覧表

　2019 年 1 月 22 日から 2022 年 6 月 30 日までの監査法人の交代に関する適時開示の情報をまとめてある（「監査報酬」は有価証券報告書の情報を使用）。

　交代理由のほか、交代の内容（前任と後任の監査法人）と類型（前任と後任の監査法人の規模）、交代の時期（期末交代か期中交代か）、継続監査期間（前任監査法人の継続監査期間）、監査報酬の増減（交代により監査報酬が何％増加あるいは減少したか）なども載せている。

　なお、本書の文章の中で「巻末一覧表」と記載しているのは、この「巻末資料・監査法人交代一覧表」のことである。

各項目を見るにあたっての留意点

① 開示日

　監査法人の交代に関する適時開示を行った日であり、古いものから順に載せてある。

② 企業名

　開示を行った企業の名称であり、「株式会社」は省略してある。

③ コード

　開示を行った企業の証券コードである。

④ 市場

　開示を行った企業の上場市場である。東京証券取引所の市場とそれ以外の市場に重複して上場している場合、東京証券取引所の市場を優先している。記載した略称が意味する市場名は以下のとおりである。

略称	市場名	略称	市場名
東1	東京証券取引所一部	東2	東京証券取引所二部
東J	東京証券取引所ジャスダック	東M	東京証券取引所マザーズ
東プ	東京証券取引所プライム	東ス	東京証券取引所スタンダード
東グ	東京証券取引所グロース	東P	東京プロマーケット
札	札幌証券取引所本則	札A	札幌証券取引所アンビシャス

名2	名古屋証券取引所二部	名C	名古屋証券取引所セントレックス
名メ	名古屋証券取引所メイン	名ネ	名古屋証券取引所ネクスト
福	福岡証券取引所本則		

⑤　題名

　開示の題名である。

⑥　交代内容

　矢印の左側が前任、右側が後任の監査法人である。「監査法人」あるいは「有限責任監査法人」は省略してある。なお、262については255、293については292を参照（第15章も参照）。

⑦　交代類型

　矢印の左側が前任、右側が後任の監査法人である。大手監査法人・準大手監査法人・中小監査法人の内容は以下のとおりである。なお、262については255、293については292を参照（第15章も参照）。

大手監査法人	有限責任あずさ監査法人、有限責任監査法人トーマツ、EY新日本有限責任監査法人、PwCあらた有限責任監査法人
準大手監査法人	仰星監査法人、三優監査法人、太陽有限責任監査法人、東陽監査法人、PwC京都監査法人
中小監査法人	大手監査法人および準大手監査法人以外の監査法人

⑧　時期

　「期末」は期末交代、「期中」は期中交代である（「期末交代」と「期中交代」の定義については第6章**7**参照）。なお、262については255、293については292を参照（第15章も参照）。

⑨ 監査期間

　前任監査法人の継続監査期間である。基本的に適時開示の「4．退任する公認会計士等の就任年月日」（ 図表2 参照）に記載された年と交代した年との差により計算している。「4．退任する公認会計士等の就任年月日」に記載された就任年月日が、最初に就任した日ではなく、前期の定時株主総会開催日とされていて（2019年6月までに行われた開示では、ほとんどがそのように記載されている）、継続監査期間が不明なものは「―」としている（その場合でも交代理由などの項目において継続監査期間が記載されていれば、それを採用している）。また、監査法人の合併の場合も「―」としているほか、後任監査法人が当初未定の場合は最初の開示の方に記載している。

⑩ 監査報酬

　交代により監査報酬の額が何％増加または減少したかを示している。有価証券報告書「第一部　企業情報　第4　提出会社の状況　4　コーポレート・ガバナンスの状況等　(3) 監査の状況」記載の提出会社における監査証明業務に基づく報酬により算出した。交代後に上場廃止となった企業や、期中交代を繰り返したために交代前後の比較が困難な企業などは「―」としているほか、東京プロマーケット上場企業も「―」としている。なお、後任監査法人が当初未定の場合は最初の開示の方に記載している。

⑪ 交代理由

　開示に記載された監査法人の交代理由である。後任監査法人が当初未定の場合は最初の開示の方に記載している。

巻末資料　監査法人交代一覧表

	開示日	企業名	コード	市場	題名
1	2019 年 1 月 30 日	ネクスグループ	6634	東 J	会計監査人の異動に関するお知らせ
2	2019 年 1 月 31 日	コスモ・バイオ	3386	東 J	会計監査人の異動に関するお知らせ
3	2019 年 2 月 1 日	東邦レマック	7422	東 J	公認会計士等の異動に関するお知らせ
4	2019 年 2 月 6 日	オルガノ	6368	東 1	公認会計士等の異動に関するお知らせ
5	2019 年 2 月 12 日	ピーエイ	4766	東 2	公認会計士等の異動に関するお知らせ
6	2019 年 2 月 13 日	東亜石油	5008	東 1	公認会計士等の異動に関するお知らせ
7	2019 年 2 月 14 日	西本 Wismettac ホールディングス	9260	東 1	公認会計士等の異動に関するお知らせ
8	2019 年 2 月 15 日	アートスパークホールディングス	3663	東 2	公認会計士等の異動に関するお知らせ
9	2019 年 2 月 19 日	日本セラミック	6929	東 1	会計監査人の異動に関するお知らせ
10	2019 年 2 月 19 日	ルネサス エレクトロニクス	6723	東 1	公認会計士等の異動に関するお知らせ
11	2019 年 2 月 20 日	フォーサイド	2330	東 J	会計監査人の異動に関するお知らせ
12	2019 年 2 月 21 日	スリーエフ	7544	東 2	公認会計士等の異動に関するお知らせ
13	2019 年 2 月 22 日	ユニオンツール	6278	東 1	会計監査人の異動に関するお知らせ
14	2019 年 2 月 22 日	トライアイズ	4840	東 J	公認会計士等の異動に関するお知らせ
15	2019 年 2 月 25 日	sMedio	3913	東 M	会計監査人の異動に関するお知らせ
16	2019 年 2 月 26 日	スノーピーク	7816	東 1	会計監査人の異動に関するお知らせ
17	2019 年 2 月 26 日	ジオネクスト	3777	東 J	公認会計士等の異動に関するお知らせ
18	2019 年 2 月 26 日	リリカラ	9827	東 J	公認会計士等の異動に関するお知らせ
19	2019 年 2 月 27 日	フィスコ	3807	東 J	会計監査人の異動に関するお知らせ
20	2019 年 2 月 28 日	ゴルフダイジェスト・オンライン	3319	東 1	公認会計士等の異動に関するお知らせ
21	2019 年 3 月 4 日	ホットランド	3196	東 1	会計監査人の異動に関するお知らせ
22	2019 年 3 月 6 日	竹本容器	4248	東 1	会計監査人の異動に関するお知らせ
23	2019 年 3 月 8 日	テラ	2191	東 J	会計監査人の異動に関するお知らせ
24	2019 年 3 月 11 日	くろがね工作所	7997	東 2	公認会計士等の異動に関するお知らせ
25	2019 年 3 月 11 日	大塚家具	8186	東 1	会計監査人の異動に関するお知らせ
26	2019 年 3 月 13 日	小僧寿し	9973	東 J	会計監査人の異動に関するお知らせ
27	2019 年 3 月 13 日	太洋基礎工業	1758	東 J	会計監査人の異動に関するお知らせ
28	2019 年 3 月 14 日	フロンティア	4250	東 P	公認会計士等の異動に関するお知らせ
29	2019 年 3 月 14 日	メディアリンクス	6659	東 J	会計監査人の異動に関するお知らせ
30	2019 年 3 月 19 日	くろがね工作所	7997	東 2	一時会計監査人の選任に関するお知らせ
31	2019 年 3 月 27 日	インターネットイニシアティブ	3774	東 1	公認会計士等の異動に関するお知らせ
32	2019 年 3 月 29 日	フロンティア	4250	東 P	公認会計士等の異動に関するお知らせ
33	2019 年 4 月 1 日	クレアホールディングス	1757	東 2	公認会計士等の異動に関するお知らせ
34	2019 年 4 月 2 日	アマガサ	3079	東 J	公認会計士等の異動に関するお知らせ
35	2019 年 4 月 12 日	MORESCO	5018	東 1	会計監査人の異動に関するお知らせ
36	2019 年 4 月 12 日	ラピーヌ	8143	東 2	会計監査人の異動に関するお知らせ
37	2019 年 4 月 15 日	東京衡機	7719	東 J	公認会計士等の異動に関するお知らせ
38	2019 年 4 月 19 日	新都ホールディングス	2776	東 J	会計監査人の異動及び一時会計監査人（候補者）の選任に関するお知らせ
39	2019 年 4 月 19 日	クレアホールディングス	1757	東 2	一時会計監査人の選任に関するお知らせ
40	2019 年 4 月 19 日	ベイカレント・コンサルティング	6532	東 1	公認会計士等の異動に関するお知らせ
41	2019 年 4 月 23 日	医学生物学研究所	4557	東 J	公認会計士等の異動に関するお知らせ
42	2019 年 4 月 24 日	東京貴宝	7597	東 J	会計監査人の異動に関するお知らせ
43	2019 年 4 月 26 日	新内外綿	3125	東 1	公認会計士等の異動に関するお知らせ
44	2019 年 4 月 26 日	シキボウ	3109	東 1	会計監査人の異動に関するお知らせ
45	2019 年 4 月 26 日	サマンサタバサジャパンリミテッド	7829	東 M	公認会計士等の異動に関するお知らせ
46	2019 年 4 月 26 日	イー・カムトゥルー	3693	東 P	公認会計士等の異動に関するお知らせ
47	2019 年 5 月 9 日	セキ	7857	東 1	公認会計士等の異動に関するお知らせ
48	2019 年 5 月 9 日	リコーリース	8566	東 1	公認会計士等の異動に関するお知らせ
49	2019 年 5 月 9 日	川本産業	3604	東 2	公認会計士等の異動に関するお知らせ
50	2019 年 5 月 9 日	リコー	7752	東 1	公認会計士等の異動に関するお知らせ
51	2019 年 5 月 10 日	ロート製薬	4527	東 1	公認会計士等（会計監査人）の異動に関するお知らせ
52	2019 年 5 月 10 日	田中化学研究所	4080	東 J	会計監査人の異動に関するお知らせ
53	2019 年 5 月 13 日	新コスモス電機	6824	東 J	公認会計士等の異動に関するお知らせ
54	2019 年 5 月 13 日	日本パーカライジング	4095	東 1	公認会計士等の異動に関するお知らせ
55	2019 年 5 月 13 日	ムラキ	7477	東 J	公認会計士等の異動に関するお知らせ
56	2019 年 5 月 14 日	オーイズミ	6428	東 1	会計監査人の異動に関するお知らせ
57	2019 年 5 月 14 日	誠建設工業	8995	東 2	会計監査人の異動に関するお知らせ
58	2019 年 5 月 14 日	安永	7271	東 1	会計監査人の異動に関するお知らせ

交代内容	交代類型	時期	監査期間	監査報酬	交代理由
東光→UHY東京	中小→中小	期末	7	200.0	海外展開への対応
EY新日本→A＆Aパートナーズ	大手→中小	期末	16	23.8	継続監査期間＋監査報酬
太陽→あかり	準大手→中小	期末	－	−20.0	監査報酬
明治アーク→あずさ	中小→大手	期末	－	28.9	グループ間統一
仰星→東海会計社	準大手→中小	期末	－	−2.6	監査法人からの申し出
PwCあらた→トーマツ	大手→大手	期末	－	6.9	グループ間統一
トーマツ→EY新日本	大手→大手	期末	－	0.0	監査報酬＋継続監査期間
EY新日本→東陽	大手→準大手	期末	15	−2.4	監査報酬＋継続監査期間
太陽→PwC京都	準大手→準大手	期末	12	38.9	継続監査期間＋監査報酬
EY新日本→PwCあらた	大手→大手	期末	16	63.4	継続監査期間
松沢公認会計士事務所・向山公認会計士事務所→八雲	中小→中小	期末	5	0.0	継続監査期間＋ローテーション・ルール
トーマツ→OAG	大手→中小	期末	24	−26.1	継続監査期間＋監査報酬
トーマツ→井上	大手→中小	期末	12	−20.6	継続監査期間
清陽→元和	中小→中小	期末	19	−14.5	監査法人からの申し出
EY新日本→海南	大手→中小	期末	－	−6.8	監査報酬
トーマツ→太陽	大手→準大手	期末	－	−18.8	継続監査期間＋監査報酬
元和→アリア	中小→中小	期末	－	38.2	海外展開への対応
トーマツ→清陽	大手→中小	期末	30	−9.2	監査法人からの申し出
東光→UHY東京	中小→中小	期末	12	74.0	海外展開への対応
EY新日本→PwCあらた	大手→大手	期末	－	−32.0	他の監査法人からの提案
トーマツ→仰星	大手→準大手	期末	－	1.7	評価・選定基準に照らした毎期の検討
EY新日本→仰星	大手→準大手	期末	7	9.5	継続監査期間
太陽→開花	準大手→中小	期末	－	−24.4	監査報酬
グラヴィタス→未定	中小→未定	期末	－	21.4	監査法人からの申し出
EY新日本→開花	大手→中小	期末	－	25.0	監査法人からの申し出
至誠清新→アリア	中小→中小	期末	－	6.6	監査法人からの申し出
あずさ→アンビシャス	大手→中小	期末	－	0.0	監査報酬
如水→未定	中小→未定	期中	6	－	監査報酬＋継続監査期間
EY新日本→東邦	大手→中小	期末	－	−14.3	監査報酬
未定→やまぶき	未定→中小	期末	－	－	－
トーマツ→あずさ	大手→大手	期末	23	−37.5	継続監査期間＋IFRS対応
未定→仰星	未定→準大手	期中	－	－	－
史彩→未定	中小→未定	期末	－	－	監査法人からの申し出
太陽→海南	準大手→中小	期末	－	−1.8	監査報酬
トーマツ→太陽	大手→準大手	期末	12	0.0	ローテーション制度
トーマツ→ひびき	大手→中小	期末	13	−15.4	継続監査期間＋監査報酬
RSM清和→アスカ	中小→中小	期末	3	−24.2	監査法人からの申し出
元和→フロンティア	中小→中小	期末	－	0.1	監査法人からの申し出
未定→柴田洋・大瀧秀樹	未定→中小	期中	－	－	－
トーマツ→太陽	大手→準大手	期末	5	−4.4	継続監査期間
名古屋→あずさ	中小→大手	期末	20	58.6	グループ間統一
太陽→永和	準大手→中小	期末	－	−13.3	継続監査期間＋監査報酬
東陽→PwCあらた	準大手→大手	期末	12	−7.0	グループ間統一＋継続監査期間
東陽→PwCあらた	準大手→大手	期末	11	−2.4	継続監査期間＋海外展開への対応
EY新日本→東邦	大手→中小	期末	－	−11.8	監査報酬
元和→ナカチ	中小→中小	期中	4	－	ニーズへの対応
EY新日本→えひめ	大手→中小	期末	－	−7.1	監査報酬
あずさ→トーマツ	大手→大手	期末	－	0.0	継続監査期間＋グループ間統一
太陽→あずさ	準大手→大手	期末	－	8.2	グループ間統一
あずさ→トーマツ	大手→大手	期末	－	0.0	監査報酬
あずさ→EY新日本	大手→大手	期末	－	39.3	グループ監査への対応
トーマツ→あずさ	大手→大手	期末	－	−9.1	グループ間統一
神明・協立→協立	中小→中小	期末	19	0.0	監査法人からの申し出
東陽→PwCあらた	準大手→大手	期末	－	97.7	継続監査期間
リンクス→桜橋	中小→中小	期末	12	0.0	自社の現状に即した監査
あずさ→コスモス	大手→中小	期末	19	−20.0	継続監査期間
EY新日本→清稜	大手→中小	期末	13	−3.8	監査報酬＋継続監査期間
あずさ→仰星	大手→準大手	期末	28	−12.0	継続監査期間＋監査報酬

	開示日	企業名	コード	市場	題名
59	2019 年 5 月 14 日	丸井グループ	8252	東 1	公認会計士等の異動に関するお知らせ
60	2019 年 5 月 15 日	ソフィアホールディングス	6942	東 J	会計監査人の異動に関するお知らせ
61	2019 年 5 月 15 日	寺崎電気産業	6637	東 J	会計監査人の異動に関するお知らせ
62	2019 年 5 月 15 日	プロスペクト	3528	東 2	会計監査人の異動に関するお知らせ
63	2019 年 5 月 15 日	プレミアグループ	7199	東 1	会計監査人の異動に関するお知らせ
64	2019 年 5 月 15 日	アールビバン	7523	東 J	公認会計士等の異動に関するお知らせ
65	2019 年 5 月 15 日	クボテック	7709	東 1	公認会計士等の異動に関するお知らせ
66	2019 年 5 月 15 日	わかもと製薬	4512	東 1	公認会計士等の異動に関するお知らせ
67	2019 年 5 月 17 日	日本一ソフトウェア	3851	東 J	会計監査人の異動に関するお知らせ
68	2019 年 5 月 17 日	マミヤ・オーピー	7991	東 2	会計監査人の異動に関するお知らせ
69	2019 年 5 月 17 日	朝日工業	5456	東 J	公認会計士等の異動に関するお知らせ
70	2019 年 5 月 17 日	ソフトフロントホールディングス	2321	東 J	公認会計士等の異動に関するお知らせ
71	2019 年 5 月 20 日	日新商事	7490	東 2	会計監査人の異動に関するお知らせ
72	2019 年 5 月 20 日	ハークスレイ	7561	東 1	会計監査人の異動に関するお知らせ
73	2019 年 5 月 20 日	丸順	3422	名 2	会計監査人の異動に関するお知らせ
74	2019 年 5 月 20 日	太陽ホールディングス	4626	東 1	会計監査人の異動に関するお知らせ
75	2019 年 5 月 20 日	ダブルスタンダード	3925	東 1	会計監査人の異動に関するお知らせ
76	2019 年 5 月 20 日	ワイエイシイホールディングス	6298	東 1	会計監査人の異動に関するお知らせ
77	2019 年 5 月 20 日	アステリア	3853	東 1	公認会計士等の異動に関するお知らせ
78	2019 年 5 月 20 日	ゴルフ・ドゥ	3032	名 C	公認会計士等の異動に関するお知らせ
79	2019 年 5 月 20 日	国際チャート	3956	東 J	公認会計士等の異動に関するお知らせ
80	2019 年 5 月 21 日	アイドママーケティングコミュニケーション	9466	東 1	会計監査人の異動に関するお知らせ
81	2019 年 5 月 21 日	日信工業	7230	東 1	会計監査人の異動に関するお知らせ
82	2019 年 5 月 21 日	リケン	6462	東 1	公認会計士等の異動に関するお知らせ
83	2019 年 5 月 21 日	共栄タンカー	9130	東 1	公認会計士等の異動に関するお知らせ
84	2019 年 5 月 22 日	アピックヤマダ	6300	東 2	公認会計士等の異動に関するお知らせ
85	2019 年 5 月 22 日	巴川製紙所	3878	東 1	公認会計士等の異動に関するお知らせ
86	2019 年 5 月 23 日	ウィルグループ	6089	東 1	会計監査人の異動に関するお知らせ
87	2019 年 5 月 23 日	東邦金属	5781	東 2	会計監査人の異動に関するお知らせ
88	2019 年 5 月 23 日	やまねメディカル	2144	東 J	公認会計士等の異動に関するお知らせ
89	2019 年 5 月 23 日	ウチヤマホールディングス	6059	東 1	公認会計士等の異動に関するお知らせ
90	2019 年 5 月 24 日	ニホンフラッシュ	7820	東 1	会計監査人の異動に関するお知らせ
91	2019 年 5 月 24 日	ソレキア	9867	東 J	会計監査人の異動に関するお知らせ
92	2019 年 5 月 24 日	多摩川ホールディングス	6838	東 J	会計監査人の異動に関するお知らせ
93	2019 年 5 月 24 日	光陽社	7946	東 2	会計監査人の異動に関するお知らせ
94	2019 年 5 月 24 日	ニッツツ	7021	東 2	会計監査人の異動に関するお知らせ
95	2019 年 5 月 24 日	日本製罐	5905	東 2	会計監査人の異動に関するお知らせ
96	2019 年 5 月 24 日	エヌジェイホールディングス	9421	東 J	公認会計士等の異動及び定款一部変更（決算期変更）並びに決算期変更に伴う株主優待制度の対象基準日の変更に関するお知らせ
97	2019 年 5 月 24 日	天昇電気工業	6776	東 2	公認会計士等の異動に関するお知らせ
98	2019 年 5 月 24 日	イトーヨーギョー	5287	東 2	公認会計士等の異動に関するお知らせ
99	2019 年 5 月 24 日	ミクシィ	2121	東 M	公認会計士等の異動に関するお知らせ
100	2019 年 5 月 24 日	ソースネクスト	4344	東 1	公認会計士等の異動に関するお知らせ
101	2019 年 5 月 27 日	田淵電機	6624	東 1	会計監査人の異動に関するお知らせ
102	2019 年 5 月 27 日	省電舎ホールディングス	1711	東 2	会計監査人の異動に関するお知らせ
103	2019 年 5 月 27 日	ITbook ホールディングス	1447	東 M	公認会計士等の異動に関するお知らせ
104	2019 年 5 月 27 日	新川	6274	東 1	公認会計士等の異動に関するお知らせ
105	2019 年 5 月 28 日	イメージ情報開発	3803	東 J	会計監査人の異動に関するお知らせ
106	2019 年 5 月 28 日	マースグループホールディングス	6419	東 1	会計監査人の異動に関するお知らせ
107	2019 年 5 月 28 日	クルーズ	2138	東 J	公認会計士等の異動に関するお知らせ
108	2019 年 5 月 28 日	レスターホールディングス	3156	東 1	公認会計士等の異動に関するお知らせ
109	2019 年 5 月 29 日	プラザクリエイト本社	7502	東 J	会計監査人の異動に関するお知らせ
110	2019 年 5 月 29 日	MRK ホールディングス	9980	東 2	会計監査人の異動に関するお知らせ
111	2019 年 5 月 29 日	中村超硬	6166	東 M	公認会計士等の異動に関するお知らせ
112	2019 年 5 月 29 日	フリージア・マクロス	6343	東 2	公認会計士等の異動に関するお知らせ
113	2019 年 5 月 30 日	オンキヨー	6628	東 J	公認会計士等の異動に関するお知らせ
114	2019 年 5 月 31 日	ユビキタス AI コーポレーション	3858	東 J	公認会計士等の異動に関するお知らせ
115	2019 年 6 月 3 日	スペースバリューホールディングス	1448	東 1	会計監査人の異動に関するお知らせ

交代内容	交代類型	時期	監査期間	監査報酬	交代理由
あずさ→ PwC あらた	大手→大手	期末	—	−24.5	継続監査期間
明治アーク→アヴァンティア	中小→中小	期末	—	60.0	監査法人からの申し出
EY 新日本→あずさ	大手→大手	期末	13	19.4	監査法人からの申し出
ハイビスカス→四谷	中小→中小	期末	10	−19.1	継続監査期間
トーマツ→ PwC あらた	大手→大手	期末	—	65.1	継続監査期間＋成長戦略の加速を図る転換期
明治アーク→アスカ	中小→中小	期末	3	0.0	監査報酬
EY 新日本→新月	大手→中小	期末	20	−26.8	継続監査期間＋監査報酬
京橋→仰星	中小→準大手	期末	—	0.0	監査法人からの申し出
あずさ→東海会計社	大手→中小	期末	—	−28.0	監査報酬＋継続監査期間
明治アーク→普賢	中小→中小	期末	50	−4.3	継続監査期間＋監査報酬
EY 新日本→あずさ	大手→大手	期末	—	—	グループ間統一＋監査法人からの申し出
三優→そうせい	準大手→中小	期末	—	−44.0	監査報酬
トーマツ→太陽	大手→準大手	期末	25	42.9	継続監査期間
EY 新日本→協立	大手→中小	期末	9	−46.7	監査報酬
トーマツ→太陽	大手→準大手	期末	28	−25.0	継続監査期間
トーマツ→ PwC あらた	大手→大手	期末	31	100.0	継続監査期間
ひびき→ UHY 東京	中小→中小	期末	—	0.0	監査法人からの申し出
EY 新日本→太陽	大手→準大手	期末	12	−11.4	継続監査期間＋監査報酬
EY 新日本→太陽	大手→準大手	期末	—	−21.8	グループ間統一
東陽→和宏事務所	準大手→中小	期末	—	−22.2	監査報酬
PwC あらた→ EY 新日本	大手→大手	期末	—	−2.3	グループ間統一
PwC あらた→太陽	大手→準大手	期末	—	−19.5	継続監査期間＋監査報酬
EY 新日本→あずさ	大手→大手	期末	24	−17.5	継続監査期間
EY 新日本→トーマツ	大手→大手	期末	—	−6.7	監査報酬
EY 新日本→ PwC あらた	大手→大手	期末	18	0.2	継続監査期間
興亜→ EY 新日本	中小→大手	期末	2	—	グループ間統一
EY 新日本→あずさ	大手→大手	期末	68	12.5	継続監査期間
三優→あずさ	準大手→大手	期末	8	68.4	海外展開への対応
EY 新日本→和宏事務所	大手→中小	期末	44	−12.5	監査報酬＋継続監査期間
アリア→永和	中小→中小	期末	—	0.0	持株会社移行への対応
明治アーク→太陽	中小→準大手	期末	—	−2.7	監査報酬＋継続監査期間＋監査法人の所在地
PwC あらた→太陽	大手→準大手	期末	—	2.7	監査報酬
トーマツ→應和	大手→中小	期末	28	−25.0	継続監査期間＋監査報酬
海南→アヴァンティア	中小→中小	期末	—	40.1	監査法人からの申し出
太陽→明治アーク	準大手→中小	期末	11	−1.3	継続監査期間
トーマツ→太陽	大手→準大手	期末	17	−6.8	継続監査期間＋監査報酬
東陽→きさらぎ	準大手→中小	期末	—	−20.6	監査法人からの申し出
トーマツ→三優	大手→準大手	期末	9	18.8	監査法人からの申し出
PwC あらた→明治アーク	大手→中小	期末	—	−7.1	監査報酬
ひびき→アイ・ピー・オー	中小→中小	期末	—	17.2	監査報酬
トーマツ→ PwC あらた	大手→大手	期末	15	−23.1	継続監査期間
トーマツ→ PwC 京都	大手→準大手	期末	—	13.6	監査法人からの申し出
トーマツ→仰星	大手→準大手	期末	—	—	グループ間統一＋継続監査期間
松沢公認会計士事務所・向山公認会計士事務所→やまと	中小→中小	期末	—	−35.5	監査法人による監査への変更
和宏事務所→ナカチ	中小→中小	期末	—	61.5	監査報酬
明治アーク→ EY 新日本	中小→大手	期末	—	—	監査法人からの申し出＋グループ間統一
アスカ→アリア	中小→中小	期末	11	−14.5	継続監査期間
トーマツ→太陽	大手→準大手	期末	—	21.2	継続監査期間＋監査報酬
トーマツ→太陽	大手→準大手	期末	—	44.8	監査報酬
あずさ→トーマツ	大手→大手	期末	—	−2.5	グループ間統一
トーマツ→東陽	大手→準大手	期末	20	0.0	監査報酬
東邦→太陽	中小→準大手	期末	3	3.4	グループ間統一
トーマツ→新月	大手→中小	期末	—	−34.4	監査報酬
清流→日栄	中小→中小	期末	—	−4.7	監査法人からの申し出
トーマツ→ Ks Lab.	大手→中小	期末	—	−26.7	監査法人からの申し出
A ＆ A パートナーズ→太陽	中小→準大手	期末	—	−10.0	事業規模
あずさ→ PwC 京都	大手→準大手	期末	—	49.3	監査法人からの申し出

	開示日	企業名	コード	市場	題名
116	2019年6月4日	フルッタフルッタ	2586	東M	公認会計士等の異動に関するお知らせ
117	2019年6月13日	進学会ホールディングス	9760	東1	会計監査人の異動に関するお知らせ
118	2019年6月28日	トーエル	3361	東1	会計監査人の異動に関するお知らせ
119	2019年7月4日	ビジョナリーホールディングス	9263	東J	会計監査人等の異動に関するお知らせ
120	2019年7月5日	日本プロセス	9651	東J	公認会計士等の異動に関するお知らせ
121	2019年7月11日	メディカルネット	3645	東M	公認会計士等の異動に関するお知らせ
122	2019年7月12日	岡山製紙	3892	東J	会計監査人の異動に関するお知らせ
123	2019年7月24日	ヴィレッジヴァンガードコーポレーション	2769	東J	会計監査人の異動に関するお知らせ
124	2019年7月25日	住江織物	3501	東1	会計監査人の異動に関するお知らせ
125	2019年7月26日	日本フォームサービス	7869	東M	公認会計士等異動のお知らせ
126	2019年8月13日	日本工営	1954	東1	公認会計士等の異動に関するお知らせ
127	2019年8月13日	アドベンチャー	6030	東M	公認会計士等の異動に関するお知らせ
128	2019年8月14日	リファインバース	6531	東M	会計監査人の異動に関するお知らせ
129	2019年8月23日	日本フォームサービス	7869	東M	一時会計監査人の選任に関するお知らせ
130	2019年8月26日	エム・エイチ・グループ	9439	東M	会計監査人の異動に関するお知らせ
131	2019年8月27日	工藤建設	1764	東M	公認会計士等の異動に関するお知らせ
132	2019年8月30日	藤久	9966	東1	会計監査人の異動に関するお知らせ
133	2019年9月13日	明豊エンタープライズ	8927	東J	公認会計士等の異動に関するお知らせ
134	2019年9月17日	インパクトホールディングス	6067	東M	会計監査人の異動及び一時会計監査人の選任に関するお知らせ
135	2019年9月30日	平山ホールディングス	7781	東J	会計監査人の異動及び一時会計監査人の選任に関するお知らせ
136	2019年10月1日	フリージア・マクロス	6343	東2	公認会計士等の合併に伴う異動に関するお知らせ
137	2019年10月1日	山崎製パン	2212	東1	公認会計士等の合併による異動に関するお知らせ
138	2019年10月1日	エスビー食品	2805	東2	公認会計士等の異動に関するお知らせ
139	2019年10月15日	ジー・スリーホールディングス	3647	東J	公認会計士等の異動に関するお知らせ
140	2019年10月24日	プリントネット	7805	東J	公認会計士等の異動に関するお知らせ
141	2019年10月25日	アクロディア	3823	東J	公認会計士等（会計監査人）の異動に関するお知らせ
142	2019年11月8日	ランドビジネス	8944	東1	公認会計士等の異動に関するお知らせ
143	2019年11月11日	梅の花	7604	東2	会計監査人の異動及び一時会計監査人の選任に関するお知らせ
144	2019年11月12日	丸山製作所	6316	東1	公認会計士等（会計監査人）の異動に関するお知らせ
145	2019年11月14日	大阪油化工業	4124	東J	公認会計士等の異動に関するお知らせ
146	2019年11月21日	スシローグローバルホールディングス	3563	東1	公認会計士等の異動に関するお知らせ
147	2019年11月22日	ナレッジスイート	3999	東M	公認会計士等の異動に関するお知らせ
148	2019年12月5日	レカム	3323	東J	会計監査人の異動に関するお知らせ
149	2019年12月9日	MTG	7806	東M	公認会計士等の異動に関するお知らせ
150	2019年12月16日	ベルグアース	1383	東J	会計監査人の異動に関するお知らせ
151	2019年12月20日	アイスタディ	2345	東2	会計監査人の異動に関するお知らせ
152	2019年12月24日	オウケイウェイヴ	3808	名C	会計監査人の異動及び一時会計監査人の選任に関するお知らせ
153	2020年1月10日	アルファクス・フード・システム	3814	東J	会計監査人の異動及び一時会計監査人の選任に関するお知らせ
154	2020年1月14日	川上塗料	4616	東2	会計監査人の異動に関するお知らせ
155	2020年1月17日	ジェイホールディングス	2721	東J	会計監査人の異動及び一時会計監査人の選任に関するお知らせ
156	2020年1月21日	サムティ	3244	東1	会計監査人の異動に関するお知らせ
157	2020年1月28日	アサヒ衛陶	5341	東2	公認会計士等の異動に関するお知らせ
158	2020年1月28日	キヤノン	7751	東1	公認会計士等の異動に関するお知らせ
159	2020年1月28日	キヤノン電子	7739	東1	公認会計士等の異動に関するお知らせ
160	2020年1月28日	キヤノンマーケティングジャパン	8060	東1	公認会計士等の異動に関するお知らせ
161	2020年1月30日	アルファクス・フード・システム	3814	東J	一時会計監査人の異動に関するお知らせ
162	2020年2月4日	アルファクス・フード・システム	3814	東J	一時会計監査人の選任に関するお知らせ
163	2020年2月10日	安江工務店	1439	東J	会計監査人の異動に関するお知らせ
164	2020年2月13日	岡部	5959	東1	会計監査人の異動に関するお知らせ
165	2020年2月13日	山田債権回収管理総合事務所	4351	東J	会計監査人の異動に関するお知らせ
166	2020年2月13日	TATERU	1435	東1	会計監査人の異動に関するお知らせ
167	2020年2月14日	東京ソワール	8040	東1	会計監査人の異動に関するお知らせ
168	2020年2月14日	ASIAN STAR	8946	東J	会計監査人の選任及び定款の一部変更に関するお知らせ
169	2020年2月14日	日本エアーテック	6291	東1	公認会計士等の異動に関するお知らせ

交代内容	交代類型	時期	監査期間	監査報酬	交代理由
三優→アリア	準大手→中小	期末	—	−27.1	監査法人からの申し出
EY 新日本→銀河	大手→中小	期末	18	−1.3	継続監査期間
トーマツ→A&A パートナーズ	大手→中小	期末	14	−3.8	継続監査期間＋監査報酬
ひびき→RSM 清和	中小→中小	期末	2	30.0	監査法人からの申し出
京橋→四谷	中小→中小	期末	29	−6.4	監査法人からの申し出
太陽→至誠清新	準大手→中小	期末	7	−26.9	監査報酬
トーマツ→PwC 京都	大手→準大手	期末	22	11.8	継続監査期間
あずさ→爽	大手→中小	期末	19	0.0	継続監査期間
トーマツ→あずさ	大手→大手	期末	50	−7.1	継続監査期間＋グループ間統一
大手門会計事務所→未定	中小→未定	期中	11	90.4	監査法人からの申し出
トーマツ→PwC あらた	大手→大手	期末	18	−23.5	継続監査期間＋監査報酬
アヴァンティア→太陽	中小→準大手	期末	—	52.1	金融庁による業務改善命令
EY 新日本→應和	大手→中小	期末	3	−37.5	監査報酬
未定→史彩	未定→中小	期中	—	—	—
かがやき→シンシア	中小→中小	期末	2	0.0	監査法人からの申し出
トーマツ→清陽	大手→中小	期末	20	−15.4	継続監査期間＋監査報酬
トーマツ→栄	大手→中小	期末	30	−15.8	継続監査期間＋監査報酬
アーク→元和	中小→中小	期末	9	−11.1	監査法人からの申し出
東陽→アリア	準大手→中小	期中	—	−47.7	見解の相違
トーマツ→爽	大手→中小	期中	13	−20.0	監査報酬
日栄→双研日栄	中小→中小	期中	—	0.0	監査法人の合併
日栄→双研日栄	中小→中小	期中	—	0.0	監査法人の合併
日栄→双研日栄	中小→中小	期中	—	0.0	監査法人の合併
大手門会計事務所→赤坂	中小→中小	期末	2	20.0	監査法人からの申し出
トーマツ→史彩	大手→中小	期末	5	−10.0	監査報酬
フロンティア→そうせい	中小→中小	期末	4	−24.2	他の監査法人からの提案
EY 新日本→みおぎ	大手→中小	期末	—	17.6	監査法人からの申し出
トーマツ→如水	大手→中小	期中	12	138.0	合意解除
大手門会計事務所→青南	中小→中小	期末	41	25.0	継続監査期間
あずさ→PwC 京都	大手→準大手	期末	2	3.8	監査報酬
EY 新日本→あずさ	大手→大手	期末	6	−11.1	継続監査期間
トーマツ→太陽	大手→準大手	期末	2	18.8	監査報酬
清陽→新宿	中小→中小	期末	12	10.5	継続監査期間
トーマツ→PwC 京都	大手→準大手	期末	2	57.1	監査報酬
トーマツ→えひめ	大手→中小	期末	13	−25.7	継続監査期間＋監査報酬
EY 新日本→UHY 東京	大手→中小	期末	20	0.5	継続監査期間＋グループ間統一
銀河→南青山	中小→中小	期中	—	4.8	担当会計士の移籍
大手門会計事務所→東光	中小→中小	期中	4	—	監査法人からの申し出
EY 新日本→仰星	大手→準大手	期中	63	−6.7	継続監査期間＋監査報酬
RSM 清和→HLB Meisei	中小→中小	期中	6	−6.3	監査法人からの申し出
ひびき→EY 新日本	中小→大手	期末	2	77.1	不動産会社の監査数
OAG→Ks Lab.	中小→中小	期末	10	−10.7	継続監査期間
EY 新日本→トーマツ	大手→大手	期末	42	−11.8	ローテーション制度
EY 新日本→トーマツ	大手→大手	期末	42	−10.1	継続監査期間＋親会社の監査法人の交代
EY 新日本→トーマツ	大手→大手	期末	42	0.0	継続監査期間＋親会社の監査法人の交代
東光→未定	中小→未定	期中	0	—	監査法人からの申し出
未定→アリア	未定→中小	期中	—	—	—
トーマツ→コスモス	大手→中小	期末	4	−15.0	監査報酬
大手門会計事務所→アーク	中小→中小	期末	43	3.2	公認会計士・監査審査会勧告
PwC あらた→RSM 清和	大手→中小	期末	—	−6.1	継続監査期間＋監査報酬
あずさ→ハイビスカス	大手→中小	期末	—	−48.1	監査報酬
トーマツ→東陽	大手→準大手	期末	36	−8.5	継続監査期間＋監査報酬
EY 新日本→RSM 清和	大手→中小	期末	5	−12.8	監査報酬
トーマツ→アンビシャス	大手→中小	期末	31	−17.4	監査報酬

	開示日	企業名	コード	市場	題名
170	2020 年 2 月 14 日	和心	9271	東 J	会計監査人の異動に関するお知らせ
171	2020 年 2 月 17 日	IBJ	6071	東 1	会計監査人の異動に関するお知らせ
172	2020 年 2 月 20 日	アミタホールディングス	2195	東 1	公認会計士等の異動に関するお知らせ
173	2020 年 2 月 20 日	ビリングシステム	3623	東 M	公認会計士等の異動に関するお知らせ
174	2020 年 2 月 27 日	ラオックス	8202	東 2	公認会計士等の異動に関するお知らせ
175	2020 年 2 月 28 日	OAT アグリオ	4979	東 1	公認会計士等の異動に関するお知らせ
176	2020 年 2 月 28 日	AppBank	6177	東 M	公認会計士等の異動に関するお知らせ
177	2020 年 3 月 4 日	globalbridge HOLDINGS	6657	東 M	公認会計士等の異動に関するお知らせ
178	2020 年 3 月 10 日	EM システムズ	4820	東 1	会計監査人の異動に関するお知らせ
179	2020 年 3 月 13 日	トランザス	6696	東 M	公認会計士等の異動に関するお知らせ
180	2020 年 3 月 23 日	ALBERT	3906	東 M	公認会計士等の異動に関するお知らせ
181	2020 年 3 月 25 日	Casa	7196	東 1	公認会計士等の異動に関するお知らせ
182	2020 年 3 月 26 日	IMAGICA GROUP	6879	東 1	公認会計士等の異動に関するお知らせ
183	2020 年 3 月 26 日	第一商品	8746	東 1	公認会計士等の異動に関するお知らせ
184	2020 年 3 月 30 日	大盛工業	1844	東 2	会計監査人の異動及び一時会計監査人の選任に関するお知らせ
185	2020 年 4 月 3 日	第一商品	8746	東 J	公認会計士等の異動及び一時会計監査人の選任に関するお知らせ
186	2020 年 4 月 8 日	シーズメン	3083	東 J	公認会計士等の異動に関するお知らせ
187	2020 年 4 月 15 日	あみやき亭	2753	東 1	会計監査人の異動に関するお知らせ
188	2020 年 4 月 20 日	ライフフーズ	3065	東 J	公認会計士等の異動に関するお知らせ
189	2020 年 4 月 28 日	Nuts	7612	東 J	公認会計士等の異動に関するお知らせ
190	2020 年 5 月 11 日	エージーピー	9377	東 1	会計監査人の異動に関するお知らせ
191	2020 年 5 月 12 日	ニチバン	4218	東 1	会計監査人の異動に関するお知らせ
192	2020 年 5 月 12 日	ぱど	4833	東 J	公認会計士等の異動に関するお知らせ
193	2020 年 5 月 12 日	DTS	9682	東 1	会計監査人の異動に関するお知らせ
194	2020 年 5 月 13 日	オーミケンシ	3111	東 2	公認会計士等の異動に関するお知らせ
195	2020 年 5 月 14 日	大丸エナウィン	9818	東 2	会計監査人の異動に関するお知らせ
196	2020 年 5 月 14 日	バナーズ	3011	東 2	公認会計士等の異動に関するお知らせ
197	2020 年 5 月 14 日	日東ベスト	2877	東 J	公認会計士等の異動に関するお知らせ
198	2020 年 5 月 14 日	昭和システムエンジニアリング	4752	東 J	公認会計士等の異動に関するお知らせ
199	2020 年 5 月 15 日	ベルテクスコーポレーション	5260	東 2	会計監査人の異動に関するお知らせ
200	2020 年 5 月 15 日	ボーソー油脂	2608	東 2	会計監査人の異動に関するお知らせ
201	2020 年 5 月 15 日	平和不動産	8803	東 1	会計監査人の異動に関するお知らせ
202	2020 年 5 月 15 日	海帆	3133	東 M	会計監査人の異動に関するお知らせ
203	2020 年 5 月 15 日	天馬	7958	東 1	公認会計士等の異動に関するお知らせ
204	2020 年 5 月 18 日	阪神内燃機工業	6018	東 2	公認会計士等の異動に関するお知らせ
205	2020 年 5 月 18 日	東京特殊電線	5807	東 1	公認会計士等の異動に関するお知らせ
206	2020 年 5 月 19 日	古河電池	6937	東 1	公認会計士等の異動に関するお知らせ
207	2020 年 5 月 19 日	キクカワエンタープライズ	6346	東 2	公認会計士等の異動に関するお知らせ
208	2020 年 5 月 19 日	林兼産業	2286	東 1	会計監査人の異動に関するお知らせ
209	2020 年 5 月 19 日	タカセ	9087	東 J	公認会計士等の異動に関するお知らせ
210	2020 年 5 月 19 日	萬世電機	7565	東 2	会計監査人の異動に関するお知らせ
211	2020 年 5 月 19 日	ナラサキ産業	8085	東 2	公認会計士等の異動に関するお知らせ
212	2020 年 5 月 20 日	大豊工業	6470	東 1	公認会計士等の異動に関するお知らせ
213	2020 年 5 月 20 日	サンコーテクノ	3435	東 2	会計監査人の異動に関するお知らせ
214	2020 年 5 月 20 日	東京センチュリー	8439	東 1	公認会計士等の異動に関するお知らせ
215	2020 年 5 月 20 日	ラサ商事	3023	東 1	会計監査人の異動に関するお知らせ
216	2020 年 5 月 20 日	ジェイリース	7187	東 1	公認会計士等の異動に関するお知らせ
217	2020 年 5 月 21 日	ZOZO	3092	東 1	公認会計士等の異動に関するお知らせ
218	2020 年 5 月 22 日	桜井製作所	7255	東 J	会計監査人の異動に関するお知らせ
219	2020 年 5 月 22 日	セーラー広告	2156	東 J	公認会計士等の異動に関するお知らせ
220	2020 年 5 月 22 日	オプティム	3694	東 1	会計監査人の異動に関するお知らせ
221	2020 年 5 月 22 日	ヤマエ久野	8108	東 1	会計監査人の異動に関するお知らせ
222	2020 年 5 月 22 日	リズム時計工業	7769	東 1	会計監査人の異動に関するお知らせ
223	2020 年 5 月 22 日	オンコセラピー・サイエンス	4564	東 M	公認会計士等に異動に関するお知らせ
224	2020 年 5 月 22 日	スーパーバッグ	3945	東 2	公認会計士等の異動に関するお知らせ
225	2020 年 5 月 22 日	コスモスイニシア	8844	東 J	公認会計士等の異動に関するお知らせ
226	2020 年 5 月 22 日	ALBERT	3906	東 M	公認会計士等の異動及び一時会計監査人の選任に関するお知らせ

交代内容	交代類型	時期	監査期間	監査報酬	交代理由
あずさ→銀河	大手→中小	期末	3	−8.7	監査報酬
東陽→あかり	準大手→中小	期末	2	8.7	監査報酬
トーマツ→PwC 京都	大手→準大手	期末	17	7.7	継続監査期間
トーマツ→太陽	大手→準大手	期末	20	1.9	継続監査期間
RSM 清和→アヴァンティア	中小→中小	期末	7	−8.5	継続監査期間＋監査範囲拡大
トーマツ→あずさ	大手→大手	期末	5	12.2	継続監査期間＋監査範囲拡大
アーク→UHY 東京	中小→中小	期末	4	−39.8	監査法人からの申し出
PwC あらた→双研日栄	大手→中小	期末	3	−8.1	監査報酬
EY 新日本→桜橋	大手→中小	期末	22	−20.0	継続監査期間
A＆A パートナーズ→そうせい	中小→中小	期末	4	30.8	監査法人からの申し出
あずさ→未定	大手→未定	期末	4	22.2	監査法人からの申し出
トーマツ→あかり	大手→中小	期末	6	−7.6	監査報酬
トーマツ→EY 新日本	大手→大手	期末	−	25.4	監査報酬
海南→未定	中小→未定	期中	15	42.9	監査法人からの申し出
大手門会計事務所→アヴァンティア	中小→中小	期中	3	59.4	公認会計士・監査審査会勧告
未定→アリア	未定→中小	期中	−	−	−
EY 新日本→UHY 東京	大手→中小	期末	9	−15.0	監査報酬
あずさ→東海会計社	大手→中小	期末	18	−22.7	継続監査期間
トーマツ→仰星	大手→準大手	期末	13	−9.5	監査報酬＋継続監査期間
元和→未定	中小→未定	期中	4	−	合意解除
EY 新日本→太陽	大手→準大手	期末	27	9.1	継続監査期間
清明→EY 新日本	中小→大手	期末	50	46.9	継続監査期間
三優→アヴァンティア	準大手→中小	期末	11	−21.7	監査報酬
トーマツ→EY 新日本	大手→大手	期末	30	−2.6	継続監査期間
永和→和宏	中小→中小	期末	11	0.0	監査法人からの申し出
トーマツ→ひびき	大手→中小	期末	33	−7.7	継続監査期間
清陽→元和	中小→中小	期末	3	−25.0	監査報酬
EY 新日本→太陽	大手→準大手	期末	28	40.0	継続監査期間＋監査報酬
大手門会計事務所→東邦	中小→中小	期末	11	29.6	公認会計士・監査審査会勧告
大手門会計事務所→四谷	中小→中小	期末	2	7.9	監査法人からの申し出
東陽→シンシア	準大手→中小	期末	60	−	監査法人からの申し出
東陽→あずさ	準大手→大手	期末	69	−3.3	会計監査人再評価制度
東海会計社→フロンティア	中小→中小	期末	8	0.0	監査報酬
あずさ→ハイビスカス	大手→中小	期末	33	−39.8	監査法人からの申し出
トーマツ→ひびき	大手→中小	期末	13	−9.1	監査報酬
EY 新日本→トーマツ	大手→大手	期末	20	9.2	継続監査期間
EY 新日本→トーマツ	大手→大手	期末	38	7.5	継続監査期間
トーマツ→五十鈴	大手→中小	期末	13	−17.5	継続監査期間＋監査報酬
大手門会計事務所→清稜	中小→中小	期末	37	10.0	継続監査期間＋公認会計士・監査審査会勧告
普賢→みおぎ	中小→中小	期末	2	5.0	監査報酬
トーマツ→あずさ	大手→大手	期末	30	0.0	継続監査期間＋監査報酬
EY 新日本→アーク	大手→中小	期末	13	−26.5	継続監査期間＋監査報酬
PwC あらた→太陽	大手→準大手	期末	41	−41.9	継続監査期間
EY 新日本→アヴァンティア	大手→中小	期末	9	−13.1	監査報酬
EY 新日本→トーマツ	大手→大手	期末	49	−10.4	継続監査期間
大手門会計事務所→八重洲	中小→中小	期末	29	9.1	公認会計士・監査審査会勧告
EY 新日本→赤坂	大手→中小	期末	7	−45.5	監査報酬
あずさ→トーマツ	大手→大手	期末	13	−33.3	グループ間統一
あずさ→アーク	大手→中小	期末	57	−5.9	監査報酬＋継続監査期間
EY 新日本→えひめ	大手→中小	期末	22	−17.4	監査報酬
トーマツ→太陽	大手→準大手	期末	6	7.6	監査報酬
あずさ→トーマツ	大手→大手	期末	42	8.6	継続監査期間
トーマツ→アーク	大手→中小	期末	6	−35.7	監査法人からの申し出
トーマツ→やまと	大手→中小	期末	18	−27.5	監査法人からの申し出
東陽→史彩	準大手→中小	期末	44	−4.8	継続監査期間
トーマツ→EY 新日本	大手→大手	期末	7	11.9	グループ間統一
未定→和泉	未定→中小	期中	−	−	−

211

	開示日	企業名	コード	市場	題名
227	2020 年 5 月 22 日	大和ハウス工業	1925	東 1	公認会計士等の異動に関するお知らせ
228	2020 年 5 月 25 日	王子ホールディングス	3861	東 1	公認会計士等の異動に関するお知らせ
229	2020 年 5 月 25 日	味の素	2802	東 1	公認会計士等の異動に関するお知らせ
230	2020 年 5 月 25 日	南海プライウッド	7887	東 2	公認会計士等の異動に関するお知らせ
231	2020 年 5 月 25 日	未来工業	7931	東 1	公認会計士等の異動に関するお知らせ
232	2020 年 5 月 25 日	エコミック	3802	東 J	会計監査人の異動に関するお知らせ
233	2020 年 5 月 25 日	日本アビオニクス	6946	東 2	公認会計士等の異動に関するお知らせ
234	2020 年 5 月 26 日	東亜道路工業	1882	東 1	公認会計士等の異動に関するお知らせ
235	2020 年 5 月 26 日	コロワイド	7616	東 1	公認会計士等の異動に関するお知らせ
236	2020 年 5 月 26 日	カッパ・クリエイト	7421	東 1	公認会計士等の異動に関するお知らせ
237	2020 年 5 月 26 日	レノバ	9519	東 1	会計監査人の異動に関するお知らせ
238	2020 年 5 月 26 日	ニッピ	7932	東 J	会計監査人の異動に関するお知らせ
239	2020 年 5 月 26 日	アトム	7412	東 2	会計監査人の異動に関するお知らせ
240	2020 年 5 月 26 日	シンニッタン	6319	東 1	会計監査人の異動に関するお知らせ
241	2020 年 5 月 26 日	中央可鍛工業	5607	名 2	会計監査人の異動に関するお知らせ
242	2020 年 5 月 26 日	片倉コープアグリ	4031	東 1	会計監査人の異動に関するお知らせ
243	2020 年 5 月 26 日	SEMITEC	6626	東 J	公認会計士等の異動に関するお知らせ
244	2020 年 5 月 26 日	ジーエス・ユアサコーポレーション	6674	東 1	公認会計士等の異動に関するお知らせ
245	2020 年 5 月 26 日	センコーグループホールディングス	9069	東 1	公認会計士等の異動に関するお知らせ
246	2020 年 5 月 27 日	日新製糖	2117	東 1	公認会計士等（会計監査人）の異動に関するお知らせ
247	2020 年 5 月 27 日	スズデン	7480	東 1	公認会計士等の異動に関するお知らせ
248	2020 年 5 月 27 日	カーチスホールディングス	7602	東 2	会計監査人の異動に関するお知らせ
249	2020 年 5 月 27 日	日本ギア工業	6356	東 1	会計監査人の異動に関するお知らせ
250	2020 年 5 月 27 日	ディー・エル・イー	3686	東 1	会計監査人の異動に関するお知らせ
251	2020 年 5 月 27 日	鈴与シンワート	9360	東 2	会計監査人の異動に関するお知らせ
252	2020 年 5 月 27 日	ポート	7047	東 M	公認会計士等の異動に関するお知らせ
253	2020 年 5 月 28 日	三櫻工業	6584	東 1	公認会計士等の異動に関するお知らせ
254	2020 年 5 月 28 日	KADOKAWA	9468	東 1	公認会計士等の異動に関するお知らせ
255	2020 年 5 月 28 日	テイン	7217	東 1	公認会計士等の異動に関するお知らせ
256	2020 年 5 月 28 日	レック	7874	東 1	公認会計士等の異動に関するお知らせ
257	2020 年 5 月 29 日	クラスターテクノロジー	4240	東 J	会計監査人の異動に関するお知らせ
258	2020 年 5 月 29 日	KVK	6484	東 1	公認会計士等の異動に関するお知らせ
259	2020 年 5 月 29 日	バルテス	4442	東 M	公認会計士等の異動に関するお知らせ
260	2020 年 5 月 29 日	ナイス	8089	東 1	会計監査人の異動に関するお知らせ
261	2020 年 5 月 29 日	オリエンタルチエン工業	6380	東 2	会計監査人の異動に関するお知らせ
262	2020 年 6 月 1 日	テイン	7217	東 1	（訂正）「公認会計士等の異動に関するお知らせ」の一部訂正に関するお知らせ
263	2020 年 6 月 5 日	桂川電機	6416	東 J	公認会計士等の異動に関するお知らせ
264	2020 年 6 月 9 日	チノー	6850	東 1	会計監査人の異動に関するお知らせ
265	2020 年 6 月 10 日	C Channel	7691	東 P	公認会計士等の異動に関するお知らせ
266	2020 年 6 月 16 日	北日本紡績	3409	東 2	会計監査人の異動に関するお知らせ
267	2020 年 6 月 19 日	GFA	8783	東 J	会計監査人の異動及び一時会計監査人の選任に関するお知らせ
268	2020 年 6 月 22 日	五洋インテックス	7519	東 J	会計監査人の異動に関するお知らせ
269	2020 年 6 月 26 日	ヤガミ	7488	名 2	会計監査人の異動及び定款の一部変更に関するお知らせ
270	2020 年 6 月 30 日	グリーンクロス	7533	福	会計監査人の異動に関するお知らせ
271	2020 年 7 月 1 日	タカラスタンダード	7981	東 1	公認会計士等の合併に伴う異動に関するお知らせ
272	2020 年 7 月 1 日	アサヒペン	4623	東 2	公認会計士等の合併に伴う異動に関するお知らせ
273	2020 年 7 月 16 日	クスリのアオキホールディングス	3549	東 1	会計監査人の異動に関するお知らせ
274	2020 年 7 月 20 日	テーオーホールディングス	9812	東 J	公認会計士等の異動に関するお知らせ
275	2020 年 7 月 22 日	エー・ピーカンパニー	3175	東 1	会計監査人の異動及び一時会計監査人の選任に関するお知らせ
276	2020 年 7 月 27 日	Genky DrugStores	9267	東 1	会計監査人の異動に関するお知らせ
277	2020 年 7 月 27 日	ワイエスフード	3358	東 J	公認会計士等の異動に関するお知らせ
278	2020 年 8 月 6 日	ホーブ	1382	東 J	会計監査人の異動に関するお知らせ
279	2020 年 8 月 13 日	Nuts	7612	東 J	一時会計監査人の選任に関するお知らせ
280	2020 年 8 月 19 日	ヒューマン・メタボローム・テクノロジー	6090	東 M	公認会計士等の異動に関するお知らせ
281	2020 年 8 月 26 日	ユーザーローカル	3984	東 1	会計監査人の異動に関するお知らせ
282	2020 年 8 月 28 日	プレシジョン・システム・サイエンス	7707	東 M	公認会計士等の異動に関するお知らせ
283	2020 年 9 月 1 日	東洋ドライルーブ	4976	東 J	会計監査人の異動に関するお知らせ

交代内容	交代類型	時期	監査期間	監査報酬	交代理由
トーマツ→EY 新日本	大手→大手	期末	51	−9.6	継続監査期間
PwC あらた→トーマツ	大手→大手	期末	4	13.2	監査報酬
EY 新日本→あずさ	大手→大手	期末	69	−28.3	継続監査期間
西日本→仰星	中小→準大手	期末	12	18.2	継続監査期間
トーマツ→仰星	大手→準大手	期末	32	−16.1	継続監査期間
トーマツ→三優	大手→準大手	期末	16	−15.6	継続監査期間
あずさ→EY 新日本	大手→大手	期末	8	54.2	継続監査期間
EY 新日本→仰星	大手→準大手	期末	13	−40.2	継続監査期間
あずさ→トーマツ	大手→大手	期末	21	−1.0	継続監査期間
あずさ→トーマツ	大手→大手	期末	13	−7.1	継続監査期間＋グループ間統一
PwC あらた→あずさ	大手→大手	期末	9	83.3	IFRS 対応
トーマツ→アーク	大手→中小	期末	3	−48.4	監査報酬
あずさ→トーマツ	大手→大手	期末	15	−7.5	継続監査期間＋グループ間統一
大手門会計事務所→新創	中小→準大手	期末	37	231.6	継続監査期間＋公認会計士・監査審査会勧告
トーマツ→仰星	大手→準大手	期末	50	−25.7	継続監査期間
大手門会計事務所→海南	中小→中小	期末	42	7.7	公認会計士・監査審査会勧告
トーマツ→太陽	大手→準大手	期末	14	12.5	継続監査期間＋監査報酬
トーマツ→あずさ	大手→大手	期末	16	5.4	継続監査期間
大手前→太陽	中小→準大手	期末	32	28.9	継続監査期間＋監査法人の所在地
EY 新日本→東陽	大手→準大手	期末	48	−36.1	監査報酬
トーマツ→あずさ	大手→大手	期末	28	7.4	継続監査期間
PwC あらた→東海会計社	大手→中小	期末	6	−21.2	監査報酬
東陽→新創	準大手→中小	期末	5	−9.5	継続監査期間
アスカ→トーマツ	中小→大手	期末	−	22.8	グループ間統一
アーク→赤坂	中小→中小	期末	2	12.5	監査法人からの申し出
トーマツ→東陽	大手→準大手	期末	2	25.0	監査法人からの申し出
トーマツ→PwC 京都	大手→準大手	期末	9	−6.3	監査法人からの申し出
トーマツ→EY 新日本	大手→大手	期末	11	2.1	継続監査期間
EY 新日本→アスカ	大手→中小	期末	10	−5.1	継続監査期間
トーマツ→太陽	大手→準大手	期末	−	−2.5	継続監査期間
EY 新日本→清友	大手→中小	期末	16	−16.7	継続監査期間＋監査報酬
アンビシャス→コスモス	中小→中小	期末	14	11.1	継続監査期間
トーマツ→あずさ	大手→大手	期末	4	−4.5	継続監査期間
原会計事務所→UHY	中小→中小	期末	60	13.2	監査体制刷新
あずさ→仰星	大手→準大手	期末	32	12.5	監査報酬＋継続監査期間
−	−	−	−	−	継続監査期間＋監査報酬
トーマツ→開花	大手→中小	期末	30	−10.0	監査報酬
大手門会計事務所→アーク	中小→中小	期末	38	29.4	公認会計士・監査審査会勧告
あずさ→PwC 京都	大手→準大手	期末	4	−	新たな視点＋事業規模
太陽→史彩	準大手→中小	期末	41	54.3	監査報酬＋継続監査期間
元和→アリア	中小→中小	期末	2	48.8	監査法人からの申し出
コスモス→フロンティア	中小→中小	期中	11	−37.8	監査法人からの申し出
普賢→みおぎ	中小→中小	期末	2	8.3	監査法人からの申し出
トーマツ→仰星	大手→準大手	期末	13	−4.0	継続監査期間＋監査報酬
近畿第一→アーク	中小→中小	期中	−	0.0	監査法人の合併
近畿第一→アーク	中小→中小	期中	−	0.0	監査法人の合併
あずさ→仰星	大手→準大手	期末	14	0.0	監査法人からの申し出
トーマツ→銀河	大手→中小	期末	2	−14.9	監査報酬
あずさ→アヴァンティア	大手→準大手	期中	10	−19.0	継続監査期間＋監査報酬
トーマツ→仰星	大手→準大手	期末	15	−54.4	継続監査期間
三優→HLB Meisei	準大手→中小	期末	11	−13.0	継続監査期間
EY 新日本→ハイビスカス	大手→中小	期末	13	0.0	継続監査期間＋監査報酬
未定→アリア	未定→中小	期中	−	−	−
トーマツ→新創	大手→中小	期末	15	11.1	継続監査期間＋監査報酬
EY 新日本→PwC 京都	大手→準大手	期末	4	5.3	監査報酬
仰星→OAG	準大手→中小	期末	−	−12.4	監査法人からの申し出
EY 新日本→太陽	大手→準大手	期末	13	8.8	監査報酬

	開示日	企業名	コード	市場	題名
284	2020 年 9 月 2 日	第一カッター興業	1716	東 1	会計監査人の異動に関するお知らせ
285	2020 年 9 月 4 日	ユニデンホールディングス	6815	東 1	会計監査人の異動及び一時会計監査人の選任に関するお知らせ
286	2020 年 9 月 10 日	Nuts	7612	東 J	一時会計監査人からの通知に関するお知らせ
287	2020 年 9 月 17 日	LIXIL ビバ	3564	東 1	会計監査人の異動及び一時会計監査人の選任に関するお知らせ
288	2020 年 9 月 23 日	SYS ホールディングス	3988	東 J	会計監査人の異動に関するお知らせ
289	2020 年 9 月 23 日	ベストワンドットコム	6577	東 M	公認会計士等の異動に関するお知らせ
290	2020 年 10 月 1 日	ハイアス・アンド・カンパニー	6192	東 1	公認会計士等の異動に関するお知らせ
291	2020 年 10 月 5 日	ハイアス・アンド・カンパニー	6192	東 1	一時会計監査人の選任に関するお知らせ
292	2020 年 10 月 14 日	日本 PC サービス	6025	名 C	会計監査人の異動に関するお知らせ
293	2020 年 10 月 14 日	日本 PC サービス	6025	名 C	(訂正)「会計監査人の異動に関するお知らせ」の一部訂正に関するお知らせ
294	2020 年 10 月 20 日	中央経済社ホールディングス	9476	東 J	会計監査人の異動に関するお知らせ
295	2020 年 10 月 26 日	Branding Engineer	7352	東 M	公認会計士等の異動に関するお知らせ
296	2020 年 10 月 27 日	ハピネス・アンド・ディ	3174	東 1	公認会計士等の異動に関するお知らせ
297	2020 年 10 月 29 日	トーセ	4728	東 1	公認会計士等の異動に関するお知らせ
298	2020 年 11 月 4 日	エコモット	3987	東 M	公認会計士等の異動に関するお知らせ
299	2020 年 11 月 10 日	前田工繊	7821	東 1	会計監査人の異動に関するお知らせ
300	2020 年 11 月 11 日	アビスト	6087	東 1	公認会計士等の異動に関するお知らせ
301	2020 年 11 月 16 日	シェアリングテクノロジー	3989	東 M	公認会計士等の異動及び役員人事に関するお知らせ
302	2020 年 11 月 24 日	キャリア	6198	東 M	公認会計士等の異動に関するお知らせ
303	2020 年 11 月 25 日	CRI・ミドルウェア	3698	東 M	公認会計士等の異動に関するお知らせ
304	2020 年 11 月 26 日	イグニス	3689	東 M	公認会計士等の異動に関するお知らせ
305	2020 年 12 月 11 日	ティビィシィ・スキャット	3974	東 J	会計監査人の異動に関するお知らせ
306	2020 年 12 月 22 日	REVOLUTION	8894	東 2	公認会計士等の異動に関するお知らせ
307	2020 年 12 月 25 日	ジェネレーションパス	3195	東 M	公認会計士等の異動に関するお知らせ
308	2021 年 1 月 15 日	エクスモーション	4394	東 M	会計監査人の異動に関するお知らせ
309	2021 年 1 月 26 日	川崎地質	4673	東 J	公認会計士等の異動に関するお知らせ
310	2021 年 1 月 27 日	セレスポ	9625	東 J	公認会計士等の異動に関するお知らせ
311	2021 年 1 月 28 日	アルファグループ	3322	東 J	公認会計士等の異動に関するお知らせ
312	2021 年 1 月 29 日	トゥエンティーフォーセブン	7074	東 M	公認会計士等の異動に関するお知らせ
313	2021 年 2 月 9 日	東海カーボン	5301	東 1	公認会計士等の異動に関するお知らせ
314	2021 年 2 月 10 日	ユーザベース	3966	東 M	公認会計士等の異動に関するお知らせ
315	2021 年 2 月 12 日	大塚ホールディングス	4578	東 1	公認会計士等の異動に関するお知らせ
316	2021 年 2 月 12 日	ショーケース	3909	東 1	会計監査人の異動に関するお知らせ
317	2021 年 2 月 15 日	HANATOUR JAPAN	6561	東 M	公認会計士等の異動に関するお知らせ
318	2021 年 2 月 17 日	CDS	2169	東 1	会計監査人の異動に関するお知らせ
319	2021 年 2 月 18 日	ジーエヌアイグループ	2160	東 M	公認会計士等の異動に関するお知らせ
320	2021 年 2 月 18 日	ソルクシーズ	4284	東 1	会計監査人の異動に関するお知らせ
321	2021 年 2 月 19 日	モバイルファクトリー	3912	東 1	会計監査人の異動に関するお知らせ
322	2021 年 2 月 19 日	アジャイルメディア・ネットワーク	6573	東 M	公認会計士等の異動に関するお知らせ
323	2021 年 2 月 19 日	インパクトホールディングス	6067	東 M	公認会計士等の異動に関するお知らせ
324	2021 年 2 月 22 日	ズーム	6694	東 J	会計監査人の異動に関するお知らせ
325	2021 年 2 月 22 日	ピクセルカンパニーズ	2743	東 J	公認会計士等の異動に関するお知らせ
326	2021 年 2 月 25 日	ヒノキヤグループ	1413	東 1	会計監査人の異動に関するお知らせ
327	2021 年 2 月 25 日	明豊エンタープライズ	8927	東 J	会計監査人の異動及び一時会計監査人の選任に関するお知らせ
328	2021 年 2 月 25 日	トライアイズ	4840	東 J	公認会計士等の異動に関するお知らせ
329	2021 年 2 月 26 日	ホットリンク	3680	東 M	公認会計士等の異動に関するお知らせ
330	2021 年 2 月 26 日	コナカ	7494	東 1	会計監査人の異動及び一時会計監査人の選任に関するお知らせ
331	2021 年 2 月 26 日	小田原機器	7314	東 J	会計監査人の異動に関するお知らせ
332	2021 年 3 月 2 日	日本アクア	1429	東 1	会計監査人の異動に関するお知らせ
333	2021 年 3 月 3 日	アマナ	2402	東 1	公認会計士等の異動に関するお知らせ
334	2021 年 3 月 3 日	AI CROSS	4476	東 M	公認会計士等の異動に関するお知らせ
335	2021 年 3 月 18 日	ミライアル	4238	東 1	公認会計士等の異動に関するお知らせ
336	2021 年 3 月 25 日	JBCC ホールディングス	9889	東 1	公認会計士等の異動に関するお知らせ
337	2021 年 3 月 25 日	アルファクス・フード・システム	3814	東 1	会計監査人の異動及び一時会計監査人の選任に関するお知らせ
338	2021 年 3 月 26 日	ナイガイ	8013	東 1	公認会計士等の異動に関するお知らせ

交代内容	交代類型	時期	監査期間	監査報酬	交代理由
アーク→太陽	中小→準大手	期末	11	43.8	継続監査期間
三優→アリア	準大手→中小	期中	7	26.7	合意解除
アリア→未定	中小→未定	期中	0	−	監査法人からの申し出
トーマツ→ PwC あらた	大手→大手	期中	−	−	グループ間統一
トーマツ→仰星	大手→準大手	期末	3	−8.7	監査報酬
あずさ→太陽	大手→準大手	期末	5	2.5	監査報酬
あずさ→未定	大手→未定	期末	9	−12.5	監査法人からの申し出
未定→アリア	未定→中小	期中	−	−	−
元和→桜橋	中小→中小	期末	3	20.0	監査報酬
−	−	−	−	−	新たな視点
EY 新日本→虎ノ門	大手→中小	期末	16	−15.4	監査法人からの申し出
仰星→ ES ネクスト	準大手→中小	期末	3	13.3	監査法人からの申し出
EY 新日本→ ES ネクスト	大手→中小	期末	6	−21.2	監査報酬
トーマツ→京立志	大手→中小	期末	21	−13.8	継続監査期間＋監査報酬
EY 新日本→三優	大手→準大手	期末	3	−26.4	監査報酬
トーマツ→清稜	大手→中小	期末	13	−46.3	監査報酬
あずさ→アーク	大手→中小	期末	12	−6.3	継続監査期間
EY 新日本→あずさ	大手→大手	期末	3	−52.4	子会社の流動化完了
EY 新日本→かがやき	大手→中小	期末	7	−17.9	監査法人からの申し出
EY 新日本→ PwC 京都	大手→準大手	期末	13	12.0	継続監査期間＋監査報酬
あずさ→和泉	大手→中小	期末	6	−	監査法人からの申し出
太陽→アーク	準大手→中小	期末	5	−7.6	継続監査期間
元和→ EY 新日本	中小→大手	期末	12	182.8	事業拡大への対応
あずさ→史彩	大手→中小	期末	9	−29.6	監査報酬
EY 新日本→ A ＆ A パートナーズ	大手→中小	期末	5	−5.9	監査報酬
EY 新日本→みおぎ	大手→中小	期末	26	−2.1	監査報酬＋継続監査期間
トーマツ→アスカ	大手→中小	期末	28	−21.2	継続監査期間＋監査報酬
清陽→ OAG	中小→中小	期末	3	−14.7	監査報酬
EY 新日本→ RSM 清和	大手→中小	期末	4	−25.6	監査報酬
トーマツ→あずさ	大手→大手	期末	39	−20.9	継続監査期間
トーマツ→和泉	大手→中小	期末	7	−51.3	監査報酬
トーマツ→あずさ	大手→大手	期末	13	−2.1	ローテーション制度
EY 新日本→ RSM 清和	大手→中小	期末	8	−11.4	継続監査期間＋監査報酬
トーマツ→パートナーズ SG	大手→中小	期末	4	−41.2	監査報酬
EY 新日本→かがやき	大手→中小	期末	17	−28.2	継続監査期間＋監査報酬
EY 新日本→太陽	大手→準大手	期末	7	−12.7	グループ間統一
EY 新日本→ A ＆ A パートナーズ	大手→中小	期末	12	−3.8	監査報酬＋継続監査期間
あずさ→アヴァンティア	大手→中小	期末	7	8.9	監査報酬
トーマツ→かなで	大手→中小	期末	4	47.6	監査報酬
アリア→八雲	中小→中小	期末	2	−15.6	監査報酬
トーマツ→太陽	大手→準大手	期末	8	−16.7	監査報酬
HLB Meisei →アリア	中小→中小	期末	6	−13.1	継続監査期間
トーマツ→あずさ	大手→大手	期末	16	5.0	継続監査期間＋監査報酬
元和→城南公認会計士共同事務所	中小→中小	期中	2	−17.5	担当会計士の脱退
元和→城南公認会計士共同事務所	中小→中小	期中	2	0.0	担当会計士の脱退
あずさ→ RSM 清和	大手→中小	期末	8	−30.3	継続監査期間＋監査報酬
EY 新日本→仁智	大手→中小	期中	30	10.6	監査報酬
EY 新日本→興亜	大手→中小	期末	14	−16.0	監査報酬
トーマツ→あずさ	大手→大手	期末	10	0.0	継続監査期間＋監査報酬
EY 新日本→ HLB Meisei	大手→中小	期末	14	−62.5	継続監査期間＋監査報酬
EY 新日本→東陽	大手→準大手	期末	3	−4.4	監査報酬
トーマツ→太陽	大手→準大手	期末	15	−8.9	継続監査期間
PwC あらた→あずさ	大手→大手	期末	15	−1.5	継続監査期間
アリア→ HLB Meisei	中小→中小	期中	1	−	監査報酬
トーマツ→アーク	大手→中小	期末	46	0.0	継続監査期間＋監査報酬

	開示日	企業名	コード	市場	題名
339	2021 年 3 月 26 日	新都ホールディングス	2776	東 J	会計監査人の選任に関するお知らせ
340	2021 年 3 月 29 日	SKIYAKI	3995	東 M	会計監査人の異動に関するお知らせ
341	2021 年 4 月 1 日	ダントーホールディングス	5337	東 1	公認会計士等の異動に関するお知らせ
342	2021 年 4 月 2 日	ビート・ホールディングス・リミテッド	9399	東 2	会計監査人の異動に関するお知らせ
343	2021 年 4 月 9 日	セイヒョー	2872	東 2	公認会計士等の異動に関するお知らせ
344	2021 年 4 月 12 日	コーナン商事	7516	東 1	会計監査人の異動に関するお知らせ
345	2021 年 4 月 12 日	イー・カムトゥルー	3693	東 P	会計監査人の異動に関するお知らせ
346	2021 年 4 月 13 日	タビオ	2668	東 2	会計監査人の異動に関するお知らせ
347	2021 年 4 月 13 日	エヌリンクス	6578	東 2	公認会計士等の異動に関するお知らせ
348	2021 年 4 月 13 日	アジア開発キャピタル	9318	東 2	会計監査人の異動及び一時会計監査人の選任に関するお知らせ
349	2021 年 4 月 14 日	エーアイテイー	9381	東 1	公認会計士等の異動に関するお知らせ
350	2021 年 4 月 14 日	マツモトキヨシホールディングス	3088	東 1	公認会計士等の異動に関するお知らせ
351	2021 年 4 月 14 日	エスケイジャパン	7608	東 J	会計監査人の異動に関するお知らせ
352	2021 年 4 月 14 日	ニューテック	6734	東 J	会計監査人の異動に関するお知らせ
353	2021 年 4 月 14 日	リンガーハット	8200	東 1	公認会計士等の異動に関するお知らせ
354	2021 年 4 月 14 日	JMACS	5817	東 2	公認会計士等の異動に関するお知らせ
355	2021 年 4 月 14 日	幸和製作所	7807	東 J	会計監査人の異動に関するお知らせ
356	2021 年 4 月 15 日	ランド	8918	東 1	公認会計士等の異動に関するお知らせ
357	2021 年 4 月 16 日	魚喜	2683	東 2	会計監査人の異動に関するお知らせ
358	2021 年 4 月 16 日	さいか屋	8254	東 2	会計監査人の異動に関するお知らせ
359	2021 年 4 月 19 日	ビットワングループ	2338	東 2	公認会計士等の異動に関するお知らせ
360	2021 年 4 月 19 日	レイ	4317	東 J	公認会計士等の異動に関するお知らせ
361	2021 年 4 月 19 日	マルゼン	5982	東 2	会計監査人の異動に関するお知らせ
362	2021 年 4 月 19 日	ラピーヌ	8143	東 2	会計監査人の異動に関するお知らせ
363	2021 年 4 月 20 日	ロコンド	3558	東 M	会計監査人の異動に関するお知らせ
364	2021 年 4 月 21 日	サマンサタバサジャパンリミテッド	7829	東 M	公認会計士等の異動に関するお知らせ
365	2021 年 4 月 22 日	フュージョン	3977	札 A	公認会計士等の異動に関するお知らせ
366	2021 年 4 月 23 日	ティアック	6803	東 1	公認会計士等の異動に関するお知らせ
367	2021 年 4 月 23 日	昭和パックス	3954	東 J	公認会計士等の異動に関するお知らせ
368	2021 年 4 月 23 日	ユナイテッド&コレクティブ	3557	東 M	公認会計士等の異動に関するお知らせ
369	2021 年 4 月 28 日	ガーラ	4777	東 1	公認会計士等の異動に関するお知らせ
370	2021 年 4 月 28 日	日本通運	9062	東 1	会計監査人の異動に関するお知らせ
371	2021 年 4 月 28 日	植松商会	9914	東 J	会計監査人の異動に関するお知らせ
372	2021 年 5 月 6 日	日本通信	9424	東 1	会計監査人の異動に関するお知らせ
373	2021 年 5 月 7 日	カネソウ	5979	名 2	公認会計士等の異動に関するお知らせ
374	2021 年 5 月 10 日	日本信号	6741	東 1	公認会計士等の異動に関するお知らせ
375	2021 年 5 月 10 日	虹技	5603	東 1	会計監査人の異動に関するお知らせ
376	2021 年 5 月 10 日	ロジネットジャパン	9027	札	会計監査人の異動に関するお知らせ
377	2021 年 5 月 11 日	ダイトーケミックス	4366	東 1	会計監査人の異動に関するお知らせ
378	2021 年 5 月 11 日	いなげや	8182	東 1	会計監査人の異動に関するお知らせ
379	2021 年 5 月 11 日	バンドー化学	5195	東 1	公認会計士等の異動に関するお知らせ
380	2021 年 5 月 12 日	日本デコラックス	7950	名 2	会計監査人の異動に関するお知らせ
381	2021 年 5 月 12 日	CK サンエツ	5757	東 1	会計監査人の異動に関するお知らせ
382	2021 年 5 月 12 日	日本伸銅	5753	東 2	会計監査人の異動に関するお知らせ
383	2021 年 5 月 12 日	サカイオーベックス	3408	東 1	会計監査人の異動に関するお知らせ
384	2021 年 5 月 12 日	エスポア	3260	名 C	会計監査人の異動に関するお知らせ
385	2021 年 5 月 12 日	神田通信機	1992	東 J	公認会計士等の異動に関するお知らせ
386	2021 年 5 月 12 日	ヒガシトゥエンティワン	9029	東 2	会計監査人の異動に関するお知らせ
387	2021 年 5 月 12 日	日本電子材料	6855	東 2	会計監査人の異動に関するお知らせ
388	2021 年 5 月 12 日	京都ホテル	9723	東 2	会計監査人の異動に関するお知らせ
389	2021 年 5 月 13 日	ユーシン精機	6482	東 1	会計監査人の異動に関するお知らせ
390	2021 年 5 月 13 日	リソルホールディングス	5261	東 1	会計監査人の異動に関するお知らせ
391	2021 年 5 月 13 日	銀座山形屋	8215	東 1	公認会計士等の異動に関するお知らせ
392	2021 年 5 月 13 日	バナーズ	3011	東 2	公認会計士等の異動に関するお知らせ
393	2021 年 5 月 13 日	アーキテクツ・スタジオ・ジャパン	6085	東 M	公認会計士等の異動に関するお知らせ
394	2021 年 5 月 13 日	キムラタン	8107	東 1	会計監査人の異動に関するお知らせ
395	2021 年 5 月 14 日	ヤマノホールディングス	7571	東 J	公認会計士等の異動に関するお知らせ
396	2021 年 5 月 14 日	芦森工業	3526	東 1	会計監査人の異動に関するお知らせ
397	2021 年 5 月 14 日	大東港運	9367	東 J	会計監査人の異動に関するお知らせ

交代内容	交代類型	時期	監査期間	監査報酬	交代理由
フロンティア→アリア	中小→中小	期末	2	20.0	監査法人からの申し出
トーマツ→太陽	大手→準大手	期末	5	−5.6	監査報酬
あけぼの→HLB Meisei	中小→中小	期末	9	15.6	海外展開への対応
RSM 清和→史彩	中小→中小	期中	11	−	監査法人からの申し出
トーマツ→高志	大手→中小	期末	13	−6.7	継続監査期間＋監査報酬
トーマツ→太陽	大手→準大手	期末	14	−16.9	監査報酬
ナカチ→フェイス	中小→中小	期中	2	−	ニーズへの対応
PwC あらた→ひびき	大手→中小	期末	9	−5.6	監査報酬
トーマツ→パートナーズ SG	大手→中小	期末	5	0.0	監査法人からの申し出
アスカ→アリア	中小→中小	期中	7	31.9	監査法人が非協力的
あずさ→ひびき	大手→中小	期末	17	28.6	継続監査期間
トーマツ→EY 新日本	大手→大手	期末	32	−27.3	継続監査期間
トーマツ→和宏事務所	大手→中小	期末	13	−28.2	継続監査期間
ひので→Moore 至誠	中小→中小	期末	9	31.8	継続監査期間
EY 新日本→太陽	大手→準大手	期末	37	−21.7	継続監査期間＋監査報酬
あずさ→和宏事務所	大手→中小	期末	34	−26.1	継続監査期間
EY 新日本→東陽	大手→準大手	期末	4	−16.7	監査報酬
元和→城南公認会計士共同事務所	中小→中小	期末	12	0.4	担当会計士の脱退
EY 新日本→普賢	大手→中小	期末	22	−11.3	継続監査期間＋監査報酬
EY 新日本→アヴァンティア	大手→中小	期末	14	−13.3	監査報酬
アリア→フロンティア	中小→中小	期末	4	−5.6	任期満了
トーマツ→城南公認会計士共同事務所	大手→中小	期末	22	−30.8	継続監査期間＋監査報酬
トーマツ→PwC あらた	大手→大手	期末	32	1.3	監査法人からの申し出
ひびき→まほろば	中小→中小	期末	2	0.0	監査法人からの申し出
トーマツ→UHY 東京	大手→中小	期末	5	−51.7	監査報酬
東邦→アリア	中小→中小	期末	2	−6.7	監査報酬
EY 新日本→清明	大手→中小	期末	5	5.3	監査報酬
あずさ→RSM 清和	大手→中小	期末	8	−18.6	監査報酬
EY 新日本→大有	大手→中小	期末	14	−11.5	監査報酬＋継続監査期間
あずさ→ハイビスカス	大手→中小	期末	5	−33.3	監査報酬
海南→仁智	中小→中小	期末	7	26.9	監査法人からの申し出
EY 新日本→トーマツ	大手→大手	期末	54	178.6	継続監査期間
トーマツ→霞友	大手→中小	期末	25	−22.2	継続監査期間＋監査報酬
元和→城南公認会計士共同事務所	中小→中小	期末	5	0.0	担当会計士の脱退
トーマツ→五十鈴	大手→中小	期末	28	−12.5	任期満了
あずさ→太陽	大手→準大手	期末	47	3.0	継続監査期間＋監査報酬
EY 新日本→太陽	大手→準大手	期末	46	0.0	継続監査期間＋監査報酬
トーマツ→アーク	大手→中小	期末	60	−17.8	継続監査期間
EY 新日本→東陽	大手→準大手	期末	31	4.5	継続監査期間
日本橋事務所→仰星	中小→準大手	期末	50	23.3	継続監査期間
トーマツ→あずさ	大手→大手	期末	10	16.1	継続監査期間
あずさ→栄	大手→中小	期末	14	0.0	監査報酬
EY 新日本→仰星	大手→準大手	期末	32	−17.9	継続監査期間
EY 新日本→仰星	大手→準大手	期末	6	0.0	グループ間統一
EY 新日本→四谷	大手→中小	期末	6	−	継続監査期間
EY 新日本→仰星	大手→準大手	期末	7	−39.2	監査報酬
EY 新日本→みおぎ	大手→中小	期末	32	−25.0	監査報酬
あずさ→桜橋	大手→中小	期末	17	−4.7	継続監査期間＋監査報酬
あずさ→ひびき	大手→中小	期末	25	−13.8	継続監査期間＋監査報酬
トーマツ→ひかり	大手→中小	期末	14	−23.1	監査報酬
トーマツ→太陽	大手→準大手	期末	28	−14.8	継続監査期間＋監査報酬
太陽→赤坂	準大手→中小	期末	14	−21.4	継続監査期間
トーマツ→かなで	大手→中小	期末	34	−22.5	監査報酬
元和→城南公認会計士共同事務所	中小→中小	期末	1	−20.0	担当会計士の脱退
あずさ→桜橋	大手→中小	期末	8	−16.0	監査報酬
清稜→Ks Lab.	中小→中小	期末	4	−1.6	監査報酬
元和→清陽	中小→中小	期末	5	17.8	監査体制の不備
あずさ→ひびき	大手→中小	期末	47	−23.8	継続監査期間＋監査報酬
EY 新日本→清陽	大手→中小	期末	34	1.0	継続監査期間＋監査報酬

	開示日	企業名	コード	市場	題名
398	2021 年 5 月 14 日	小倉クラッチ	6408	東 J	会計監査人の異動に関するお知らせ
399	2021 年 5 月 14 日	旭松食品	2911	東 2	会計監査人の異動に関するお知らせ
400	2021 年 5 月 14 日	ライトアップ	6580	東 M	公認会計士等の異動に関するお知らせ
401	2021 年 5 月 14 日	協和エクシオ	1951	東 1	公認会計士等の異動に関するお知らせ
402	2021 年 5 月 14 日	山喜	3598	東 2	会計監査人の異動に関するお知らせ
403	2021 年 5 月 14 日	ヴィア・ホールディングス	7918	東 1	会計監査人の異動に関するお知らせ
404	2021 年 5 月 14 日	免疫生物研究所	4570	東 J	会計監査人の異動に関するお知らせ
405	2021 年 5 月 14 日	新日本建物	8893	東 J	公認会計士等の異動に関するお知らせ
406	2021 年 5 月 14 日	ぷらっとホーム	6836	東 2	公認会計士等の異動に関するお知らせ
407	2021 年 5 月 14 日	精工技研	6834	東 1	公認会計士等の異動に関するお知らせ
408	2021 年 5 月 14 日	ロコガイド	4497	東 M	公認会計士等の異動に関するお知らせ
409	2021 年 5 月 14 日	大正製薬ホールディングス	4581	東 1	公認会計士等の異動に関するお知らせ
410	2021 年 5 月 17 日	信越ポリマー	7970	東 1	公認会計士等の異動に関するお知らせ
411	2021 年 5 月 17 日	ネットワンシステムズ	7518	東 1	公認会計士等の異動に関するお知らせ
412	2021 年 5 月 17 日	ティラド	7236	東 1	公認会計士等（会計監査人）の異動に関するお知らせ
413	2021 年 5 月 17 日	日本コンピュータ・ダイナミクス	4783	東 J	公認会計士等の異動に関するお知らせ
414	2021 年 5 月 17 日	日本テクノ・ラボ	3849	札 A	公認会計士等の異動に関するお知らせ
415	2021 年 5 月 17 日	ビジョナリーホールディングス	9263	東 J	会計監査人の異動に関するお知らせ
416	2021 年 5 月 17 日	Mipox	5381	東 J	会計監査人の異動に関するお知らせ
417	2021 年 5 月 17 日	イチケン	1847	東 1	会計監査人の異動に関するお知らせ
418	2021 年 5 月 18 日	エスティック	6161	東 2	会計監査人の異動に関するお知らせ
419	2021 年 5 月 18 日	サトーホールディングス	6287	東 1	公認会計士等の異動に関するお知らせ
420	2021 年 5 月 18 日	フェイス	4295	東 1	公認会計士等の異動に関するお知らせ
421	2021 年 5 月 18 日	アールシーコア	7837	東 J	会計監査人の異動に関するお知らせ
422	2021 年 5 月 18 日	大戸屋ホールディングス	2705	東 J	公認会計士等の異動に関するお知らせ
423	2021 年 5 月 19 日	コンヴァノ	6574	東 M	公認会計士等の異動に関するお知らせ
424	2021 年 5 月 19 日	インヴァスト	7338	東 J	会計監査人の異動に関するお知らせ
425	2021 年 5 月 19 日	ツクイスタッフ	7045	東 J	会計監査人の異動に関するお知らせ
426	2021 年 5 月 19 日	ベクター	2656	東 J	会計監査人の異動に関するお知らせ
427	2021 年 5 月 19 日	NFK ホールディングス	6494	東 J	会計監査人の異動に関するお知らせ
428	2021 年 5 月 19 日	第一商品	8746	東 J	公認会計士等の異動に関するお知らせ
429	2021 年 5 月 19 日	松屋アールアンドディ	7317	東 M	公認会計士等の異動に関するお知らせ
430	2021 年 5 月 19 日	サノヤスホールディングス	7022	東 1	公認会計士等の異動に関するお知らせ
431	2021 年 5 月 20 日	日本アンテナ	6930	東 J	公認会計士等の異動に関するお知らせ
432	2021 年 5 月 20 日	グローバルウェイ	3936	東 M	会計監査人の異動に関するお知らせ
433	2021 年 5 月 21 日	テイ・エス テック	7313	東 1	公認会計士等の異動に関するお知らせ
434	2021 年 5 月 21 日	明治機械	6334	東 2	公認会計士等の異動に関するお知らせ
435	2021 年 5 月 21 日	一蔵	6186	東 1	公認会計士等の異動に関するお知らせ
436	2021 年 5 月 21 日	東海染工	3577	東 1	会計監査人の異動に関するお知らせ
437	2021 年 5 月 21 日	マーチャント・バンカーズ	3121	東 2	会計監査人の異動に関するお知らせ
438	2021 年 5 月 21 日	デジタルハーツホールディングス	3676	東 1	会計監査人の異動に関するお知らせ
439	2021 年 5 月 21 日	省電舎ホールディングス	1711	東 2	会計監査人の異動に関するお知らせ
440	2021 年 5 月 21 日	多摩川ホールディングス	6838	東 J	公認会計士等の異動に関するお知らせ
441	2021 年 5 月 24 日	不二硝子	5212	東 J	会計監査人の異動に関するお知らせ
442	2021 年 5 月 24 日	プラコー	6347	東 J	会計監査人の異動に関するお知らせ
443	2021 年 5 月 24 日	小松ウオール工業	7949	東 1	公認会計士等の異動に関するお知らせ
444	2021 年 5 月 24 日	サイネックス	2376	東 1	公認会計士等の異動に関するお知らせ
445	2021 年 5 月 25 日	大東建託	1878	東 1	公認会計士等の異動に関するお知らせ
446	2021 年 5 月 25 日	岡藤日産証券ホールディングス	8705	東 J	公認会計士等の異動に関するお知らせ
447	2021 年 5 月 25 日	三光産業	7922	東 2	会計監査人の異動に関するお知らせ
448	2021 年 5 月 25 日	セコニック	7758	東 2	会計監査人の異動に関するお知らせ
449	2021 年 5 月 25 日	メディアリンクス	6659	東 J	会計監査人の異動に関するお知らせ
450	2021 年 5 月 25 日	シード	7743	東 1	会計監査人の異動に関するお知らせ
451	2021 年 5 月 25 日	コムシード	3739	名 C	会計監査人の異動に関するお知らせ
452	2021 年 5 月 25 日	エンチョー	8208	東 J	会計監査人の異動に関するお知らせ
453	2021 年 5 月 25 日	日本パレットプール	4690	東 J	会計監査人の異動に関するお知らせ
454	2021 年 5 月 25 日	ニチリョク	7578	東 J	会計監査人の異動に関するお知らせ
455	2021 年 5 月 25 日	QD レーザ	6613	東 M	公認会計士等の異動に関するお知らせ
456	2021 年 5 月 25 日	フェイスネットワーク	3489	東 1	会計監査人の異動に関するお知らせ

交代内容	交代類型	時期	監査期間	監査報酬	交代理由
あずさ→アヴァンティア	大手→中小	期末	37	−8.1	継続監査期間＋子会社における訂正
トーマツ→太陽	大手→準大手	期末	14	−22.5	監査報酬
PwC あらた→ハイビスカス	大手→中小	期末	3	−13.8	監査報酬
清陽→太陽	中小→準大手	期末	9	19.0	グループ間統一
あずさ→太陽	大手→準大手	期末	34	−3.6	監査報酬
PwC あらた→フロンティア	大手→中小	期末	7	−40.0	監査報酬
EY 新日本→新宿	大手→中小	期末	20	−18.2	継続監査期間＋監査報酬
仰星→ RSM 清和	準大手→中小	期末	6	−4.7	継続監査期間
仰星→そうせい	準大手→中小	期末	4	0.0	監査報酬
トーマツ→アーク	大手→中小	期末	14	−18.6	継続監査期間＋監査報酬
あずさ→誠栄	大手→中小	期末	3	−	グループ間統一
PwC あらた→ EY 新日本	大手→大手	期末	14	−19.2	継続監査期間
原会計事務所→ EY 新日本	中小→大手	期末	41	20.7	継続監査期間＋公認会計士・監査審査会勧告
トーマツ→太陽	大手→準大手	期末	29	101.7	監査法人からの申し出
EY 新日本→アーク	大手→中小	期末	14	−4.4	継続監査期間＋監査報酬
EY 新日本→東陽	大手→準大手	期末	24	30.3	監査報酬
EY 新日本→みおぎ	大手→中小	期末	14	0.0	監査報酬＋継続監査期間
RSM 清和→ PwC あらた	中小→大手	期末	2	93.5	グループ間統一
アーク→興亜	中小→中小	期末	13	−11.9	継続監査期間＋監査報酬
トーマツ→太陽	大手→準大手	期末	14	−2.6	継続監査期間
EY 新日本→ひびき	大手→中小	期末	24	−5.3	継続監査期間＋監査報酬
PwC あらた→あずさ	大手→大手	期末	7	−7.6	監査報酬
EY 新日本→太陽	大手→準大手	期末	21	33.1	継続監査期間＋監査報酬
三優→ UHY 東京	準大手→中小	期末	18	−11.3	継続監査期間
三優→トーマツ	準大手→大手	期末	22	62.5	継続監査期間＋グループ間統一
トーマツ→赤坂	大手→中小	期末	6	−41.7	監査報酬
EY 新日本→太陽	大手→準大手	期末	22	−47.6	監査報酬
あずさ→ PwC 京都	大手→中小	期末	5	−	継続監査期間
EY 新日本→トーマツ	大手→大手	期末	23	18.8	グループ間統一
元和→アルファ	中小→中小	期末	11	0.0	監査体制の不備
アリア→フロンティア	中小→中小	期末	1	−16.7	監査報酬
トーマツ→三優	大手→準大手	期末	14	−16.4	監査報酬
あずさ→ひびき	大手→中小	期末	52	−30.0	継続監査期間＋監査報酬
EY 新日本→太陽	大手→準大手	期末	31	−8.3	監査法人からの申し出
元和→城南公認会計士共同事務所	中小→中小	期末	3	0.0	担当会計士の脱退
トーマツ→あずさ	大手→大手	期末	23	−9.1	監査報酬
元和→城南公認会計士共同事務所	中小→中小	期末	8	0.0	担当会計士の脱退
EY 新日本→アヴァンティア	大手→中小	期末	8	−11.3	監査法人からの申し出
EY 新日本→太陽	大手→準大手	期末	56	−17.9	継続監査期間＋監査報酬
太陽→南青山	準大手→中小	期末	13	2.4	継続監査期間
トーマツ→太陽	大手→準大手	期末	7	−0.5	継続監査期間＋監査報酬
やまと→アルファ	中小→中小	期末	2	−11.1	監査法人からの申し出
アヴァンティア→ハイビスカス	中小→中小	期末	2	15.6	監査法人からの申し出
元和→フェイス	中小→中小	期末	3	0.0	監査体制の不備
ブレインワーク→アリア	中小→中小	期末	13	−3.7	監査法人からの申し出
トーマツ→かなで	大手→中小	期末	34	−20.8	継続監査期間
EY 新日本→仰星	大手→準大手	期末	19	−1.7	継続監査期間＋監査報酬
トーマツ→ EY 新日本	大手→大手	期末	32	3.1	継続監査期間
まほろば→太陽	中小→準大手	期末	9	27.0	継続監査期間＋事業拡大への対応
Moore 至誠→まほろば	中小→中小	期末	4	0.0	監査報酬
EY 新日本→ Mazars	大手→中小	期末	8	−	監査報酬
東邦→まほろば	中小→中小	期末	2	−4.2	監査法人からの申し出
PwC あらた→ EY 新日本	大手→大手	期末	7	−5.2	継続監査期間
太陽→ Mazars	準大手→中小	期末	14	−16.7	監査報酬
EY 新日本→東陽	大手→準大手	期末	39	0.0	監査報酬
トーマツ→仰星	大手→準大手	期末	30	−2.2	継続監査期間
EY 新日本→ハイビスカス	大手→中小	期末	26	−32.7	監査報酬
EY 新日本→みおぎ	大手→中小	期末	12	−34.0	監査報酬
EY 新日本→東陽	大手→準大手	期末	4	54.2	監査報酬

	開示日	企業名	コード	市場	題名
457	2021 年 5 月 25 日	燦キャピタルマネージメント	2134	東 J	公認会計士等の異動及び一時会計監査人の選任に関するお知らせ
458	2021 年 5 月 26 日	ブランディングテクノロジー	7067	東 M	公認会計士等の異動に関するお知らせ
459	2021 年 5 月 26 日	ホリイフードサービス	3077	東 J	公認会計士等の異動に関するお知らせ
460	2021 年 5 月 26 日	エコノス	3136	札 A	公認会計士等の異動に関するお知らせ
461	2021 年 5 月 26 日	ゼネラル・オイスター	3224	東 M	公認会計士等の異動に関するお知らせ
462	2021 年 5 月 26 日	城南進学研究社	4720	東 J	会計監査人の異動に関するお知らせ
463	2021 年 5 月 27 日	日本プリメックス	2795	東 J	公認会計士等の異動に関するお知らせ
464	2021 年 5 月 27 日	大崎電気工業	6644	東 1	公認会計士等の異動に関するお知らせ
465	2021 年 5 月 27 日	MUTOH ホールディングス	7999	東 1	会計監査人の異動に関するお知らせ
466	2021 年 5 月 27 日	セフテック	7464	東 J	公認会計士等の異動に関するお知らせ
467	2021 年 5 月 27 日	日本化学産業	4094	東 2	会計監査人の異動に関するお知らせ
468	2021 年 5 月 28 日	ユー・エム・シー・エレクトロニクス	6615	東 1	会計監査人の異動に関するお知らせ
469	2021 年 5 月 28 日	岡本硝子	7746	東 J	会計監査人の異動に関するお知らせ
470	2021 年 5 月 28 日	ハビックス	3895	東 J	会計監査人の異動に関するお知らせ
471	2021 年 5 月 28 日	ジーニー	6562	東 M	公認会計士等の異動に関するお知らせ
472	2021 年 5 月 28 日	フルッタフルッタ	2586	東 M	公認会計士等の異動に関するお知らせ
473	2021 年 5 月 28 日	ひらまつ	2764	東 1	会計監査人の異動に関するお知らせ
474	2021 年 5 月 31 日	サクサホールディングス	6675	東 1	会計監査人の異動に関するお知らせ
475	2021 年 6 月 1 日	フレンドリー	8209	東 2	会計監査人の異動に関するお知らせ
476	2021 年 6 月 3 日	藤倉コンポジット	5121	東 1	公認会計士等の異動に関するお知らせ
477	2021 年 6 月 3 日	秀英予備校	4678	東 1	公認会計士等の異動に関するお知らせ
478	2021 年 6 月 11 日	共和工業所	5971	東 J	会計監査人の異動に関するお知らせ
479	2021 年 6 月 14 日	エムアップホールディングス	3661	東 1	公認会計士等の異動に関するお知らせ
480	2021 年 6 月 16 日	アゼアス	3161	東 2	会計監査人の異動に関するお知らせ
481	2021 年 6 月 22 日	イード	6038	東 M	会計監査人の異動に関するお知らせ
482	2021 年 6 月 22 日	天昇電気工業	6776	東 2	会計監査人の異動及び一時会計監査人の選任に関するお知らせ
483	2021 年 6 月 25 日	サンデンホールディングス	6444	東 1	公認会計士等の異動に関するお知らせ
484	2021 年 7 月 9 日	三光合成	7888	東 1	会計監査人の異動に関するお知らせ
485	2021 年 7 月 19 日	アウンコンサルティング	2459	東 M	会計監査人の異動に関するお知らせ
486	2021 年 7 月 19 日	ウッドフレンズ	8886	東 J	会計監査人の異動に関するお知らせ
487	2021 年 7 月 20 日	シグマ光機	7713	東 J	会計監査人の異動に関するお知らせ
488	2021 年 7 月 27 日	東洋電機製造	6505	東 1	会計監査人の異動に関するお知らせ
489	2021 年 8 月 12 日	マクロミル	3978	東 1	公認会計士等の異動に関するお知らせ
490	2021 年 8 月 12 日	NATTY SWANKY	7674	東 M	会計監査人の異動に関するお知らせ
491	2021 年 8 月 13 日	OKK	6205	東 1	会計監査人の異動に関するお知らせ
492	2021 年 8 月 16 日	総医研ホールディングス	2385	東 M	会計監査人の異動に関するお知らせ
493	2021 年 8 月 20 日	壽屋	7809	東 J	会計監査人の異動に関するお知らせ
494	2021 年 8 月 24 日	THE グローバル社	3271	東 1	会計監査人の異動に関するお知らせ
495	2021 年 8 月 26 日	工藤建設	1764	東 2	会計監査人の異動に関するお知らせ
496	2021 年 8 月 30 日	サニーサイドアップグループ	2180	東 1	会計監査人の異動に関するお知らせ
497	2021 年 8 月 30 日	リバーホールディングス	5690	東 2	会計監査人の異動に関するお知らせ
498	2021 年 8 月 31 日	クレステック	7812	東 2	公認会計士等の異動に関するお知らせ
499	2021 年 9 月 13 日	ツクルバ	2978	東 M	公認会計士等の異動に関するお知らせ
500	2021 年 9 月 14 日	VALUENEX	4422	東 M	公認会計士等の異動に関するお知らせ
501	2021 年 9 月 17 日	クロスフォー	7810	東 J	会計監査人の異動に関するお知らせ
502	2021 年 9 月 22 日	明豊エンタープライズ	8927	東 J	公認会計士等の異動に関するお知らせ
503	2021 年 9 月 28 日	エム・エイチ・グループ	9439	東 J	公認会計士等の異動に関するお知らせ
504	2021 年 10 月 6 日	OKK	6205	東 1	一時会計監査人の選任に関するお知らせ
505	2021 年 10 月 11 日	浜木綿	7682	東 J	会計監査人の異動に関するお知らせ
506	2021 年 10 月 11 日	福島印刷	7870	名 2	会計監査人の異動に関するお知らせ
507	2021 年 10 月 12 日	エヌ・ピー・シー	6255	東 M	会計監査人の異動に関するお知らせ
508	2021 年 10 月 14 日	ポエック	9264	東 J	会計監査人の異動に関するお知らせ
509	2021 年 10 月 14 日	エム・エイチ・グループ	9439	東 J	一時会計監査人の選任に関するお知らせ
510	2021 年 10 月 21 日	ほぼ日	3560	東 J	会計監査人の異動に関するお知らせ
511	2021 年 10 月 22 日	テラ	2191	東 J	会計監査人からの監査契約解約通知の受領に関するお知らせ
512	2021 年 10 月 25 日	アクロディア	3823	東 J	公認会計士等（会計監査人）の異動に関するお知らせ
513	2021 年 10 月 27 日	AFC-HD アムスライフサイエンス	2927	東 J	会計監査人の異動に関するお知らせ

交代内容	交代類型	時期	監査期間	監査報酬	交代理由
アリア→柴田洋・大瀧秀樹	中小→中小	期中	5	9.1	見解の相違
あずさ→仁智	大手→中小	期末	5	−23.9	監査報酬
トーマツ→かなで	大手→中小	期末	14	−26.3	監査報酬
EY 新日本→三優	大手→準大手	期末	11	−3.6	継続監査期間＋監査報酬
東邦→オリエント	大手→中小	期末	4	0.0	担当会計士の移籍
EY 新日本→東光	大手→中小	期末	17	−8.3	継続監査期間＋監査報酬
トーマツ→アーク	大手→中小	期末	22	−16.0	継続監査期間＋監査報酬
原会計事務所→ RSM 清和	中小→中小	期末	59	30.4	継続監査期間＋公認会計士・監査審査会勧告
EY 新日本→ Mazars	大手→中小	期末	15	−27.3	継続監査期間＋監査報酬
EY 新日本→東邦	大手→中小	期末	14	11.1	継続監査期間＋監査報酬
仰星→アーク	準大手→中小	期末	27	4.5	継続監査期間
EY 新日本→ PwC あらた	大手→大手	期末	7	−35.5	監査体制刷新＋グループ間統一
EY 新日本→あかり	大手→中小	期末	14	6.7	監査報酬
トーマツ→仰星	大手→準大手	期末	21	−7.1	継続監査期間＋監査報酬
トーマツ→アヴァンティア	大手→中小	期末	6	−20.0	監査報酬
アリア→みつば	中小→中小	期末	2	−42.9	監査報酬
EY 新日本→ハイビスカス	大手→中小	期末	21	−89.4	継続監査期間＋監査報酬
EY 新日本→東光	大手→中小	期末	59	−85.3	監査法人からの申し出
仰星→トーマツ	準大手→大手	期末	8	9.8	監査法人からの申し出＋グループ間統一
EY 新日本→太陽	大手→準大手	期末	52	−10.9	継続監査期間＋監査報酬
トーマツ→かなで	大手→中小	期末	26	−19.0	継続監査期間＋監査報酬
トーマツ→かなで	大手→中小	期末	29	−19.0	継続監査期間
トーマツ→ EY 新日本	大手→大手	期末	10	9.2	監査報酬
EY 新日本→アーク	大手→中小	期末	23	−3.1	継続監査期間＋監査報酬
トーマツ→シンシア	大手→中小	期末	15	−23.2	監査報酬
アーク→清陽	中小→中小	期末	2	19.2	見解の相違
あずさ→ Mazars	大手→中小	期末	51	43.5	監査報酬
あずさ→アーク	大手→中小	期末	29	−5.0	監査報酬＋継続監査期間
東陽→アスカ	準大手→中小	期末	5	−12.5	監査法人からの申し出
あずさ→東海会計社	大手→中小	期末	14	−8.0	継続監査期間
トーマツ→太陽	大手→準大手	期末	29	−14.2	継続監査期間＋監査報酬
EY 新日本→アーク	大手→中小	期末	54	−6.7	継続監査期間
トーマツ→ PwC あらた	大手→大手	期末	19	−12.4	継続監査期間
EY 新日本→ Moore 至誠	大手→中小	期末	3	−45.6	監査報酬
EY 新日本→未定	大手→未定	期中	48	15.6	監査法人からの申し出
EY 新日本→あると築地	大手→中小	期末	19	−44.4	監査報酬
EY 新日本→東陽	大手→準大手	期末	6	−3.7	継続監査期間
あずさ→アスカ	大手→中小	期末	11	−56.9	グループ間統一
清陽→ FRIQ	中小→中小	期末	2	−3.0	監査報酬
EY 新日本→ RSM 清和	大手→中小	期末	12	−12.1	継続監査期間＋監査報酬
EY 新日本→あずさ	大手→大手	期末	4	−	グループ間統一＋監査法人からの申し出
仰星→太陽	準大手→準大手	期末	4	5.1	監査法人からの申し出
あずさ→和泉	大手→中小	期末	4	−7.6	監査報酬
EY 新日本→協立	大手→中小	期末	6	−49.5	監査報酬
あずさ→鷹和	大手→中小	期末	7	−15.5	継続監査期間＋監査報酬
城南公認会計士共同事務所→城南監査法人	中小→中小	期末	0	33.6	監査人の法人化
シンシア→未定	中小→未定	期末	2	11.1	監査報酬
未定→やまぶき	未定→中小	期中	−	−	−
あずさ→東海会計社	大手→中小	期末	4	−6.3	監査報酬
EY 新日本→かなで	大手→中小	期末	27	−15.0	継続監査期間＋監査報酬
EY 新日本→東海会計社	大手→中小	期末	17	−23.3	継続監査期間＋監査報酬
EY 新日本→太陽	大手→準大手	期末	4	−11.4	継続監査期間＋監査報酬
未定→アリア	未定→中小	期中	−	−	−
東陽→太陽	準大手→準大手	期末	15	43.8	継続監査期間＋監査報酬
開花→未定	中小→未定	期中	2	−	監査法人からの申し出
そうせい→フロンティア	中小→中小	期末	2	−7.4	監査報酬
トーマツ→アヴァンティア	大手→中小	期末	21	−44.6	グループ間統一＋監査報酬

	開示日	企業名	コード	市場	題名
514	2021 年 11 月 11 日	テラ	2191	東 J	公認会計士等の異動及び一時会計監査人の選任に関するお知らせ
515	2021 年 11 月 12 日	リネットジャパングループ	3556	東 M	会計監査人の異動に関するお知らせ
516	2021 年 11 月 12 日	マサル	1795	東 J	会計監査人の異動に関するお知らせ
517	2021 年 11 月 12 日	アクセスグループ・ホールディングス	7042	東 M	会計監査人の異動に関するお知らせ
518	2021 年 11 月 12 日	アジアゲートホールディングス	1783	東 J	会計監査人の異動に関するお知らせ
519	2021 年 11 月 12 日	エスケーエレクトロニクス	6677	東 J	公認会計士等の異動に関するお知らせ
520	2021 年 11 月 16 日	フォーシーズホールディングス	3726	東 2	会計監査人の異動に関するお知らせ
521	2021 年 11 月 17 日	バラカ	4809	東 J	会計監査人の異動に関するお知らせ
522	2021 年 11 月 19 日	メディネット	2370	東 M	会計監査人の異動に関するお知らせ
523	2021 年 11 月 22 日	フリークアウト・ホールディングス	6094	東 M	公認会計士等の異動に関するお知らせ
524	2021 年 11 月 22 日	GMO フィナンシャルゲート	4051	東 M	公認会計士等の異動に関するお知らせ
525	2021 年 11 月 22 日	GMO ペイメントゲートウェイ	3769	東 J	公認会計士等の異動に関するお知らせ
526	2021 年 11 月 24 日	マリオン	3494	東 J	公認会計士等の異動に関するお知らせ
527	2021 年 11 月 24 日	ニーズウェル	3992	東 1	会計監査人の異動に関するお知らせ
528	2021 年 11 月 25 日	ツナググループ・ホールディングス	6551	東 1	公認会計士等の異動に関するお知らせ
529	2021 年 11 月 25 日	セプテーニ・ホールディングス	4293	東 J	公認会計士等の異動に関するお知らせ
530	2021 年 11 月 25 日	ハイアス・アンド・カンパニー	6192	東 M	公認会計士等の異動に関するお知らせ
531	2021 年 11 月 26 日	EduLab	4427	東 1	会計監査人の異動に関するお知らせ
532	2021 年 11 月 26 日	太洋物産	9941	東 1	公認会計士等の異動に関するお知らせ
533	2021 年 11 月 26 日	テモナ	3985	東 1	公認会計士等の異動に関するお知らせ
534	2021 年 12 月 15 日	ギフト	9279	東 1	会計監査人の異動に関するお知らせ
535	2022 年 1 月 14 日	北興化学工業	4992	東 1	公認会計士等の異動に関するお知らせ
536	2022 年 1 月 21 日	バイク王＆カンパニー	3377	東 2	会計監査人の異動に関するお知らせ
537	2022 年 1 月 24 日	GMO インターネット	9449	東 1	公認会計士等の異動に関するお知らせ
538	2022 年 1 月 24 日	GMO メディア	6180	東 M	公認会計士等の異動に関するお知らせ
539	2022 年 1 月 24 日	GMO グローバルサイン・ホールディングス	3788	東 1	公認会計士等の異動に関するお知らせ
540	2022 年 1 月 24 日	GMO TECH	6026	東 M	公認会計士等の異動に関するお知らせ
541	2022 年 1 月 24 日	GMO アドパートナーズ	4784	東 J	公認会計士等の異動に関するお知らせ
542	2022 年 1 月 24 日	GMO リサーチ	3695	東 M	公認会計士等の異動に関するお知らせ
543	2022 年 1 月 24 日	GMO ペパボ	3633	東 1	公認会計士等の異動に関するお知らせ
544	2022 年 1 月 25 日	GMO フィナンシャルホールディングス	7177	東 J	公認会計士等の異動に関するお知らせ
545	2022 年 1 月 25 日	Nexus Bank	4764	東 J	公認会計士等の異動に関するお知らせ
546	2022 年 1 月 28 日	クックビズ	6558	東 M	会計監査人の異動に関するお知らせ
547	2022 年 1 月 28 日	アサヒ衛陶	5341	東 2	公認会計士等の異動に関するお知らせ
548	2022 年 1 月 31 日	明治海運	9115	東 1	公認会計士等の合併に伴う異動に関するお知らせ
549	2022 年 1 月 31 日	トーホー	8142	東 1	公認会計士等の合併に伴う異動に関するお知らせ
550	2022 年 1 月 31 日	串カツ田中ホールディングス	3547	東 1	公認会計士等の合併に伴う異動に関するお知らせ
551	2022 年 2 月 1 日	トレーディア	9365	東 2	公認会計士等の合併に伴う異動に関するお知らせ
552	2022 年 2 月 4 日	船井総研ホールディングス	9757	東 1	公認会計士等の異動に関するお知らせ
553	2022 年 2 月 10 日	グローバルダイニング	7625	東 M	会計監査人の異動に関するお知らせ
554	2022 年 2 月 10 日	マークラインズ	3901	東 1	会計監査人の異動に関するお知らせ
555	2022 年 2 月 10 日	シリウスビジョン	6276	東 J	会計監査人の異動に関するお知らせ
556	2022 年 2 月 14 日	共同ピーアール	2436	東 J	会計監査人の異動に関するお知らせ
557	2022 年 2 月 14 日	太洋工業	6663	東 J	公認会計士等の異動に関するお知らせ
558	2022 年 2 月 14 日	日本コンセプト	9386	東 1	公認会計士等の異動に関するお知らせ
559	2022 年 2 月 14 日	東京ソワール	8040	東 2	会計監査人の異動に関するお知らせ
560	2022 年 2 月 14 日	スタメン	4019	東 M	会計監査人の異動に関するお知らせ
561	2022 年 2 月 14 日	ダブル・スコープ	6619	東 1	会計監査人の異動に関するお知らせ
562	2022 年 2 月 14 日	理研コランダム	5395	東 2	会計監査人の異動に関するお知らせ
563	2022 年 2 月 16 日	モブキャストホールディングス	3664	東 M	会計監査人の異動に関するお知らせ
564	2022 年 2 月 18 日	アジャイルメディア・ネットワーク	6573	東 M	第 15 期定時株主総会の継続会の開催方針ならびに資本金の額の減少、定款の変更、公認会計士等の異動に関するお知らせ
565	2022 年 2 月 18 日	ジー・スリーホールディングス	3647	東 2	会計監査人の異動及び金融商品取引法監査の監査証明を行う公認会計士等の選任に関するお知らせ
566	2022 年 2 月 21 日	エフ・コード	9211	東 M	公認会計士等の異動に関するお知らせ
567	2022 年 2 月 21 日	倉元製作所	5216	東 J	会計監査人の異動に関するお知らせ
568	2022 年 2 月 21 日	Welby	4438	東 M	公認会計士等の異動に関するお知らせ
569	2022 年 2 月 21 日	RS Technologies	3445	東 1	会計監査人の異動に関するお知らせ
570	2022 年 2 月 22 日	トヨクモ	4058	東 M	公認会計士等の異動に関するお知らせ

交代内容	交代類型	時期	監査期間	監査報酬	交代理由
未定→ HLB Meisei	未定→中小	期中	−	−	−
三優→ PwC 京都	準大手→準大手	期末	12	31.1	継続監査期間
東陽→ Moore 至誠	準大手→中小	期末	28	17.9	継続監査期間＋監査報酬
あずさ→アルファ	大手→中小	期末	6	−20.8	監査報酬
RSM 清和→フロンティア	中小→中小	期末	7	7.4	継続監査期間
あずさ→ PwC 京都	大手→準大手	期末	15	5.9	継続監査期間
三優→海南	準大手→中小	期末	3	−29.5	監査法人からの申し出
トーマツ→太陽	大手→準大手	期末	8	−8.3	監査報酬
EY 新日本→普賢	大手→中小	期末	20	−27.4	監査報酬
あずさ→和泉	大手→中小	期末	7	10.5	監査法人からの申し出
トーマツ→ EY 新日本	大手→大手	期末	4	3.6	グループ間統一
トーマツ→ EY 新日本	大手→大手	期末	8	−22.7	継続監査期間
東陽→シンシア	準大手→中小	期末	5	−10.0	監査報酬
あずさ→太陽	大手→準大手	期末	5	−1.8	監査報酬
EY 新日本→ RSM 清和	大手→中小	期末	6	0.0	監査報酬
トーマツ→あずさ	大手→大手	期末	4	76.9	グループ間統一
アリア→誠栄	中小→中小	期末	1	14.3	グループ間統一
あずさ→未定	大手→未定	期末	4	−	監査法人からの申し出
アヴァンティア→ KDA	中小→中小	期末	5	−19.0	監査報酬
EY 新日本→太陽	大手→準大手	期末	6	21.7	監査報酬
EY 新日本→東海会計社	大手→中小	期末	4	−39.2	監査報酬
PwC あらた→太陽	大手→準大手	期末	6	−25.0	継続監査期間
トーマツ→赤坂	大手→中小	期末	20	−25.3	監査報酬＋継続監査期間
トーマツ→ EY 新日本	大手→大手	期末	16	−18.7	継続監査期間＋グループ間統一
トーマツ→ EY 新日本	大手→大手	期末	7	−12.6	継続監査期間＋グループ間統一
トーマツ→ EY 新日本	大手→大手	期末	13	−2.8	継続監査期間＋グループ間統一
トーマツ→ EY 新日本	大手→大手	期末	8	−11.5	継続監査期間＋グループ間統一
トーマツ→ EY 新日本	大手→大手	期末	16	−7.2	継続監査期間＋グループ間統一
トーマツ→ EY 新日本	大手→大手	期末	8	−12.2	継続監査期間＋グループ間統一
トーマツ→ EY 新日本	大手→大手	期末	13	−14.0	継続監査期間＋グループ間統一
トーマツ→ EY 新日本	大手→大手	期末	15	−15.6	継続監査期間＋グループ間統一
RSM 清和→未定	中小→未定	期中	6	−	監査法人からの申し出
あずさ→太陽	大手→準大手	期末	5	−13.5	監査報酬
Ks Lab →アリア	中小→中小	期末	2	72.8	監査法人からの申し出
協立→協立神明	中小→中小	期中	−	0.0	監査法人の合併
協立→協立神明	中小→中小	期中	−	0.0	監査法人の合併
EY 新日本→史彩	大手→中小	期末	9	−20.8	継続監査期間＋監査報酬
協立→協立神明	中小→中小	期中	−	0.0	監査法人の合併
トーマツ→ PwC あらた	大手→大手	期末	9	−11.8	継続監査期間
EY 新日本→明星	大手→中小	期末	9	−8.0	監査報酬
あずさ→シンシア	大手→中小	期末	8	12.9	継続監査期間
あずさ→史彩	大手→中小	期末	4	−26.8	監査報酬
EY 新日本→東陽	大手→準大手	期末	18	8.0	継続監査期間
EY 新日本→太陽	大手→準大手	期末	17	0.0	継続監査期間＋監査報酬
トーマツ→ A＆A パートナーズ	大手→中小	期末	17	−2.7	継続監査期間＋監査報酬
東陽→アヴァンティア	準大手→中小	期末	2	10.0	監査報酬
あずさ→太陽	大手→準大手	期末	2	0.0	監査報酬
あずさ→ Mazars	大手→中小	期末	13	−2.0	監査法人からの申し出
トーマツ→ナカチ	大手→中小	期末	42	−31.3	継続監査期間＋監査報酬
八重洲→みかさ	中小→中小	期末	4	−31.4	監査報酬
かなで→アリア	中小→中小	期中	1	−35.5	監査法人からの申し出
赤坂→アリア	中小→中小	期中	3	48.9	監査法人からの申し出
EY 新日本→ FRIQ	大手→中小	期末	3	−38.6	監査報酬
アヴァンティア→アリア	中小→中小	期末	12	−25.0	監査法人からの申し出
EY 新日本→双研日栄	大手→中小	期末	6	−19.1	監査報酬
あずさ→ PwC 京都	大手→準大手	期末	8	4.9	継続監査期間
PwC あらた→ひので	大手→中小	期末	2	−33.4	監査報酬

巻末資料　監査法人交代一覧表

	開示日	企業名	コード	市場	題名
571	2022 年 2 月 22 日	コンバム	6265	東 J	会計監査人の異動に関するお知らせ
572	2022 年 2 月 24 日	ヘッドウォータース	4011	東 M	公認会計士等の異動に関するお知らせ
573	2022 年 2 月 24 日	清和中央ホールディングス	7531	東 J	公認会計士等の異動に関するお知らせ
574	2022 年 2 月 24 日	日本管理センター	3276	東 1	公認会計士等の異動に関するお知らせ
575	2022 年 2 月 24 日	ブイキューブ	3681	東 1	会計監査人の異動に関するお知らせ
576	2022 年 2 月 25 日	シンシア	7782	東 J	会計監査人の異動に関するお知らせ
577	2022 年 2 月 25 日	トライアイズ	4840	東 J	公認会計士等の異動に関するお知らせ
578	2022 年 2 月 25 日	アトラグループ	6029	東 1	公認会計士等の異動に関するお知らせ
579	2022 年 2 月 28 日	第一屋製パン	2215	東 1	会計監査人の異動に関するお知らせ
580	2022 年 3 月 1 日	アエリア	3758	東 1	会計監査人の異動に関するお知らせ
581	2022 年 3 月 10 日	菱洋エレクトロ	8068	東 1	会計監査人の異動に関するお知らせ
582	2022 年 3 月 18 日	ビート・ホールディングス・リミテッド	9399	東 2	会計監査人からの辞任通知受領に関するお知らせ
583	2022 年 3 月 24 日	ジャストプランニング	4287	東 J	会計監査人の異動に関するお知らせ
584	2022 年 3 月 28 日	バリューゴルフ	3931	東 M	会計監査人の異動に関するお知らせ
585	2022 年 3 月 29 日	ウィルソン・ラーニング ワールドワイド	9610	東 J	会計監査人の異動に関するお知らせ
586	2022 年 3 月 29 日	パレモ・ホールディングス	2778	東 2	会計監査人の異動に関するお知らせ
587	2022 年 4 月 1 日	和心	9271	東 M	会計監査人の異動及び一時会計監査人の選任に関するお知らせ
588	2022 年 4 月 6 日	コンバム	6265	東ス	一時会計監査人の選任に関するお知らせ
589	2022 年 4 月 7 日	ビート・ホールディングス・リミテッド	9399	東ス	会計監査人の異動に関するお知らせ
590	2022 年 4 月 13 日	エスポア	3260	名ネ	会計監査人の異動に関するお知らせ
591	2022 年 4 月 13 日	タカキュー	8166	東ス	会計監査人の異動に関するお知らせ
592	2022 年 4 月 13 日	ラピーヌ	8143	東ス	会計監査人の異動に関するお知らせ
593	2022 年 4 月 13 日	ジェーソン	3080	東ス	会計監査人の異動に関するお知らせ
594	2022 年 4 月 13 日	アドヴァングループ	7463	東ス	会計監査人の異動に関するお知らせ
595	2022 年 4 月 14 日	識学	7049	東グ	公認会計士等の異動に関するお知らせ
596	2022 年 4 月 14 日	メタリアル	6182	東グ	公認会計士等の異動に関するお知らせ
597	2022 年 4 月 14 日	買取王国	3181	東ス	会計監査人の異動に関するお知らせ
598	2022 年 4 月 14 日	ジオコード	7357	東ス	会計監査人の異動に関するお知らせ
599	2022 年 4 月 14 日	トライステージ	2178	東ス	公認会計士等の異動に関するお知らせ
600	2022 年 4 月 14 日	エコナックホールディングス	3521	東ス	会計監査人の異動に関するお知らせ
601	2022 年 4 月 15 日	サン電子	6736	東ス	会計監査人の異動に関するお知らせ
602	2022 年 4 月 18 日	レイ	4317	東ス	公認会計士等の異動に関するお知らせ
603	2022 年 4 月 18 日	ベルク	9974	東ス	公認会計士等の異動に関するお知らせ
604	2022 年 4 月 19 日	ソーバル	2186	東ス	会計監査人の異動に関するお知らせ
605	2022 年 4 月 19 日	システムインテグレータ	3826	東ス	会計監査人の異動に関するお知らせ
606	2022 年 4 月 19 日	ジェイグループホールディングス	3063	東グ	会計監査人の異動に関するお知らせ
607	2022 年 4 月 20 日	東京衡機	7719	東ス	会計監査人の異動に関するお知らせ
608	2022 年 4 月 20 日	EduLab	4427	東グ	一時会計監査人選任に関するお知らせ
609	2022 年 4 月 21 日	ランド	8918	東ス	公認会計士等の異動に関するお知らせ
610	2022 年 4 月 21 日	ヨンドシーホールディングス	8008	東ス	会計監査人の異動に関するお知らせ
611	2022 年 4 月 21 日	JNS ホールディングス	3627	東ス	会計監査人の異動に関するお知らせ
612	2022 年 4 月 22 日	バリオセキュア	4494	東ス	会計監査人の異動に関するお知らせ
613	2022 年 4 月 26 日	東部ネットワーク	9036	東ス	会計監査人の異動に関するお知らせ
614	2022 年 4 月 26 日	シーズメン	3083	東ス	会計監査人の異動に関するお知らせ
615	2022 年 4 月 28 日	アクアライン	6173	東グ	公認会計士等の異動に関するお知らせ
616	2022 年 4 月 28 日	オウケイウェイヴ	3808	名ネ	会計監査人の異動及び一時会計監査人の選任に関するお知らせ
617	2022 年 5 月 6 日	アイネット	9600	東ス	公認会計士等の異動に関するお知らせ
618	2022 年 5 月 10 日	クリップコーポレーション	4705	東ス	公認会計士等の異動に関するお知らせ
619	2022 年 5 月 10 日	リグア	7090	東グ	会計監査人の異動に関するお知らせ
620	2022 年 5 月 10 日	東祥	8920	東ス	公認会計士等の異動に関するお知らせ
621	2022 年 5 月 10 日	NKK スイッチズ	6943	東ス	公認会計士等の異動に関するお知らせ
622	2022 年 5 月 10 日	日本通信	9424	東プ	公認会計士等の異動に関するお知らせ
623	2022 年 5 月 11 日	ゲームカード・ジョイコホールディングス	6249	東ス	会計監査人の異動に関するお知らせ
624	2022 年 5 月 11 日	ヤマト	1967	東ス	会計監査人の異動に関するお知らせ
625	2022 年 5 月 11 日	北弘電社	1734	札	会計監査人の異動に関するお知らせ
626	2022 年 5 月 11 日	AB ホテル	6565	東ス	会計監査人の異動に関するお知らせ
627	2022 年 5 月 11 日	日東化工	5104	東ス	公認会計士等の異動に関するお知らせ
628	2022 年 5 月 12 日	カネミツ	7208	東ス	公認会計士等の異動に関するお知らせ

交代内容	交代類型	時期	監査期間	監査報酬	交代理由
東陽→未定	準大手→未定	期末	5	8.3	監査法人からの申し出
あずさ→爽	大手→中小	期末	4	−16.0	監査報酬
あずさ→太陽	大手→準大手	期末	29	−22.4	継続監査期間＋監査報酬
東陽→太陽	準大手→準大手	期末	13	32.5	継続監査期間
あずさ→太陽	大手→準大手	期末	16	11.5	監査報酬
あずさ→Moore 至誠	大手→中小	期末	6	−15.8	監査報酬
城南公認会計士共同事務所→城南監査法人	中小→中小	期末	1	5.0	監査人の法人化
トーマツ→協立	大手→中小	期末	8	−41.2	監査報酬
EY 新日本→晴馨	大手→中小	期末	60	−49.0	継続監査期間＋監査報酬
アヴァンティア→海南	中小→中小	期末	5	−28.9	監査報酬
あずさ→清陽	大手→中小	期末	16	−39.6	継続監査期間＋監査報酬
史彩→未定	中小→未定	期中	1	−	監査法人からの申し出
あずさ→和泉	大手→中小	期末	23	20.0	監査報酬
あずさ→あかり	大手→中小	期末	8	37.0	監査報酬
あずさ→海南	大手→中小	期末	29	−19.5	監査報酬
あずさ→五十鈴	大手→中小	期末	15	−36.4	継続監査期間＋監査報酬
銀河→アリア	中小→中小	期中	2	2.1	監査法人からの申し出
未定→アリア	未定→中小	期末	−	−	−
未定→アリア	未定→中小	期末	−	−	−
仰星→海南	準大手→中小	期末	1	5.7	監査報酬
トーマツ→赤坂	大手→中小	期末	37	−57.4	監査報酬
まほろ→清流	中小→中小	期末	1	0.0	取締役兼務会社の監査法人
あずさ→アーク	大手→中小	期末	18	−5.4	監査報酬
A & A パートナーズ→そうせい	中小→中小	期末	13	−1.6	継続監査期間
EY 新日本→太陽	大手→準大手	期末	4	−6.7	監査報酬
アヴァンティア→フロンティア	中小→中小	期末	5	−6.7	監査報酬
あずさ→五十鈴	大手→中小	期末	10	−24.2	継続監査期間＋監査報酬
EY 新日本→アーク	大手→中小	期末	2	21.3	監査報酬
EY 新日本→太陽	大手→準大手	期末	14	−	監査法人からの申し出
フロンティア→未定	中小→未定	期末	15	13.3	監査法人からの申し出
あずさ→フロンティア	大手→中小	期末	15	−23.9	継続監査期間＋監査報酬
城南公認会計士共同事務所→城南監査法人	中小→中小	期末	1	0.0	監査人の法人化
海南→太陽	中小→準大手	期末	30	3.6	継続監査期間
あずさ→東陽	大手→準大手	期末	15	0.0	監査報酬
EY 新日本→太陽	大手→準大手	期末	16	8.4	継続監査期間
PwC あらた→フロンティア	大手→中小	期末	15	−32.3	監査報酬＋継続監査期間
アスカ→アリア	中小→中小	期末	3	−23.1	監査報酬
未定→アリア	未定→中小	期中	−	−	−
城南公認会計士共同事務所→城南監査法人	中小→中小	期末	1	−0.4	監査人の法人化
トーマツ→かなで	大手→中小	期末	15	−19.0	継続監査期間＋監査報酬
EY 新日本→太陽	大手→準大手	期末	12	−6.9	継続監査期間＋監査報酬
EY 新日本→赤坂	大手→中小	期末	3	−36.7	監査報酬
EY 新日本→普賢	大手→中小	期末	25	−2.0	継続監査期間＋監査報酬
UHY 東京→やまぶき	中小→中小	期末	2	19.0	監査報酬
トーマツ→やまぶき	大手→中小	期末	7	−61.5	継続監査期間＋監査報酬
南青山→柴田洋・大瀧秀樹	中小→中小	期中	3	−	監査法人からの申し出
PwC あらた→太陽	大手→準大手	期末	28	23.6	継続監査期間
トーマツ→FRIQ	大手→中小	期末	27	−23.1	継続監査期間＋監査報酬
あずさ→あると築地	大手→中小	期末	6	−27.1	監査報酬
あずさ→東海会計社	大手→中小	期末	15	−10.3	継続監査期間
あずさ→RSM 清和	大手→中小	期末	35	0.0	監査報酬＋継続監査期間
城南公認会計士共同事務所→城南監査法人	中小→中小	期末	1	0.0	監査人の法人化
EY 新日本→赤坂	大手→中小	期末	15	−29.4	監査報酬
あずさ→太陽	大手→準大手	期末	38	8.2	継続監査期間
EY 新日本→銀河	大手→中小	期末	26	−80.3	継続監査期間＋監査報酬
あずさ→東海会計社	大手→中小	期末	7	−0.3	継続監査期間
EY 新日本→薄衣佐吉事務所	大手→中小	期末	45	−	監査報酬＋継続監査期間
トーマツ→清稜	大手→中小	期末	24	−25.9	継続監査期間＋監査報酬

	開示日	企業名	コード	市場	題名
629	2022 年 5 月 12 日	バナーズ	3011	東ス	公認会計士等の異動に関するお知らせ
630	2022 年 5 月 12 日	横浜魚類	7443	東ス	公認会計士等の異動に関するお知らせ
631	2022 年 5 月 12 日	キッズウェル・バイオ	4584	東グ	会計監査人の選任に関するお知らせ
632	2022 年 5 月 12 日	カオナビ	4435	東グ	会計監査人の異動に関するお知らせ
633	2022 年 5 月 12 日	アサヒペン	4623	東ス	会計監査人の異動に関するお知らせ
634	2022 年 5 月 13 日	日本電波工業	6779	東ス	公認会計士等の異動に関するお知らせ
635	2022 年 5 月 13 日	共和コーポレーション	6570	東ス	公認会計士等の異動に関するお知らせ
636	2022 年 5 月 13 日	日本電計	9908	東ス	会計監査人の異動に関するお知らせ
637	2022 年 5 月 13 日	JALCO ホールディングス	6625	東ス	公認会計士等の異動に関するお知らせ
638	2022 年 5 月 13 日	テイクアンドギヴ・ニーズ	4331	東プ	会計監査人の異動に関するお知らせ
639	2022 年 5 月 13 日	アルファポリス	9467	東グ	会計監査人の異動に関するお知らせ
640	2022 年 5 月 13 日	NITTOKU	6145	東ス	公認会計士等の異動に関するお知らせ
641	2022 年 5 月 13 日	ガーラ	4777	東ス	公認会計士等の異動に関するお知らせ
642	2022 年 5 月 13 日	アルメディオ	7859	東ス	公認会計士等の異動に関するお知らせ
643	2022 年 5 月 13 日	ムトー精工	7927	東ス	会計監査人の異動に関するお知らせ
644	2022 年 5 月 13 日	イー・ロジット	9327	東ス	公認会計士等の異動に関するお知らせ
645	2022 年 5 月 13 日	イオレ	2334	東グ	公認会計士等の異動に関するお知らせ
646	2022 年 5 月 13 日	カヤバ	7242	東プ	会計監査人の異動に関するお知らせ
647	2022 年 5 月 13 日	中京医薬品	4558	東ス	会計監査人の異動に関するお知らせ
648	2022 年 5 月 13 日	フレアス	7062	東グ	公認会計士等の異動に関するお知らせ
649	2022 年 5 月 13 日	東洋刃物	5964	東ス	公認会計士等の異動に関するお知らせ
650	2022 年 5 月 13 日	東和銀行	8558	東プ	公認会計士等の異動に関するお知らせ
651	2022 年 5 月 13 日	中央製作所	6846	名メ	公認会計士等の異動に関するお知らせ
652	2022 年 5 月 13 日	ダイトウボウ	3202	東ス	会計監査人の異動に関するお知らせ
653	2022 年 5 月 13 日	アズ企画設計	3490	東ス	会計監査人の異動に関するお知らせ
654	2022 年 5 月 13 日	テクノスジャパン	3666	東プ	会計監査人の異動に関するお知らせ
655	2022 年 5 月 16 日	富士急行	9010	東プ	公認会計士等の合併に伴う異動に関するお知らせ
656	2022 年 5 月 16 日	積水化学工業	4204	東プ	公認会計士等の合併に伴う異動に関するお知らせ
657	2022 年 5 月 16 日	いい生活	3796	東ス	公認会計士等の合併に伴う異動に関するお知らせ
658	2022 年 5 月 16 日	関西フードマーケット	9919	東ス	会計監査人の異動に関するお知らせ
659	2022 年 5 月 16 日	イワブチ	5983	東ス	会計監査人の異動に関するお知らせ
660	2022 年 5 月 16 日	アミューズ	4301	東プ	公認会計士等の合併に伴う異動に関するお知らせ
661	2022 年 5 月 16 日	ホッカンホールディング	5902	東プ	公認会計士等の合併に伴う異動に関するお知らせ
662	2022 年 5 月 16 日	東京會舘	9701	東ス	公認会計士等の合併に伴う異動に関するお知らせ
663	2022 年 5 月 16 日	JK ホールディングス	9896	東プ	会計監査人の異動に関するお知らせ
664	2022 年 5 月 17 日	第一稀元素化学工業	4082	東プ	公認会計士等の異動に関するお知らせ
665	2022 年 5 月 17 日	マキヤ	9890	東ス	会計監査人の異動に関するお知らせ
666	2022 年 5 月 17 日	ネットイヤーグループ	3622	東グ	会計監査人の異動に関するお知らせ
667	2022 年 5 月 18 日	CDG	2487	東ス	会計監査人の異動に関するお知らせ
668	2022 年 5 月 18 日	東海東京フィナンシャル・ホールディングス	8616	東プ	公認会計士等の異動に関するお知らせ
669	2022 年 5 月 19 日	ブロードメディア	4347	東ス	会計監査人の異動に関するお知らせ
670	2022 年 5 月 19 日	ディジタルメディアプロフェッショナル	3652	東グ	公認会計士等の異動に関するお知らせ
671	2022 年 5 月 19 日	エコナックホールディングス	3521	東プ	（開示の経過）会計監査人の異動に関するお知らせ
672	2022 年 5 月 19 日	積水樹脂	4212	東プ	会計監査人の異動に関するお知らせ
673	2022 年 5 月 19 日	桂川電機	6416	東ス	公認会計士等の異動に関するお知らせ
674	2022 年 5 月 19 日	グローバルウェイ	3936	東グ	公認会計士等の異動に関するお知らせ
675	2022 年 5 月 19 日	ディーエムソリューションズ	6549	東ス	会計監査人の異動に関するお知らせ
676	2022 年 5 月 20 日	中西製作所	5941	東ス	会計監査人の異動に関するお知らせ
677	2022 年 5 月 20 日	ムーンバット	8115	東ス	会計監査人の異動に関するお知らせ
678	2022 年 5 月 20 日	指月電機製作所	6994	東ス	会計監査人の異動に関するお知らせ
679	2022 年 5 月 20 日	東京機械製作所	6335	東ス	会計監査人の異動に関するお知らせ
680	2022 年 5 月 20 日	日特建設	1929	東プ	会計監査人の異動に関するお知らせ
681	2022 年 5 月 20 日	ピーバンドットコム	3559	東プ	会計監査人の異動に関するお知らせ
682	2022 年 5 月 20 日	加地テック	6391	東ス	会計監査人の異動に関するお知らせ
683	2022 年 5 月 20 日	駅探	3646	東グ	公認会計士等の異動に関するお知らせ
684	2022 年 5 月 23 日	ヤマックス	5285	東ス	公認会計士等の異動に関するお知らせ
685	2022 年 5 月 23 日	岩崎電気	6924	東プ	公認会計士等の異動に関するお知らせ
686	2022 年 5 月 23 日	日本製罐	5905	東ス	公認会計士等の合併に伴う異動に関するお知らせ
687	2022 年 5 月 23 日	鉱研工業	6297	東ス	会計監査人の異動に関するお知らせ
688	2022 年 5 月 23 日	曙ブレーキ工業	7238	東プ	会計監査人の異動に関するお知らせ

交代内容	交代類型	時期	監査期間	監査報酬	交代理由
城南公認会計士共同事務所→城南監査法人	中小→中小	期末	1	0.0	監査人の法人化
EY 新日本→史彩	大手→中小	期末	30	-6.0	監査報酬
あずさ→南青山	大手→中小	期末	12	-36.2	継続監査期間＋監査報酬
あずさ→太陽	大手→準大手	期末	4	0.8	監査報酬
アーク→協立神明	中小→中小	期末	46	-2.7	継続監査期間
あずさ→太陽	大手→準大手	期末	48	1.5	継続監査期間＋監査報酬
EY 新日本→かなで	大手→中小	期末	16	-13.1	継続監査期間
アーク→井上	中小→中小	期末	13	-16.7	継続監査期間＋監査報酬
みかさ→シンシア	中小→中小	期末	7	29.0	継続監査期間
あずさ→太陽	大手→準大手	期末	22	0.0	継続監査期間＋監査報酬
東陽→東海会計社	準大手→中小	期末	5	-11.0	監査報酬
トーマツ→かなで	大手→中小	期末	35	-8.3	継続監査期間
仁智→Ks Lab.	中小→中小	期末	1	31.8	公認会計士・監査審査会勧告
アーク→Mazars	中小→中小	期末	9	0.0	監査報酬
あずさ→かがやき	大手→中小	期末	15	-10.4	継続監査期間＋監査報酬
EY 新日本→和宏事務所	大手→中小	期末	4	-50.9	監査報酬
東陽→ OAG	準大手→中小	期末	5	-6.0	監査報酬
あずさ→太陽	大手→準大手	期末	53	24.2	継続監査期間＋監査報酬
あずさ→東海会計社	大手→中小	期末	15	-16.0	監査報酬
あずさ→かがやき	大手→中小	期末	6	-43.2	監査報酬
あずさ→太陽	大手→準大手	期末	53	—	継続監査期間＋監査報酬
トーマツ→ PwC あらた	大手→大手	期末	15	26.2	継続監査期間
あずさ→仰星	大手→準大手	期末	15	-2.7	継続監査期間＋監査報酬
東陽→シンシア	準大手→中小	期末	6	-16.2	任期満了
EY 新日本→ RSM 清和	大手→中小	期末	5	0.0	監査報酬
トーマツ→太陽	大手→準大手	期末	13	-30.8	継続監査期間＋監査報酬
きさらぎ→ Moore みらい	中小→中小	期中	—	0.0	監査法人の合併
EY 新日本→あずさ	大手→大手	期末	33	12.8	継続監査期間
きさらぎ→ Moore みらい	中小→中小	期中	—	0.0	監査法人の合併
太陽→あずさ	準大手→大手	期末	34	-31.4	継続監査期間＋グループ間統一
あずさ→アーク	大手→中小	期末	30	-16.0	継続監査期間
EY 新日本→東陽	大手→準大手	期末	20	-7.5	継続監査期間＋監査報酬
きさらぎ→ Moore みらい	中小→中小	期中	—	-6.3	監査法人の合併
きさらぎ→ Moore みらい	中小→中小	期中	—	11.1	監査法人の合併
トーマツ→ PwC 京都	大手→準大手	期末	33	-6.8	継続監査期間
EY 新日本→トーマツ	大手→大手	期末	20	-2.4	入札制度
あずさ→アーク	大手→中小	期末	10	-23.5	継続監査期間
トーマツ→あずさ	大手→大手	期末	22	47.6	グループ間統一
トーマツ→ PwC 京都	大手→大手	期末	15	0.0	グループ間統一
トーマツ→あずさ	大手→大手	期末	16	-15.1	ローテーション制度
仁智→ HLB Meisei	中小→中小	期末	7	0.6	継続監査期間
EY 新日本→かなで	大手→中小	期末	13	-6.7	監査報酬
未定→やまぶき	未定→中小	—	—	—	—
大手前→太陽	中小→準大手	期末	33	11.4	継続監査期間
開花→ Amaterasu	中小→中小	期末	2	-12.3	監査法人からの申し出
城南公認会計士共同事務所→城南監査法人	中小→中小	期末	1	6.8	監査人の法人化
あずさ→双研日栄	大手→中小	期末	8	-28.1	監査報酬
EY 新日本→太陽	大手→準大手	期末	30	-0.8	継続監査期間＋監査報酬
あずさ→太陽	大手→準大手	期末	48	8.5	継続監査期間＋監査報酬
トーマツ→ひびき	大手→中小	期末	16	-11.1	継続監査期間＋監査報酬
仁智→新宿	中小→中小	期末	9	18.6	公認会計士・監査審査会勧告
保森会計事務所→ EY 新日本	中小→大手	期末	40	-2.2	継続監査期間
EY 新日本→ PwC 京都	大手→準大手	期末	6	11.1	監査報酬
あずさ→清稜	大手→中小	期末	48	-12.5	継続監査期間＋監査報酬
EY 新日本→ RSM 清和	大手→中小	期末	14	-23.4	継続監査期間＋監査報酬
トーマツ→如水	大手→中小	期末	30	0.0	継続監査期間＋監査報酬
EY 新日本→アーク	大手→中小	期末	51	—	継続監査期間＋監査報酬
きさらぎ→ Moore みらい	中小→中小	期中	—	0.0	監査法人の合併
EY 新日本→日本橋事務所	大手→中小	期末	16	-5.3	継続監査期間＋監査報酬
トーマツ→太陽	大手→準大手	期末	17	-12.5	継続監査期間

	開示日	企業名	コード	市場	題名
689	2022 年 5 月 23 日	シキノハイテック	6614	東ス	会計監査人の異動に関するお知らせ
690	2022 年 5 月 23 日	トーソー	5956	東ス	会計監査人の異動に関するお知らせ
691	2022 年 5 月 23 日	朝日印刷	3951	東ス	会計監査人の異動に関するお知らせ
692	2022 年 5 月 23 日	コラボス	3908	東グ	会計監査人の異動に関するお知らせ
693	2022 年 5 月 23 日	ミアヘルサホールディングス	7129	東ス	公認会計士等の異動に関するお知らせ
694	2022 年 5 月 23 日	電算	3640	東ス	公認会計士等の異動に関するお知らせ
695	2022 年 5 月 23 日	スパンクリートコーポレーション	5277	東ス	会計監査人の異動に関するお知らせ
696	2022 年 5 月 24 日	リボミック	4591	東グ	会計監査人の異動に関するお知らせ
697	2022 年 5 月 24 日	ニッキ	6042	東ス	公認会計士等の異動に関するお知らせ
698	2022 年 5 月 24 日	セブン工業	7896	東ス	会計監査人の異動に関するお知らせ
699	2022 年 5 月 24 日	ヒップ	2136	東ス	公認会計士等の異動に関するお知らせ
700	2022 年 5 月 24 日	明治機械	6334	東ス	会計監査人の異動に関するお知らせ
701	2022 年 5 月 24 日	那須電機鉄工	5922	東ス	公認会計士等の異動に関するお知らせ
702	2022 年 5 月 25 日	ナノキャリア	4571	東グ	会計監査人の異動に関するお知らせ
703	2022 年 5 月 25 日	ULS グループ	3798	東ス	公認会計士等の異動に関するお知らせ
704	2022 年 5 月 25 日	FFRI セキュリティ	3692	東グ	公認会計士等の異動に関するお知らせ
705	2022 年 5 月 25 日	エクストリーム	6033	東グ	公認会計士等の異動に関するお知らせ
706	2022 年 5 月 25 日	アテクト	4241	東ス	会計監査人の異動に関するお知らせ
707	2022 年 5 月 26 日	博展	2173	東グ	公認会計士等の異動に関するお知らせ
708	2022 年 5 月 26 日	サンヨーホームズ	1420	東ス	公認会計士等の異動に関するお知らせ
709	2022 年 5 月 26 日	オールアバウト	2454	東ス	会計監査人の異動に関するお知らせ
710	2022 年 5 月 26 日	Unipos	6550	東グ	公認会計士等の異動に関するお知らせ
711	2022 年 5 月 27 日	ヴィス	5071	東ス	会計監査人の異動に関するお知らせ
712	2022 年 5 月 27 日	ポバール興業	4247	東ス	会計監査人の異動に関するお知らせ
713	2022 年 5 月 27 日	セントラルスポーツ	4801	東プ	会計監査人の異動に関するお知らせ
714	2022 年 5 月 27 日	ワットマン	9927	東ス	会計監査人の異動に関するお知らせ
715	2022 年 5 月 27 日	マルシェ	7524	東ス	会計監査人の異動に関するお知らせ
716	2022 年 5 月 27 日	旅工房	6548	東グ	公認会計士等の異動に関するお知らせ
717	2022 年 5 月 30 日	レントラックス	6045	東グ	会計監査人の異動に関するお知らせ
718	2022 年 5 月 30 日	日本コンクリート工業	5269	東ス	公認会計士等（会計監査人）の異動に関するお知らせ
719	2022 年 5 月 30 日	ミナトホールディングス	6862	東ス	会計監査人の異動に関するお知らせ
720	2022 年 5 月 30 日	インフォネット	4444	東グ	会計監査人の異動に関するお知らせ
721	2022 年 5 月 30 日	石垣食品	2901	東ス	定款一部変更及び公認会計士等異動に関するお知らせ
722	2022 年 5 月 30 日	ウェッズ	7551	東ス	会計監査人の異動に関するお知らせ
723	2022 年 5 月 31 日	ブランディングテクノロジー	7067	東グ	公認会計士等の異動に関するお知らせ
724	2022 年 5 月 31 日	ログリー	6579	東グ	公認会計士等の異動に関するお知らせ
725	2022 年 6 月 1 日	アーレスティ	5852	東プ	会計監査人の異動に関するお知らせ
726	2022 年 6 月 8 日	サカイホールディング ス	9446	東ス	会計監査人の異動及び一時会計監査人の選任に関するお知らせ
727	2022 年 6 月 9 日	チノー	6850	東プ	会計監査人の異動に関するお知らせ
728	2022 年 6 月 13 日	ファーストステージ	2985	東 P	公認会計士等の異動に関するお知らせ
729	2022 年 6 月 13 日	RVH	6786	東ス	会計監査人の異動に関するお知らせ
730	2022 年 6 月 14 日	サトウ食品	2923	東ス	会計監査人の異動に関するお知らせ
731	2022 年 6 月 14 日	日本テレホン	9425	東ス	会計監査人の異動に関するお知らせ
732	2022 年 6 月 17 日	HEROZ	4382	東プ	会計監査人の異動に関するお知らせ
733	2022 年 6 月 17 日	ザッパラス	3770	東ス	会計監査人の異動に関するお知らせ
734	2022 年 6 月 27 日	グローム・ホールディングス	8938	東グ	会計監査人の異動及び金融商品取引法監査の監査証明を行う公認会計士等の異動に関するお知らせ

交代内容	交代類型	時期	監査期間	監査報酬	交代理由
あずさ→仰星	大手→準大手	期末	2	0.0	監査報酬
トーマツ→アーク	大手→中小	期末	30	−13.2	継続監査期間
EY 新日本→銀河	大手→中小	期末	19	−3.8	継続監査期間
EY 新日本→アーク	大手→中小	期末	8	−20.0	監査報酬
あずさ→史彩	大手→中小	期末	3	0.0	監査報酬
あずさ→かなで	大手→中小	期末	17	−17.6	継続監査期間
トーマツ→東光	大手→中小	期末	7	−29.2	監査報酬
あずさ→保森会計事務所	大手→中小	期末	14	−10.3	継続監査期間＋監査報酬
EY 新日本→太陽	大手→準大手	期末	47	−6.6	継続監査期間
あずさ→かがやき	大手→中小	期末	17	−8.3	継続監査期間＋監査報酬
EY 新日本→アーク	大手→中小	期末	18	−5.0	継続監査期間＋監査報酬
城南公認会計士共同事務所→城南監査法人	中小→中小	期末	1	1.4	監査人の法人化
東陽→太陽	準大手→準大手	期末	23	−8.8	継続監査期間＋監査報酬
あずさ→やまと	大手→中小	期末	17	−17.4	監査報酬
トーマツ→ひびき	大手→中小	期末	15	29.4	継続監査期間
あずさ→アスカ	大手→中小	期末	8	−6.0	監査報酬
あずさ→RSM 清和	大手→中小	期末	8	1.7	監査報酬
ひびき→ひかり	中小→中小	期末	10	−13.9	監査法人からの申し出
EY 新日本→RSM 清和	大手→中小	期末	13	2.4	継続監査期間＋監査報酬
トーマツ→仰星	大手→準大手	期末	15	−7.9	継続監査期間＋監査報酬
EY 新日本→アヴァンティア	大手→中小	期末	21	−12.5	継続監査期間
EY 新日本→永和	大手→中小	期末	9	−24.1	監査報酬
あずさ→太陽	大手→準大手	期末	6	17.1	監査報酬
あずさ→仰星	大手→準大手	期末	11	2.6	監査報酬
EY 新日本→日本橋事務所	大手→中小	期末	31	−28.2	継続監査期間＋監査報酬
EY 新日本→太陽	大手→準大手	期末	30	−7.2	継続監査期間＋監査報酬
あずさ→QAG	大手→中小	期末	32	−2.8	監査報酬
EY 新日本→やまと	大手→中小	期末	8	−23.8	監査報酬
太陽→ゼロス	準大手→中小	期末	4	−44.2	監査報酬
トーマツ→東陽	大手→準大手	期末	37	−1.5	監査報酬
三優→アヴァンティア	準大手→中小	期末	8	71.9	監査報酬
太陽→晴聲	準大手→中小	期末	3	−3.6	監査報酬
仁智→まほろば	中小→中小	期末	−	0.0	公認会計士・監査審査会勧告
東陽→シンシア	準大手→中小	期末	15	−17.9	継続監査期間＋監査報酬
仁智→海南	中小→中小	期末	1	31.4	公認会計士・監査審査会勧告
EY 新日本→史彩	大手→中小	期末	4	−10.4	監査報酬
トーマツ→太陽	大手→準大手	期末	15	−28.0	継続監査期間＋監査報酬
栄→早稲田智大・堀江将仁	中小→中小	期中	13	48.3	監査法人からの申し出
アーク→ナカチ	中小→中小	期末	2	3.8	監査法人からの申し出
あずさ→新月	大手→中小	期中	6	−	監査報酬
HLB Meisei →霞友	中小→中小	期末	9	13.7	継続監査期間
トーマツ→ A&A パートナーズ	大手→中小	期末	24	−4.1	継続監査期間＋監査報酬
仰星→ RSM 清和	準大手→中小	期末	11	−	グループ間統一
トーマツ→太陽	大手→準大手	期末	5	−15.0	監査報酬
あずさ→太陽	大手→準大手	期末	21	9.6	監査法人からの申し出
赤坂→未定	中小→未定	期末	9	0.0	監査法人からの申し出

《参考文献》

【書籍・論文・調査資料等】

・PwC あらた有限責任監査法人・PwC 京都監査法人（2023）「PwC あらたと PwC 京都、合併契約書を締結」2023 年 10 月 16 日
・異島須賀子・黒田菜摘（2021）「日本における監査人の交代―制度の変遷と交代理由に注目して―」『久留米大学ビジネス研究』第 6 号、1-17 頁
・稲葉喜子（2012）「ゴーイング・コンサーン情報と監査人の交代」『現代監査』No.22、75-83 頁
・稲葉喜子（2020）「監査法人の継続監査期間と不正会計の発見」『現代監査』No.30、89-102 頁
・薄井彰（2007）「監査の品質とコーポレート・ガバナンス―新規公開市場の実証的証拠―」『現代監査』No.17、50-57 頁
・金子宏・新堂幸司・平井宜雄編（2008）『法律学小辞典〔第 4 版補訂版〕』有斐閣
・神崎克郎（1978）『ディスクロージャー』弘文堂
・神崎克郎（1987）『証券取引の法理』商事法務研究会
・金融庁（2016）「会計監査の在り方に関する懇談会提言―会計監査の信頼性確保のために―」2016 年 3 月 8 日
・金融庁（2017）「監査法人のローテーション制度に関する調査報告（第一次報告）」2017 年 7 月 20 日
・金融庁（2018）「監査法人の処分について」2018 年 9 月 26 日
・金融庁（2019a）「『会計監査についての情報提供の充実に関する懇談会』報告書（会計監査に関する情報提供の充実について―通常とは異なる監査意見等に係る対応を中心として―）」2019 年 1 月 22 日
・金融庁（2019b）「監査法人のローテーション制度に関する調査報告（第二次報告）」2019 年 10 月 25 日
・金融庁（2022a）「金融審議会ディスクロージャーワーキング・グループ報告―中長期的な企業価値向上につながる資本市場の構築に向けて―」2022 年 6 月 13 日
・金融庁（2022b）「金融審議会ディスクロージャーワーキング・グループ報告」2022 年 12 月 27 日
・久保幸年（1992）『適時開示の理論と実務』中央経済社
・久保幸年（2000）『マーケットサイド・ディスクロージャー―市場指向の企業情報開示―』中央経済社
・久保幸年（2007）『適時開示ハンドブック・第 2 版』中央経済社
・久保幸年（2010）『適時開示制度と定性的情報の開示』中央経済社

・久保幸年（2018）『適時開示の理論・実務』中央経済社
・公認会計士・監査審査会（2016）『監査事務所の概況（平成 28 年版モニタリングレポート）』
・公認会計士・監査審査会（2017）『平成 29 年版モニタリングレポート』
・公認会計士・監査審査会（2018a）『平成 30 年版モニタリングレポート』
・公認会計士・監査審査会（2018b）「監査法人アヴァンティアに対する検査結果に基づく勧告について」2018 年 5 月 18 日
・公認会計士・監査審査会（2019a）『令和元年版モニタリングレポート』
・公認会計士・監査審査会（2019b）「監査法人大手門会計事務所に対する検査結果に基づく勧告について」2019 年 12 月 6 日
・公認会計士・監査審査会（2020）『令和 2 年版モニタリングレポート』
・公認会計士・監査審査会（2021a）『令和 3 年版モニタリングレポート』
・公認会計士・監査審査会（2021b）「監査法人原会計事務所に対する検査結果に基づく勧告について」2021 年 2 月 26 日
・公認会計士・監査審査会（2022a）『令和 4 年版モニタリングレポート』
・公認会計士・監査審査会（2022b）「仁智監査法人に対する検査結果に基づく勧告について」2022 年 1 月 21 日
・公認会計士・監査審査会（2023）『令和 5 年版モニタリングレポート』
・酒井絢美（2013）「監査人の保守性と監査人交代―被監査企業の財務報告数値の観点から―」『現代監査』No.23、143-154 頁
・酒井絢美（2014a）「期中における監査人の交代に対する資本市場の反応」『現代監査』No.24、103-114 頁
・酒井絢美（2014b）「監査事務所を対象とする事例研究の展開」『同志社商学』第 66 巻第 3・4 号、516-529 頁
・酒井絢美（2015）「大手監査法人の監査契約締結に関する検討―期中における監査事務所の交代事例を通じて―」『現代監査』No.25、191-201 頁
・酒井絢美（2016）「中小監査事務所の監査品質とクライアントのビジネス・リスク」『会計プログレス』第 17 号、13-27 頁
・酒井絢美（2017）「監査人交代時における退任監査人による意見表明の意義」『同志社商学』第 68 巻第 5・6 号、531-550 頁
・酒井絢美（2021）「監査事務所のローテーションに係る実証研究―具体的交代理由に焦点を当てて―」『現代監査』No.31、21-32 頁
・佐久間義浩（2007）「財務諸表監査のレピュテーションと経済的機能」『経済論叢』第 180 巻第 4 号、402-417 頁
・佐久間義浩（2017）「監査人の交代要因に関する実証分析―「任期満了」企業とその他の理由の企業との比較をつうじて」『現代監査』No.27、80-88 頁
・佐久間義浩（2019）「監査法人のローテーション制度に関する先行研究及び実態」

町田祥弘編著『監査の品質に関する研究』同文舘出版、201-213 頁
・三瓶裕喜（2023）「「四半期開示の任意化と適時開示の充実―利用者の視点―」『企業会計』Vol.75 No.5、23-30 頁
・首相官邸（2016）「日本再興戦略 2016 ―第 4 次産業革命に向けて―」2016 年 6 月 2 日
・鈴木広樹（2009）「TOKYO AIM のディスクロージャー制度」『ディスクロージャーニュース』vol.5、84-90 頁
・鈴木広樹（2012）「グリーンシートの再生は可能か」『税経通信』Vol.67 No.12、26-35 頁
・鈴木広樹（2019）「公認会計士等の異動に関する適時開示における異動理由の記載について」『ディスクロージャー＆ IR』vol.9、180-184 頁
・鈴木広樹（2022）「公認会計士等の異動に関する適時開示における異動理由の記載について」『ディスクロージャー＆ IR』vol.23、136-143 頁
・鈴木広樹（2023）「包括条項に関する適時開示について」『ディスクロージャー＆ IR』vol.25、134-137 頁
・多賀谷充（2012）「監査人の異動に係る開示制度の現状と課題」『会計プロフェッション』第 7 号、127-137 頁
・土本清幸・飯沼和雄（2007）「東京証券取引所における適時開示政策の変遷」『現代ディスクロージャー研究』No.7、23-30 頁
・東京証券取引所（1981）『創立 30 周年記念・東京証券取引所資料集・制度編』東京証券取引所
・東京証券取引所（1991）『創立 40 周年記念・東京証券取引所資料集・制度編』東京証券取引所
・東京証券取引所（2000）『東京証券取引所 50 年史・資料集・制度編』東京証券取引所
・東京証券取引所（2010）『東京証券取引所 60 年史・制度編』東京証券取引所グループ
・東京証券取引所（2017）『東証上場会社コーポレート・ガバナンス白書 2017』
・東京証券取引所（2019）「『会計監査の情報提供の充実に関する懇談会』の報告等を踏まえた会社情報適時開示ガイドブックの改訂等について」2019 年 1 月 22 日
・東京証券取引所（2020）「上場廃止等の決定：（株）Nuts」2020 年 9 月 16 日
・東京証券取引所（2022）「上場廃止等の決定：テラ（株）」2022 年 8 月 5 日
・東京証券取引所（2023）『東証上場会社コーポレート・ガバナンス白書 2023』
・東京証券取引所上場部（2018）『会社情報適時開示ガイドブック（2018 年 8 月版）』東京証券取引所
・東京証券取引所上場部（2020）『会社情報適時開示ガイドブック（2020 年 11 月版）』東京証券取引所
・東京証券取引所上場部（2022）『会社情報適時開示ガイドブック（2022 年 4 月版）』

東京証券取引所

・東京証券取引所上場部（2023）「四半期開示の見直しに関する実務の方針」2023年11月22日

・中野貴之（2023）「四半期開示の任意化と適時開示の充実─「将来の開示規制モデル」の合理性の検討─」『企業会計』Vol.75 No.5、16-22頁

・日本公認会計士協会（2020a）「会長通牒2020年第1号『担当者（チームメンバー）の長期的関与とローテーション』に関する取扱い」2020年2月20日

・日本公認会計士協会（2020b）「監査実施状況調査（2019年度）」2020年12月14日

・日本公認会計士協会（2021）「監査実施状況調査（2020年度）」2021年12月10日

・日本公認会計士協会（2023a）「監査実施状況調査（2021年度）」2023年2月17日

・日本公認会計士協会（2023b）「監査実施状況調査（2022年度）」2023年12月20日

・日本取引所グループ（2023）「上場会社数の推移」https://www.jpx.co.jp/listing/co/index.html

・藤原英賢（2011）「監査法人の規模と監査報酬の関係」『現代監査』No.21、159-168頁

・藤原英賢（2013）「監査報酬の決定に対する監査人の専門性の影響」『追手門経済・経営研究』No.20、11-21頁

・藤原英賢（2018）「監査法人の契約年数についての研究のレビュー─監査法人の強制ローテーションの視点から─」『追手門経営論集』Vol.23 No.2、37-51頁

・藤原英賢（2021）「内部統制監査と監査法人の交代」『追手門経営論集』Vol.27 No.1、123-134頁

・町田祥弘・林隆敏（2012）「監査人の継続監査期間によるゴーイング・コンサーン対応への影響」『会計プロフェッション』第7号、159-175頁

・町田祥弘（2015）「監査規制をめぐる新たな動向と課題─監査事務所の強制的交代の問題を中心として─」『会計・監査ジャーナル』725号、81-92頁

・町田祥弘（2016）「監査人の交代に関する実態調査の結果について」『週刊経営財務』第3251号、12-18頁

・松本祥尚（2019a）「監査法人の強制的ローテーション」町田祥弘編著『わが国監査規制の新潮流』同文舘出版、214-228頁

・松本祥尚（2019b）「監査法人のローテーション制度」町田祥弘編著『監査の品質に関する研究』同文舘出版、191-200頁

・矢澤憲一（2004）「監査人の交代が会計政策に与える影響」『一橋論叢』第132巻第5号、726-746頁

・矢澤憲一（2009）「監査報酬評価モデルの研究」『青山経営論集』第44巻第3号、229-256頁

・矢澤憲一（2010）「Big4と監査の質─監査コスト仮説と保守的会計選好仮説の検証」『青山経営論集』第44巻第4号、167-181頁

【適時開示】

以下に記載したもの以外は「巻末資料・監査法人交代一覧表」を参照。

- And Do ホールディングス「公認会計士等の合併に伴う異動に関するお知らせ」 2023 年 10 月 16 日
- BTM「公認会計士等の合併に伴う異動に関するお知らせ」2023 年 10 月 16 日
- C Channel「公認会計士等の合併に伴う異動に関するお知らせ」2023 年 10 月 18 日
- CDG「公認会計士等の合併に伴う異動に関するお知らせ」2023 年 10 月 17 日
- CL ホールディングス「公認会計士等の合併に伴う異動に関するお知らせ」2023 年 10 月 17 日
- CRI・ミドルウェア「公認会計士等の合併に伴う異動に関するお知らせ」2023 年 10 月 16 日
- ELEMENTS「公認会計士等の合併に伴う異動に関するお知らせ」2023 年 10 月 17 日
- Enjin「公認会計士等の合併に伴う異動に関するお知らせ」2023 年 10 月 16 日
- FP パートナー「公認会計士等の合併に伴う異動に関するお知らせ」2023 年 10 月 16 日
- Japan Eyewear Holdings「公認会計士等の合併に伴う異動に関するお知らせ」 2023 年 11 月 17 日
- JK ホールディングス「公認会計士等の合併に伴う異動に関するお知らせ」2023 年 10 月 16 日
- KDDI「公認会計士等の合併に伴う異動に関するお知らせ」2023 年 10 月 16 日
- Kids Smile Holdings「公認会計士等の合併に伴う異動に関するお知らせ」2023 年 10 月 16 日
- M & A 総研ホールディングス「公認会計士等の合併に伴う異動に関するお知らせ」 2023 年 10 月 16 日
- MTG「公認会計士等の合併に伴う異動に関するお知らせ」2023 年 10 月 16 日
- POPER「公認会計士等の合併に伴う異動に関するお知らせ」2023 年 10 月 16 日
- Rebase「公認会計士等の合併に伴う異動に関するお知らせ」2023 年 10 月 16 日
- RS Technologies「公認会計士等の合併に伴う異動に関するお知らせ」2023 年 10 月 16 日
- THECOO「公認会計士等の合併に伴う異動に関するお知らせ」2023 年 10 月 16 日
- TOWA「公認会計士等の合併に伴う異動に関するお知らせ」2023 年 10 月 16 日
- T．S．I「公認会計士等の合併に伴う異動に関するお知らせ」2023 年 10 月 16 日
- W TOKYO「公認会計士等の合併に伴う異動に関するお知らせ」2023 年 10 月 16

日
- アイスコ「公認会計士等の合併に伴う異動に関するお知らせ」2023年10月16日
- アスタリスク「公認会計士等の合併に伴う異動に関するお知らせ」2023年10月16日
- アズマハウス「公認会計士等の合併に伴う異動に関するお知らせ」2023年10月16日
- アミタホールディングス「公認会計士等の合併に伴う異動に関するお知らせ」2023年10月16日
- アライドアーキテクツ「公認会計士等の合併に伴う異動に関するお知らせ」2023年10月16日
- 岩井コスモホールディングス「公認会計士等の合併に伴う異動に関するお知らせ」2023年10月16日
- エスケーエレクトロニクス「公認会計士等の合併に伴う異動に関するお知らせ」2023年10月17日
- エリッツホールディングス「公認会計士等の合併に伴う異動に関するお知らせ」2023年10月16日
- 大阪油化工業「公認会計士等の合併に伴う異動に関するお知らせ」2023年10月16日
- 岡山製紙「公認会計士等の合併に伴う異動に関するお知らせ」2023年10月17日
- 沖縄セルラー電話「公認会計士等の合併に伴う異動に関するお知らせ」2023年10月16日
- 京写「公認会計士等の合併に伴う異動に関するお知らせ」2023年10月16日
- 京進「公認会計士等の合併に伴う異動に関するお知らせ」2023年10月17日
- 京セラ「公認会計士等の合併に伴う異動に関するお知らせ」2023年10月16日
- 京都機械工具「公認会計士等の合併に伴う異動に関するお知らせ」2023年10月16日
- キング「公認会計士等の合併に伴う異動に関するお知らせ」2023年10月17日
- クラウディアホールディングス「公認会計士等の合併に伴う異動に関するお知らせ」2023年10月18日
- ケアサービス「公認会計士等の合併に伴う異動に関するお知らせ」2023年10月16日
- ケア21「公認会計士等の合併に伴う異動に関するお知らせ」2023年10月17日
- 五健堂「公認会計士等の合併に伴う異動に関するお知らせ」2023年10月16日
- 三櫻工業「公認会計士等の合併に伴う異動に関するお知らせ」2023年10月17日
- サンマルクホールディングス「公認会計士等の合併に伴う異動に関するお知らせ」2023年10月16日
- シェアリングテクノロジー「連結子会社の異動（株式譲渡）に関する基本合意書

締結及び関係会社株式売却損の計上（見込み）のお知らせ」2020年1月7日
・シェアリングテクノロジー「連結子会社の異動を伴う株式譲渡契約締結、連結子会社からの特別配当受領及び関係会社株式売却損の計上のお知らせ」2020年5月15日
・シェアリングテクノロジー「塩谷硝子株式会社との簡易吸収合併及び特定子会社の異動に関するお知らせ」2020年7月17日
・シェアリングテクノロジー「連結子会社の異動を伴う株式譲渡契約締結のお知らせ」2020年8月7日
・ジェイエスエス「公認会計士等の合併に伴う異動に関するお知らせ」2023年10月17日
・ジェイテクト「公認会計士等の合併に伴う異動に関するお知らせ」2023年10月16日
・ジェイテック「公認会計士等の合併に伴う異動に関するお知らせ」2023年10月16日
・シライ電子工業「公認会計士等の合併に伴う異動に関するお知らせ」2023年10月18日
・白鳩「公認会計士等の合併に伴う異動に関するお知らせ」2023年10月17日
・ソースネクスト「公認会計士等の合併に伴う異動に関するお知らせ」2023年10月16日
・タカヨシ「公認会計士等の合併に伴う異動に関するお知らせ」2023年10月16日
・中外炉工業「公認会計士等の合併に伴う異動に関するお知らせ」2023年10月17日
・テクニスコ「公認会計士等の合併に伴う異動に関するお知らせ」2023年10月16日
・デコルテ・ホールディングス「公認会計士等の合併に伴う異動に関するお知らせ」2023年10月16日
・デジタルプラス「公認会計士等の合併に伴う異動に関するお知らせ」2023年10月16日
・データセクション「公認会計士等の合併に伴う異動に関するお知らせ」2023年10月16日
・トーア紡コーポレーション「公認会計士等の合併に伴う異動に関するお知らせ」2023年10月17日
・トーカロ「公認会計士等の合併に伴う異動に関するお知らせ」2023年10月16日
・日東精工「公認会計士等の合併に伴う異動に関するお知らせ」2023年10月17日
・ニデック「公認会計士等の合併に伴う異動に関するお知らせ」2023年10月17日
・日本セラミック「公認会計士等の合併に伴う異動に関するお知らせ」2023年10月17日

- 日本ナレッジ「公認会計士等の合併に伴う異動に関するお知らせ」2023 年 10 月 16 日
- 任天堂「公認会計士等の合併に伴う異動に関するお知らせ」2023 年 10 月 16 日
- はるやまホールディングス「公認会計士等の合併に伴う異動に関するお知らせ」2023 年 10 月 16 日
- ビーアンドピー「公認会計士等の合併に伴う異動に関するお知らせ」2023 年 10 月 16 日
- ビズメイツ「公認会計士等の合併に伴う異動に関するお知らせ」2023 年 10 月 16 日
- ピーバンドットコム「公認会計士等の合併に伴う異動に関するお知らせ」2023 年 10 月 16 日
- ファーストアカウンティング「公認会計士等の合併に伴う異動に関するお知らせ」2023 年 10 月 16 日
- ファルコホールディングス「公認会計士等の合併に伴う異動に関するお知らせ」2023 年 10 月 16 日
- ブティックス「公認会計士等の合併に伴う異動に関するお知らせ」2023 年 10 月 16 日
- ブリッジコンサルティンググループ「公認会計士等の合併に伴う異動に関するお知らせ」2023 年 10 月 16 日
- 平和堂「公認会計士等の合併に伴う異動に関するお知らせ」2023 年 10 月 16 日
- モイ「公認会計士等の合併に伴う異動に関するお知らせ」2023 年 10 月 16 日
- モビルス「公認会計士等の合併に伴う異動に関するお知らせ」2023 年 10 月 16 日
- やまねメディカル「単独株式移転による持株会社設立に関するお知らせ」2019 年 5 月 20 日
- ユーザーローカル「公認会計士等の合併に伴う異動に関するお知らせ」2023 年 10 月 16 日
- 幼児活動研究会「公認会計士等の合併に伴う異動に関するお知らせ」2023 年 10 月 17 日
- ラックランド「公認会計士等の合併に伴う異動に関するお知らせ」2023 年 10 月 16 日
- リネットジャパングループ「公認会計士等の合併に伴う異動に関するお知らせ」2023 年 10 月 16 日
- レボインターナショナル「公認会計士等の合併に伴う異動に関するお知らせ」2023 年 10 月 31 日

【有価証券報告書】

- AB ホテル「第 9 期有価証券報告書」2023 年 6 月 29 日
- AFC-HD アムスライフサイエンス「第 42 期有価証券報告書」2022 年 11 月 30 日
- AI CROSS「第 7 期有価証券報告書」2022 年 3 月 28 日
- ALBERT「第 16 期有価証券報告書」2021 年 3 月 29 日
- AppBank「第 9 期有価証券報告書」2021 年 3 月 26 日
- ASIAN STAR「第 42 期有価証券報告書」2021 年 3 月 30 日
- Branding Engineer「第 8 期有価証券報告書」2021 年 11 月 29 日
- Casa「第 8 期有価証券報告書」2021 年 4 月 23 日
- CDG「第 49 期有価証券報告書」2023 年 3 月 28 日
- CDS「第 42 期有価証券報告書」2022 年 3 月 28 日
- CK サンエツ「2022 年 3 月期有価証券報告書」2022 年 6 月 21 日
- CRI・ミドルウェア「第 21 期有価証券報告書」2021 年 12 月 17 日
- DTS「第 49 期有価証券報告書」2021 年 6 月 25 日
- EduLab「第 8 期有価証券報告書」2022 年 12 月 23 日
- FFRI セキュリティ「第 16 期有価証券報告書」2023 年 6 月 29 日
- FHT ホールディングス「第 26 期有価証券報告書」2020 年 6 月 17 日
- Genky DrugStores「第 4 期有価証券報告書」2021 年 9 月 6 日
- GFA「第 20 期有価証券報告書」2021 年 6 月 21 日
- global bridge HOLDINGS「第 6 期有価証券報告書」2021 年 3 月 29 日
- GMO TECH「第 17 期有価証券報告書」2023 年 3 月 23 日
- GMO アドパートナーズ「第 24 期有価証券報告書」2023 年 3 月 24 日
- GMO インターネットグループ「第 32 期有価証券報告書」2023 年 3 月 27 日
- GMO グローバルサイン・ホールディングス「第 30 期有価証券報告書」2023 年 3 月 24 日
- GMO フィナンシャルゲート「第 24 期有価証券報告書」2022 年 12 月 20 日
- GMO フィナンシャルホールディングス「第 12 期有価証券報告書」2023 年 3 月 27 日
- GMO ペイメントゲートウェイ「第 29 期有価証券報告書」2022 年 12 月 19 日
- GMO ペパボ「第 21 期有価証券報告書」2023 年 3 月 23 日
- GMO メディア「第 23 期有価証券報告書」2023 年 3 月 23 日
- GMO リサーチ「第 21 期有価証券報告書」2023 年 3 月 23 日
- HANATOUR JAPAN「第 17 期有価証券報告書」2022 年 3 月 30 日
- HEROZ「第 15 期有価証券報告書」2023 年 7 月 28 日
- IBJ「第 15 期有価証券報告書」2021 年 3 月 30 日
- IMAGICA GROUP「第 48 期有価証券報告書」2021 年 6 月 25 日

- ITbook ホールディングス「第 2 期有価証券報告書」2020 年 7 月 22 日
- ITbook ホールディングス「第 3 期有価証券報告書」2021 年 6 月 30 日
- JALCO ホールディングス「第 12 期有価証券報告書」2023 年 6 月 26 日
- JBCC ホールディングス「第 58 期有価証券報告書」2022 年 6 月 22 日
- JK ホールディングス「第 77 期有価証券報告書」2023 年 6 月 28 日
- JMACS「第 58 期有価証券報告書」2022 年 5 月 30 日
- JNS ホールディングス「第 19 期有価証券報告書」2023 年 5 月 25 日
- JPMC「第 21 期有価証券報告書」2023 年 3 月 27 日
- KADOKAWA「第 7 期有価証券報告書」2021 年 6 月 23 日
- KVK「第 74 期有価証券報告書」2021 年 6 月 28 日
- KYB「第 101 期有価証券報告書」2023 年 6 月 23 日
- Mipox「第 92 期有価証券報告書」2022 年 6 月 29 日
- MORESCO「第 62 期有価証券報告書」2020 年 5 月 26 日
- MRK ホールディングス「第 43 期有価証券報告書」2020 年 6 月 29 日
- MTG「第 24 期有価証券報告書」2019 年 12 月 26 日
- MTG「第 25 期有価証券報告書」2020 年 12 月 25 日
- MUTOH ホールディングス「第 73 期有価証券報告書」2022 年 6 月 29 日
- NATTY SWANKY ホールディングス「第 21 期有価証券報告書」2022 年 4 月 28 日
- NFK ホールディングス「第 80 期有価証券報告書」2022 年 6 月 27 日
- NITTOKU「第 51 期有価証券報告書」2023 年 6 月 29 日
- NKK スイッチズ「第 70 期有価証券報告書」2023 年 6 月 30 日
- OAT アグリオ「第 11 期有価証券報告書」2021 年 3 月 31 日
- OKK「第 163 期有価証券報告書」2021 年 10 月 6 日
- OKK「第 164 期有価証券報告書」2022 年 6 月 21 日
- QD レーザ「第 16 期有価証券報告書」2022 年 6 月 28 日
- REVOLUTION「第 36 期有価証券報告書」2022 年 1 月 31 日
- RS Technologies「第 13 期有価証券報告書」2023 年 3 月 31 日
- RVH「第 27 期有価証券報告書」2023 年 6 月 29 日
- SDS ホールディングス「第 37 期有価証券報告書」2022 年 6 月 29 日
- SEMITEC「第 65 期有価証券報告書」2021 年 6 月 28 日
- SI ホールディングス「第 1 期有価証券報告書」2020 年 7 月 3 日
- SKIYAKI「第 19 期有価証券報告書」2022 年 4 月 27 日
- sMedio「第 13 期有価証券報告書」2020 年 3 月 27 日
- Success Holders「第 34 期有価証券報告書」2021 年 6 月 23 日
- SYS ホールディングス「第 8 期有価証券報告書」2021 年 10 月 29 日
- TATERU「第 15 期有価証券報告書」2021 年 3 月 25 日

- THE WHY HOW DO COMPANY「第 18 期有価証券報告書」2022 年 11 月 28 日
- THE グローバル「第 12 期有価証券報告書」2022 年 9 月 28 日
- ULS グループ「第 23 期有価証券報告書」2023 年 6 月 30 日
- Unipos「第 11 期有価証券報告書」2023 年 6 月 29 日
- VALUENEX「第 16 期有価証券報告書」2022 年 10 月 27 日
- Welby「第 12 期有価証券報告書」2023 年 3 月 29 日
- ZOZO「第 23 期有価証券報告書」2021 年 6 月 14 日
- アイドママーケティングコミュニケーション「第 41 期有価証券報告書」2020 年 6 月 26 日
- アイネット「第 52 期有価証券報告書」2023 年 6 月 22 日
- アウンコンサルティング「第 24 期有価証券報告書」2022 年 8 月 24 日
- アエリア「第 21 期有価証券報告書」2023 年 3 月 31 日
- アーキテクツ・スタジオ・ジャパン「第 15 期有価証券報告書」2022 年 6 月 29 日
- アクアライン「第 28 期有価証券報告書」2023 年 5 月 31 日
- アクセスグループ・ホールディングス「第 33 期有価証券報告書」2022 年 12 月 26 日
- アクロディア「第 16 期有価証券報告書」2020 年 11 月 30 日
- 曙ブレーキ工業「第 127 期有価証券報告書」2023 年 6 月 26 日
- 朝日印刷「第 107 期有価証券報告書」2023 年 6 月 29 日
- アサヒ衛陶「第 70 期有価証券報告書」2021 年 2 月 26 日
- アサヒ衛陶「第 72 期有価証券報告書」2023 年 2 月 28 日
- アサヒペン「第 75 期有価証券報告書」2021 年 6 月 29 日
- アサヒペン「第 77 期有価証券報告書」2023 年 6 月 30 日
- 旭松食品「第 72 期有価証券報告書」2022 年 6 月 27 日
- アジア開発キャピタル「第 101 期有価証券報告書」2021 年 6 月 30 日
- アジアゲートホールディングス「第 77 期有価証券報告書」2022 年 12 月 28 日
- 味の素「第 143 期有価証券報告書」2021 年 6 月 23 日
- 芦森工業「第 122 期有価証券報告書」2022 年 6 月 24 日
- アジャイルメディア・ネットワーク「第 15 期有価証券報告書」2022 年 5 月 11 日
- アジャイルメディア・ネットワーク「第 16 期有価証券報告書」2023 年 3 月 30 日
- アズ企画設計「第 34 期有価証券報告書」2023 年 5 月 30 日
- アステリア「第 22 期有価証券報告書」2020 年 6 月 25 日
- アゼアス「第 81 期有価証券報告書」2022 年 7 月 27 日
- アテクト「第 54 期有価証券報告書」2023 年 6 月 22 日
- アドヴァン「第 50 期有価証券報告書」2023 年 6 月 30 日
- アートスパークホールディングス「第 8 期有価証券報告書」2020 年 3 月 30 日
- アドベンチャー「第 14 期有価証券報告書」2020 年 9 月 24 日

・アトム「第 50 期有価証券報告書」2021 年 6 月 18 日
・アトラグループ「第 18 期有価証券報告書」2023 年 3 月 30 日
・アビスト「第 16 期有価証券報告書」2021 年 12 月 17 日
・アマガサ「第 30 期有価証券報告書」2020 年 4 月 28 日
・アマナ「第 52 期有価証券報告書」2022 年 3 月 30 日
・アミタホールディングス「第 11 期有価証券報告書」2021 年 3 月 18 日
・あみやき亭「第 26 期有価証券報告書」2021 年 6 月 29 日
・アミューズ「第 45 期有価証券報告書」2023 年 6 月 26 日
・アールシーコア「第 37 期有価証券報告書」2022 年 6 月 24 日
・アールビバン「第 36 期有価証券報告書」2020 年 6 月 26 日
・アルファクス・フード・システム「第 28 期有価証券報告書」2021 年 12 月 27 日
・アルファグループ「第 25 期有価証券報告書」2022 年 6 月 29 日
・アルファポリス「第 23 期有価証券報告書」2023 年 6 月 23 日
・アルメディオ「第 43 期有価証券報告書」2023 年 6 月 28 日
・アーレスティ「第 102 期有価証券報告書」2023 年 6 月 22 日
・いい生活「第 24 期有価証券報告書」2023 年 6 月 19 日
・イーエムシステムズ「第 38 期有価証券報告書」2021 年 3 月 18 日
・イオレ「第 22 期有価証券報告書」2023 年 6 月 23 日
・医学生物学研究所「第 51 期有価証券報告書」2020 年 6 月 24 日
・石垣食品「第 66 期有価証券報告書」2023 年 6 月 29 日
・一蔵「第 32 期有価証券報告書」2022 年 6 月 23 日
・イチケン「第 96 期有価証券報告書」2022 年 6 月 28 日
・イード「第 23 期有価証券報告書」2022 年 9 月 28 日
・イトーヨーギョー「第 71 期有価証券報告書」2020 年 6 月 26 日
・いなげや「第 74 期有価証券報告書」2022 年 6 月 23 日
・イメージ情報開発「第 45 期有価証券報告書」2020 年 6 月 29 日
・イー・ロジット「第 24 期有価証券報告書」2023 年 6 月 30 日
・イワブチ「第 73 期有価証券報告書」2023 年 6 月 28 日
・インヴァスト「第 2 期有価証券報告書」2022 年 6 月 28 日
・インターネットイニシアティブ「第 28 期有価証券報告書」2020 年 6 月 30 日
・インパクトホールディングス「第 17 期有価証券報告書」2021 年 3 月 30 日
・インパクトホールディングス「第 18 期有価証券報告書」2022 年 3 月 30 日
・インフォネット「第 21 期有価証券報告書」2023 年 6 月 30 日
・ヴィア・ホールディングス「第 86 期有価証券報告書」2022 年 6 月 29 日
・ヴィス「第 25 期有価証券報告書」2023 年 6 月 23 日
・ウィルグループ「第 14 期有価証券報告書」2020 年 6 月 23 日
・ウィルソン・ラーニングワールドワイド「第 42 期有価証券報告書」2023 年 6 月

29 日
・ヴィレッジヴァンガードコーポレーション「第 32 期有価証券報告書」2020 年 8 月 28 日
・ウェッズ「第 58 期有価証券報告書」2023 年 6 月 28 日
・植松商会「第 68 期有価証券報告書」2022 年 6 月 20 日
・魚喜「第 37 期有価証券報告書」2022 年 5 月 27 日
・ウチヤマホールディングス「第 14 期有価証券報告書」2020 年 6 月 25 日
・ウッドフレンズ「第 40 期有価証券報告書」2022 年 8 月 25 日
・梅の花「第 41 期有価証券報告書」2020 年 8 月 26 日
・エーアイテイー「第 35 期有価証券報告書」2022 年 5 月 25 日
・エー・エム・シー・エレクトロニクス「第 55 期有価証券報告書」2022 年 6 月 30 日
・駅探「第 21 期有価証券報告書」2023 年 6 月 28 日
・エクシオグループ「第 68 期有価証券報告書」2022 年 6 月 24 日
・エクストリーム「第 18 期有価証券報告書」2023 年 6 月 29 日
・エクスモーション「第 14 期有価証券報告書」2022 年 2 月 28 日
・エコナックホールディングス「第 143 期有価証券報告書」2023 年 6 月 30 日
・エコノス「第 47 期有価証券報告書」2022 年 6 月 30 日
・エコミック「第 24 期有価証券報告書」2021 年 6 月 28 日
・エコモット「第 15 期有価証券報告書」2021 年 11 月 26 日
・エージーピー「第 56 期有価証券報告書」2021 年 6 月 22 日
・エスケイジャパン「第 33 期有価証券報告書」2022 年 5 月 30 日
・エスケーエレクトロニクス「第 21 期有価証券報告書」2022 年 12 月 16 日
・エスティック「第 29 期有価証券報告書」2022 年 6 月 17 日
・エスビー食品「第 107 期有価証券報告書」2020 年 6 月 26 日
・エスポア「第 50 期有価証券報告書」2022 年 5 月 30 日
・エスポア「第 51 期有価証券報告書」2023 年 5 月 26 日
・エヌジェイホールディングス「第 29 期有価証券報告書」2020 年 9 月 29 日
・エヌ・ピー・シー「第 30 期有価証券報告書」2022 年 11 月 30 日
・エヌリンクス「第 12 期有価証券報告書」2022 年 5 月 31 日
・エー・ピーホールディングス「第 20 期有価証券報告書」2021 年 6 月 25 日
・エフ・コード「第 17 期有価証券報告書」2023 年 3 月 30 日
・エムアップホールディングス「第 18 期有価証券報告書」2022 年 6 月 29 日
・エム・エイチ・グループ「第 31 期有価証券報告書」2020 年 9 月 29 日
・エム・エイチ・グループ「第 33 期有価証券報告書」2022 年 9 月 29 日
・エンチョー「第 61 期有価証券報告書」2022 年 6 月 29 日
・オーイズミ「第 52 期有価証券報告書」2020 年 6 月 26 日

・オウケイウェイヴ「第 21 期有価証券報告書」2020 年 9 月 30 日
・オウケイウェイヴ「第 23 期有価証券報告書」2022 年 9 月 30 日
・王子ホールディングス「第 97 期有価証券報告書」2021 年 6 月 29 日
・大阪油化工業「第 59 期有価証券報告書」2020 年 12 月 18 日
・大崎電気工業「第 108 期有価証券報告書」2022 年 6 月 29 日
・大塚家具「第 49 期有価証券報告書」2020 年 7 月 30 日
・大塚ホールディングス「第 14 期有価証券報告書」2022 年 3 月 31 日
・大戸屋ホールディングス「第 39 期有価証券報告書」2022 年 6 月 24 日
・大盛工業「第 53 期有価証券報告書」2019 年 10 月 25 日
・大盛工業「第 55 期有価証券報告書」2021 年 10 月 26 日
・岡藤日産証券ホールディングス「第 17 期有価証券報告書」2022 年 6 月 30 日
・岡部「第 77 期有価証券報告書」2021 年 3 月 26 日
・岡本硝子「第 76 期有価証券報告書」2022 年 6 月 27 日
・岡山製紙「第 179 期有価証券報告書」2020 年 8 月 28 日
・小倉クラッチ「第 93 期有価証券報告書」2022 年 6 月 30 日
・小田原機器「第 43 期有価証券報告書」2022 年 3 月 24 日
・オプティム「第 21 期有価証券報告書」2021 年 6 月 30 日
・オーミケンシ「第 156 期有価証券報告書」2021 年 6 月 29 日
・オリエンタルチエン工業「第 102 期有価証券報告書」2021 年 6 月 30 日
・オールアバウト「第 31 期有価証券報告書」2023 年 6 月 28 日
・オルガノ「第 75 期有価証券報告書」2020 年 6 月 26 日
・オンキヨー「第 10 期有価証券報告書」2020 年 9 月 25 日
・オンコセラピー・サイエンス「第 20 期有価証券報告書」2021 年 6 月 22 日
・買取王国「第 24 期有価証券報告書」2023 年 5 月 26 日
・海帆「第 18 期有価証券報告書」2021 年 6 月 28 日
・カオナビ「第 15 期有価証券報告書」2023 年 6 月 23 日
・加地テック「第 90 期有価証券報告書」2023 年 6 月 27 日
・片倉コープアグリ「第 106 期有価証券報告書」2021 年 6 月 25 日
・カーチスホールディングス「第 34 期有価証券報告書」2021 年 6 月 25 日
・カッパ・クリエイト「第 43 期有価証券報告書」2021 年 6 月 23 日
・桂川電機「第 76 期有価証券報告書」2021 年 6 月 29 日
・桂川電機「第 78 期有価証券報告書」2023 年 6 月 29 日
・カネソウ「第 45 期有価証券報告書」2022 年 6 月 28 日
・カネミツ「第 40 期有価証券報告書」2023 年 6 月 30 日
・ガーラ「第 29 期有価証券報告書」2022 年 6 月 27 日
・ガーラ「第 30 期有価証券報告書」2023 年 6 月 26 日
・川上塗料「第 106 期有価証券報告書」2021 年 2 月 19 日

・川崎地質「第 71 期有価証券報告書」2022 年 2 月 28 日
・川本産業「第 90 期有価証券報告書」2020 年 6 月 24 日
・関西フードマーケット「第 64 期有価証券報告書」2023 年 6 月 20 日
・神田通信機「第 85 期有価証券報告書」2022 年 6 月 30 日
・キクカワエンタープライズ「第 140 期有価証券報告書」2021 年 6 月 30 日
・北弘電社「第 73 期有価証券報告書」2023 年 6 月 29 日
・北日本紡績「第 98 期有価証券報告書」2021 年 6 月 29 日
・キッズウェル・バイオ「第 23 期有価証券報告書」2023 年 6 月 30 日
・ギフトホールディングス「第 13 期有価証券報告書」2023 年 1 月 30 日
・キムラタン「第 59 期有価証券報告書」2022 年 6 月 30 日
・キヤノン「第 120 期有価証券報告書」2021 年 3 月 30 日
・キヤノン電子「第 82 期有価証券報告書」2021 年 3 月 29 日
・キヤノンマーケティングジャパン「第 53 期有価証券報告書」2021 年 3 月 26 日
・キャリア「第 13 期有価証券報告書」2021 年 12 月 23 日
・共栄タンカー「第 90 期有価証券報告書」2020 年 6 月 29 日
・共同ピーアール「第 59 期有価証券報告書」2023 年 3 月 29 日
・京都ホテル「第 103 期有価証券報告書」2022 年 6 月 24 日
・共和工業所「第 63 期有価証券報告書」2022 年 7 月 22 日
・共和コーポレーション「第 37 期有価証券報告書」2023 年 6 月 23 日
・銀座山形屋「第 78 期有価証券報告書」2022 年 6 月 28 日
・クオンタムソリューションズ「第 23 期有価証券報告書」2022 年 5 月 26 日
・串カツ田中ホールディングス「第 21 期有価証券報告書」2023 年 2 月 27 日
・クシム「第 25 期有価証券報告書」2021 年 1 月 28 日
・クスリのアオキホールディングス「第 23 期有価証券報告書」2021 年 8 月 19 日
・クックビズ「第 15 期有価証券報告書」2023 年 2 月 28 日
・工藤建設「第 49 期有価証券報告書」2020 年 9 月 29 日
・工藤建設「第 51 期有価証券報告書」2022 年 9 月 30 日
・クボテック「第 35 期有価証券報告書」2020 年 6 月 29 日
・クラスターテクノロジー「第 30 期有価証券報告書」2021 年 6 月 29 日
・倉元製作所「第 48 期有価証券報告書」2023 年 3 月 30 日
・クリップコーポレーション「第 42 期有価証券報告書」2023 年 6 月 23 日
・グリーンクロス「第 50 期有価証券報告書」2021 年 7 月 29 日
・クルーズ「第 19 期有価証券報告書」2020 年 6 月 30 日
・クレステック「第 38 期有価証券報告書」2022 年 9 月 28 日
・くろがね工作所「第 100 期有価証券報告書」2020 年 2 月 27 日
・クロスフォー「第 35 期有価証券報告書」2022 年 10 月 27 日
・グローバルウェイ「第 18 期有価証券報告書」2022 年 6 月 21 日

- グローバルウェイ「第 19 期有価証券報告書」2023 年 6 月 20 日
- グローバルダイニング「第 50 期有価証券報告書」2023 年 3 月 27 日
- グローム・ホールディングス「第 31 期有価証券報告書」2023 年 6 月 29 日
- ゲームカード・ジョイコホールディングス「第 12 期有価証券報告書」2023 年 6 月 23 日
- 虹技「第 117 期有価証券報告書」2022 年 6 月 28 日
- 鉱研工業「第 96 期有価証券報告書」2023 年 6 月 27 日
- 光陽社「第 72 期有価証券報告書」2020 年 7 月 31 日
- 幸和製作所「第 35 期有価証券報告書」2022 年 5 月 27 日
- 国際チャート「第 61 期有価証券報告書」2020 年 6 月 24 日
- コスモスイニシア「第 52 期有価証券報告書」2021 年 6 月 24 日
- コスモ・バイオ「第 37 期有価証券報告書」2020 年 3 月 25 日
- 小僧寿し「第 52 期有価証券報告書」2020 年 3 月 31 日
- 壽屋「第 69 期有価証券報告書」2022 年 9 月 28 日
- コナカ「第 48 期有価証券報告書」2021 年 12 月 24 日
- コーナン商事「第 45 期有価証券報告書」2022 年 5 月 27 日
- 小松ウオール工業「第 55 期有価証券報告書」2022 年 6 月 23 日
- コムシード「第 31 期有価証券報告書」2022 年 6 月 24 日
- 五洋インテックス「第 44 期有価証券報告書」2021 年 6 月 30 日
- コラボス「第 22 期有価証券報告書」2023 年 6 月 23 日
- ゴルフダイジェスト・オンライン「第 21 期有価証券報告書」2020 年 3 月 30 日
- ゴルフ・ドゥ「第 33 期有価証券報告書」2020 年 6 月 29 日
- コロワイド「第 59 期有価証券報告書」2021 年 6 月 25 日
- コンヴァノ「第 9 期有価証券報告書」2022 年 6 月 30 日
- コンバム「第 72 期有価証券報告書」2023 年 3 月 24 日
- さいか屋「第 90 期有価証券報告書」2022 年 5 月 25 日
- サイネックス「第 57 期有価証券報告書」2022 年 6 月 30 日
- サカイホールディングス「第 32 期有価証券報告書」2022 年 12 月 28 日
- サクサホールディングス「第 19 期有価証券報告書」2022 年 6 月 28 日
- 桜井製作所「第 73 期有価証券報告書」2021 年 6 月 25 日
- ザッパラス「第 24 期有価証券報告書」2023 年 7 月 31 日
- サトウ食品「第 63 期有価証券報告書」2023 年 7 月 24 日
- サトーホールディングス「第 72 期有価証券報告書」2022 年 6 月 20 日
- サニーサイドアップグループ「第 37 期有価証券報告書」2022 年 9 月 29 日
- サノヤスホールディングス「第 11 期有価証券報告書」2022 年 6 月 21 日
- サマンサタバサジャパンリミテッド「第 26 期有価証券報告書」2020 年 7 月 13 日
- サマンサタバサジャパンリミテッド「第 28 期有価証券報告書」2022 年 5 月 27 日

・サムティ「第 39 期有価証券報告書」2021 年 2 月 26 日
・三櫻工業「第 113 期有価証券報告書」2021 年 6 月 23 日
・燦キャピタルマネージメント「第 29 期有価証券報告書」2021 年 7 月 29 日
・燦キャピタルマネージメント「第 31 期有価証券報告書」2023 年 6 月 30 日
・三光合成「第 89 期有価証券報告書」2022 年 8 月 26 日
・三光産業「第 62 期有価証券報告書」2022 年 6 月 30 日
・サンコーテクノ「第 57 期有価証券報告書」2021 年 6 月 25 日
・サンデン「第 96 期有価証券報告書」2022 年 3 月 30 日
・サン電子「第 52 期有価証券報告書」2023 年 6 月 26 日
・サンヨーホームズ「第 27 期有価証券報告書」2023 年 6 月 26 日
・シェアリングテクノロジー「第 15 期有価証券報告書」2021 年 12 月 28 日
・ジェイグループホールディングス「第 22 期有価証券報告書」2023 年 5 月 31 日
・ジェイホールディングス「第 29 期有価証券報告書」2021 年 3 月 31 日
・ジェイリース「第 18 期有価証券報告書」2021 年 6 月 28 日
・ジェーソン「第 38 期有価証券報告書」2023 年 5 月 31 日
・ジーエス・ユアサコーポレーション「第 17 期有価証券報告書」2021 年 6 月 29 日
・ジーエヌアイグループ「第 21 期有価証券報告書」2022 年 3 月 28 日
・ジェネレーションパス「第 20 期有価証券報告書」2022 年 1 月 28 日
・ジオコード「第 19 期有価証券報告書」2023 年 5 月 31 日
・識学「第 8 期有価証券報告書」2023 年 5 月 29 日
・シキノハイテック「第 51 期有価証券報告書」2023 年 6 月 28 日
・シキボウ「第 207 期有価証券報告書」2020 年 6 月 26 日
・シグマ光機「第 47 期有価証券報告書」2022 年 8 月 25 日
・システムインテグレータ「第 28 期有価証券報告書」2023 年 5 月 25 日
・シーズメン「第 32 期有価証券報告書」2021 年 5 月 27 日
・シーズメン「第 34 期有価証券報告書」2023 年 5 月 25 日
・ジー・スリーホールディングス「第 10 期有価証券報告書」2020 年 11 月 30 日
・ジー・スリーホールディングス「第 12 期有価証券報告書」2022 年 11 月 29 日
・指月電機製作所「第 95 期有価証券報告書」2023 年 6 月 27 日
・シード「第 66 期有価証券報告書」2022 年 6 月 27 日
・ジーニー「第 12 期有価証券報告書」2022 年 6 月 28 日
・ジャストプランニング「第 29 期有価証券報告書」2023 年 4 月 27 日
・秀英予備校「第 39 期有価証券報告書」2022 年 6 月 24 日
・省電舎ホールディングス「第 35 期有価証券報告書」2020 年 6 月 29 日
・昭和システムエンジニアリング「第 55 期有価証券報告書」2021 年 6 月 21 日
・昭和パックス「第 126 期有価証券報告書」2022 年 6 月 29 日
・ショーケース「第 26 期有価証券報告書」2022 年 3 月 24 日

・城南進学研究社「第 40 期有価証券報告書」2022 年 6 月 29 日
・シリウスビジョン「第 44 期有価証券報告書」2023 年 3 月 24 日
・信越ポリマー「第 62 期有価証券報告書」2022 年 6 月 23 日
・進学会ホールディングス「第 45 期有価証券報告書」2020 年 7 月 31 日
・新コスモス電機「第 61 期有価証券報告書」2020 年 6 月 26 日
・シンシア「第 15 期有価証券報告書」2023 年 3 月 31 日
・新都ホールディングス「第 36 期有価証券報告書」2020 年 4 月 28 日
・新都ホールディングス「第 38 期有価証券報告書」2022 年 4 月 28 日
・新内外綿「第 98 期有価証券報告書」2020 年 6 月 19 日
・シンニッタン「第 90 期有価証券報告書」2021 年 6 月 28 日
・新日本建物「第 38 期有価証券報告書」2022 年 6 月 29 日
・スシローグローバルホールディングス「第 6 期有価証券報告書」2020 年 12 月 25 日
・スズデン「第 69 期有価証券報告書」2021 年 6 月 28 日
・鈴与シンワート「第 74 期有価証券報告書」2021 年 6 月 29 日
・スタメン「第 7 期有価証券報告書」2023 年 3 月 30 日
・スノーピーク「第 56 期有価証券報告書」2020 年 3 月 30 日
・スーパーバッグ「第 84 期有価証券報告書」2021 年 6 月 29 日
・スパンクリートコーポレーション「第 61 期有価証券報告書」2023 年 6 月 26 日
・スペースバリュー・ホールディングス「第 2 期有価証券報告書」2020 年 8 月 12 日
・住江織物「第 131 期有価証券報告書」2020 年 8 月 28 日
・ズーム「第 39 期有価証券報告書」2022 年 3 月 29 日
・スリーエフ「第 39 期有価証券報告書」2020 年 5 月 29 日
・精工技研「第 50 期有価証券報告書」2022 年 6 月 24 日
・セイヒョー「第 111 期有価証券報告書」2022 年 5 月 27 日
・清和中央ホールディングス「第 69 期有価証券報告書」2023 年 3 月 30 日
・セキ「第 71 期有価証券報告書」2020 年 6 月 12 日
・積水化学工業「第 101 期有価証券報告書」2023 年 6 月 22 日
・積水樹脂「第 89 期有価証券報告書」2023 年 6 月 28 日
・ゼネラル・オイスター「第 22 期有価証券報告書」2022 年 6 月 30 日
・セフテック「第 65 期有価証券報告書」2022 年 6 月 30 日
・セプテーニ・ホールディングス「第 32 期有価証券報告書」2022 年 12 月 21 日
・セブン工業「第 64 期有価証券報告書」2023 年 6 月 27 日
・セーラー広告「第 70 期有価証券報告書」2021 年 6 月 25 日
・セレスポ「第 45 期有価証券報告書」2022 年 6 月 22 日
・センコーグループホールディングス「第 104 期有価証券報告書」2021 年 6 月 25 日
・セントラルスポーツ「第 53 期有価証券報告書」2023 年 6 月 30 日

- 総医研ホールディングス「第 28 期有価証券報告書」2022 年 9 月 29 日
- ソースネクスト「第 24 期有価証券報告書」2020 年 6 月 19 日
- ソーバル「第 41 期有価証券報告書」2023 年 5 月 25 日
- ソフィアホールディングス「第 45 期有価証券報告書」2020 年 6 月 25 日
- ソフトフロントホールディングス「第 23 期有価証券報告書」2020 年 6 月 29 日
- ソルクシーズ「第 42 期有価証券報告書」2022 年 3 月 30 日
- ソレキア「第 62 期有価証券報告書」2020 年 6 月 26 日
- 第一カッター興業「第 54 期有価証券報告書」2021 年 10 月 29 日
- 第一稀元素化学工業「第 67 期有価証券報告書」2023 年 6 月 23 日
- 第一商品「第 47 期有価証券報告書」2019 年 6 月 28 日
- 第一商品「第 49 期有価証券報告書の訂正報告書」2021 年 7 月 21 日
- 第一商品「第 50 期有価証券報告書」2022 年 6 月 30 日
- 第一屋製パン「第 81 期有価証券報告書」2023 年 3 月 30 日
- 大正製薬ホールディングス「第 11 期有価証券報告書」2022 年 6 月 29 日
- 大東建託「第 48 期有価証券報告書」2022 年 6 月 30 日
- 大東港運「第 73 期有価証券報告書」2022 年 6 月 27 日
- ダイトウボウ「第 203 期有価証券報告書」2023 年 6 月 29 日
- ダイトーケミックス「第 76 期有価証券報告書」2022 年 6 月 27 日
- 大豊工業「第 115 期有価証券報告書」2021 年 6 月 16 日
- 大丸エナウィン「第 71 期有価証券報告書」2021 年 6 月 29 日
- 太洋基礎工業「第 53 期有価証券報告書」2020 年 4 月 27 日
- 太洋工業「第 62 期有価証券報告書」2023 年 3 月 17 日
- 太洋物産「第 82 期有価証券報告書」2022 年 12 月 28 日
- 太陽ホールディングス「第 74 期有価証券報告書」2020 年 6 月 22 日
- 大和ハウス工業「第 82 期有価証券報告書」2021 年 6 月 29 日
- タカキュー「第 74 期有価証券報告書」2023 年 5 月 26 日
- タカセ「第 105 期有価証券報告書」2021 年 6 月 29 日
- タカラスタンダード「第 147 期有価証券報告書」2021 年 6 月 29 日
- 竹本容器「第 69 期有価証券報告書」2020 年 3 月 27 日
- 田中化学研究所「第 64 期有価証券報告書」2020 年 6 月 29 日
- タビオ「第 45 期有価証券報告書」2022 年 5 月 26 日
- 旅工房「第 29 期有価証券報告書」2023 年 6 月 30 日
- ダブル・スコープ「第 18 期有価証券報告書」2023 年 3 月 31 日
- ダブルスタンダード「第 8 期有価証券報告書」2020 年 6 月 29 日
- 多摩川ホールディングス「第 52 期有価証券報告書」2020 年 6 月 26 日
- 多摩川ホールディングス「第 54 期有価証券報告書」2022 年 6 月 24 日
- ダントーホールディングス「第 194 期有価証券報告書」2022 年 3 月 29 日

・チノー「第 85 期有価証券報告書」2021 年 6 月 30 日
・チノー「第 87 期有価証券報告書」2023 年 6 月 30 日
・中央可鍛工業「第 92 期有価証券報告書」2021 年 6 月 23 日
・中央経済社ホールディングス「第 84 期有価証券報告書」2021 年 12 月 16 日
・中央製作所「第 116 期有価証券報告書」2023 年 6 月 28 日
・中京医薬品「第 45 期有価証券報告書」2023 年 6 月 29 日
・ツクルバ「第 11 期有価証券報告書」2022 年 10 月 14 日
・ツナググループ・ホールディングス「第 16 期有価証券報告書」2022 年 12 月 22 日
・ティアック「第 74 期有価証券報告書」2022 年 6 月 17 日
・テイ・エステック「第 76 期有価証券報告書」2022 年 6 月 24 日
・ディーエムソリューションズ「第 19 期有価証券報告書」2023 年 6 月 28 日
・ディー・エル・イー「第 20 期有価証券報告書」2021 年 6 月 21 日
・テイクアンドギヴ・ニーズ「第 25 期有価証券報告書」2023 年 6 月 26 日
・ディジタルメディアプロフェッショナル「第 21 期有価証券報告書」2023 年 6 月
　27 日
・ティビィシィ・スキヤツト「第 54 期有価証券報告書」2022 年 1 月 27 日
・ティラド「第 120 期有価証券報告書」2022 年 6 月 28 日
・テイン「第 38 期有価証券報告書」2021 年 6 月 23 日
・テーオーホールディングス「第 67 期有価証券報告書」2021 年 8 月 27 日
・テクノスジャパン「第 29 期有価証券報告書」2023 年 6 月 26 日
・デジタルハーツホールディングス「第 9 期有価証券報告書」2022 年 6 月 29 日
・テモナ「第 14 期有価証券報告書」2022 年 12 月 23 日
・テラ「第 16 期有価証券報告書」2020 年 3 月 27 日
・寺崎電気産業「第 39 期有価証券報告書」2019 年 6 月 28 日
・寺崎電気産業「第 40 期有価証券報告書」2020 年 7 月 21 日
・電算「第 58 期有価証券報告書」2023 年 6 月 28 日
・天昇電気工業「第 94 期有価証券報告書」2020 年 6 月 26 日
・天昇電気工業「第 96 期有価証券報告書」2022 年 6 月 27 日
・天馬「第 73 期有価証券報告書」2021 年 6 月 30 日
・東亜石油「第 147 期有価証券報告書」2020 年 6 月 24 日
・東亜道路工業「第 115 期有価証券報告書」2021 年 6 月 29 日
・トゥエンティーフォーセブン「第 14 期有価証券報告書」2022 年 2 月 25 日
・東海カーボン「第 160 期有価証券報告書」2022 年 3 月 30 日
・東海染工「第 102 期有価証券報告書」2022 年 6 月 30 日
・東海東京フィナンシャル・ホールディングス「第 111 期有価証券報告書」2023 年
　6 月 28 日
・東京會舘「第 129 期有価証券報告書」2023 年 6 月 29 日

・東京機械製作所「第 166 期有価証券報告書」2023 年 6 月 29 日
・東京貴宝「第 61 期有価証券報告書」2020 年 6 月 25 日
・東京衡機「第 114 期有価証券報告書」2020 年 5 月 28 日
・東京衡機「第 117 期有価証券報告書」2023 年 5 月 26 日
・東京センチュリー「第 52 期有価証券報告書」2021 年 6 月 28 日
・東京ソワール「第 52 期有価証券報告書」2021 年 3 月 31 日
・東京ソワール「第 54 期有価証券報告書」2023 年 3 月 30 日
・東京特殊電線「第 103 期有価証券報告書」2021 年 6 月 28 日
・東祥「第 45 期有価証券報告書」2023 年 6 月 30 日
・東部ネットワーク「第 110 期有価証券報告書」2023 年 6 月 27 日
・東邦金属「第 70 期有価証券報告書」2020 年 6 月 26 日
・東邦レマック「第 62 期有価証券報告書」2020 年 3 月 19 日
・東洋電機製造「第 161 期有価証券報告書」2022 年 8 月 26 日
・東洋ドライルーブ「第 59 期有価証券報告書」2021 年 9 月 29 日
・東和銀行「第 118 期有価証券報告書」2023 年 6 月 30 日
・トーエル「第 57 期有価証券報告書」2020 年 7 月 31 日
・トーセ「第 42 期有価証券報告書」2021 年 11 月 26 日
・トーソー「第 83 期有価証券報告書」2023 年 6 月 29 日
・トーホー「第 69 期有価証券報告書」2022 年 4 月 20 日
・巴川製紙所「第 161 期有価証券報告書」2020 年 7 月 13 日
・トヨクモ「第 13 期有価証券報告書」2023 年 3 月 27 日
・トライアイズ「第 25 期有価証券報告書」2020 年 3 月 26 日
・トライアイズ「第 27 期有価証券報告書」2022 年 3 月 25 日
・トライアイズ「第 28 期有価証券報告書」2023 年 3 月 24 日
・トレーディア「第 92 期有価証券報告書」2022 年 6 月 27 日
・ナイガイ「第 123 期有価証券報告書」2020 年 4 月 24 日
・ナイガイ「第 125 期有価証券報告書」2022 年 4 月 28 日
・ナイス「第 72 期有価証券報告書」2021 年 6 月 29 日
・中西製作所「第 67 期有価証券報告書」2023 年 6 月 30 日
・中村超硬「第 50 期有価証券報告書」2020 年 6 月 22 日
・那須電機鉄工「第 101 期有価証券報告書」2023 年 6 月 29 日
・ナノキャリア「第 27 期有価証券報告書」2023 年 6 月 30 日
・ナラサキ産業「第 78 期有価証券報告書」2021 年 6 月 29 日
・ナレッジスイート「第 14 期有価証券報告書」2020 年 12 月 21 日
・南海プライウッド「第 68 期有価証券報告書」2021 年 6 月 25 日
・西本 Wismettac ホールディングス「第 73 期有価証券報告書」2020 年 3 月 27 日
・ニーズウェル「第 36 期有価証券報告書」2022 年 12 月 23 日

- ニチバン「第 117 期有価証券報告書」2021 年 6 月 25 日
- ニチリョク「第 56 期有価証券報告書」2022 年 6 月 27 日
- ニッキ「第 132 期有価証券報告書」2023 年 6 月 29 日
- 日信工業「第 67 期有価証券報告書」2020 年 6 月 30 日
- 日新商事「第 76 期有価証券報告書」2020 年 6 月 29 日
- 日新製糖「第 10 期有価証券報告書」2021 年 6 月 25 日
- ニッチツ「第 95 期有価証券報告書」2020 年 6 月 26 日
- 日東ベスト「第 83 期有価証券報告書」2021 年 6 月 25 日
- 日特建設「第 76 期有価証券報告書」2023 年 6 月 26 日
- ニッピ「第 174 期有価証券報告書」2021 年 6 月 29 日
- 日本 PC サービス「第 20 期有価証券報告書」2021 年 11 月 26 日
- 日本アクア「第 18 期有価証券報告書」2022 年 3 月 25 日
- 日本アビオニクス「第 71 期有価証券報告書」2021 年 6 月 23 日
- 日本アンテナ「第期有価証券報告書」年月日
- 日本一ソフトウェア「第 27 期有価証券報告書」2020 年 6 月 26 日
- 日本エアーテック「第 48 期有価証券報告書」2021 年 3 月 29 日
- 日本化学産業「第 97 期有価証券報告書」2022 年 6 月 30 日
- 日本ギア工業「第 119 期有価証券報告書」2021 年 6 月 25 日
- 日本工営「第 76 期有価証券報告書」2020 年 9 月 29 日
- 日本コンクリート工業「第 92 期有価証券報告書」2023 年 7 月 28 日
- 日本コンセプト「第 29 期有価証券報告書」2023 年 3 月 28 日
- 日本コンピュータ・ダイナミクス「第 57 期有価証券報告書」2022 年 6 月 28 日
- 日本信号「第 139 期有価証券報告書」2022 年 6 月 24 日
- 日本伸銅「第 99 期有価証券報告書」2022 年 6 月 24 日
- 日本製罐「第 115 期有価証券報告書」2020 年 6 月 26 日
- 日本製罐「第 118 期有価証券報告書」2023 年 6 月 29 日
- 日本セラミック「第 45 期有価証券報告書」2020 年 3 月 26 日
- 日本通運「第 116 期有価証券報告書」2022 年 3 月 30 日
- 日本通信「第 26 期有価証券報告書」2022 年 6 月 29 日
- 日本通信「第 27 期有価証券報告書」2023 年 6 月 29 日
- 日本テクノ・ラボ「第 34 期有価証券報告書」2022 年 6 月 29 日
- 日本デコラックス「第 64 期有価証券報告書」2022 年 6 月 24 日
- 日本テレホン「第 35 期有価証券報告書」2023 年 1 月 30 日
- 日本電計「第 78 期有価証券報告書」2023 年 6 月 26 日
- 日本電子材料「第 63 期有価証券報告書」2022 年 6 月 24 日
- 日本電波工業「第 82 期有価証券報告書」2023 年 6 月 27 日
- 日本パーカライジング「第 135 期有価証券報告書」2020 年 6 月 26 日

・日本パレットプール「第 50 期有価証券報告書」2022 年 6 月 27 日
・日本フォームサービス「第 62 期有価証券報告書」2018 年 12 月 20 日
・日本フォームサービス「第 64 期有価証券報告書」2020 年 12 月 25 日
・日本フラッシュ「第 56 期有価証券報告書」2020 年 6 月 24 日
・日本プリメックス「第 44 期有価証券報告書」2022 年 6 月 27 日
・日本プロセス「第 53 期有価証券報告書」2020 年 8 月 27 日
・ニューテック「第 40 期有価証券報告書」2022 年 5 月 25 日
・ネクスグループ「第 36 期有価証券報告書」2020 年 2 月 27 日
・ネットイヤーグループ「第 24 期有価証券報告書」2023 年 6 月 26 日
・ネットワンシステムズ「第 35 期有価証券報告書」2022 年 6 月 23 日
・ハイアス・アンド・カンパニー「第 17 期有価証券報告書」2021 年 7 月 28 日
・ハイアス・アンド・カンパニー「第 19 期有価証券報告書」2022 年 12 月 21 日
・バイク王＆カンパニー「第 25 期有価証券報告書」2023 年 2 月 24 日
・ハークスレイ「第 42 期有価証券報告書」2020 年 6 月 24 日
・博展「第 54 期有価証券報告書」2023 年 6 月 30 日
・バナーズ「第 72 期有価証券報告書」2021 年 6 月 29 日
・バナーズ「第 73 期有価証券報告書」2022 年 6 月 29 日
・バナーズ「第 74 期有価証券報告書」2023 年 6 月 29 日
・ハビックス「第 72 期有価証券報告書」2022 年 6 月 27 日
・ハピネス・アンド・ディ「第 31 期有価証券報告書」2021 年 11 月 26 日
・浜木綿「第 55 期有価証券報告書」2022 年 10 月 31 日
・林兼産業「第 82 期有価証券報告書」2021 年 6 月 29 日
・パラカ「第 26 期有価証券報告書」2022 年 12 月 19 日
・バリオセキュア「第 8 期有価証券報告書」2023 年 5 月 25 日
・バリューゴルフ「第 19 期有価証券報告書」2023 年 4 月 24 日
・バルテス「第 17 期有価証券報告書」2021 年 6 月 30 日
・パレモ・ホールディングス「第 38 期有価証券報告書」2023 年 5 月 19 日
・阪神内燃機工業「第 156 期有価証券報告書」2021 年 6 月 29 日
・バンドー化学「第 99 期有価証券報告書」2022 年 6 月 24 日
・ピーエイ「第 34 期有価証券報告書」2020 年 3 月 30 日
・ヒガシトゥエンティワン「第 100 期有価証券報告書」2022 年 6 月 22 日
・ピクセルカンパニーズ「第 36 期有価証券報告書」2022 年 3 月 31 日
・ビジョナリーホールディングス「第 3 期有価証券報告書」2020 年 9 月 30 日
・ビジョナリーホールディングス「第 5 期有価証券報告書」2022 年 7 月 29 日
・ピースリー「第 27 期有価証券報告書」2021 年 4 月 23 日
・ヒップ「第 28 期有価証券報告書」2023 年 6 月 30 日
・ビート・ホールディングス・リミテッド「第 18 期有価証券報告書」2022 年 3 月

31 日

・ビート・ホールディングス・リミテッド「第 19 期有価証券報告書」2023 年 3 月 29 日

・ヒノキヤグループ「第 34 期有価証券報告書」2022 年 3 月 30 日

・ピーバンドットコム「第 21 期有価証券報告書」2023 年 6 月 28 日

・ヒューマン・メタボローム・テクノロジーズ「第 18 期有価証券報告書」2021 年 9 月 27 日

・ひらまつ「第 40 期有価証券報告書」2022 年 6 月 24 日

・平山ホールディングス「第 54 期有価証券報告書」2020 年 9 月 25 日

・ビリングシステム「第 21 期有価証券報告書」2021 年 3 月 25 日

・ブイキューブ「第 23 期有価証券報告書」2023 年 3 月 31 日

・フェイス「第 30 期有価証券報告書」2022 年 6 月 27 日

・フェイスネットワーク「第 21 期有価証券報告書」2022 年 6 月 28 日

・フォーサイド「第 20 期有価証券報告書」2020 年 3 月 26 日

・フォーシーズ HD「第 20 期有価証券報告書」2022 年 12 月 21 日

・福島印刷「第 70 期有価証券報告書」2022 年 11 月 18 日

・不二硝子「第 89 期有価証券報告書」2022 年 6 月 29 日

・藤久「第 60 期有価証券報告書」2020 年 9 月 30 日

・富士急行「第 122 期有価証券報告書」2023 年 6 月 22 日

・藤倉コンポジット「第 143 期有価証券報告書」2022 年 6 月 29 日

・船井総研ホールディングス「第 53 期有価証券報告書」2023 年 3 月 27 日

・フュージョン「第 31 期有価証券報告書」2022 年 5 月 30 日

・プラコー「第 62 期有価証券報告書」2022 年 6 月 29 日

・プラザクリエイト本社「第 33 期有価証券報告書」2020 年 6 月 29 日

・ぷらっとホーム「第 30 期有価証券報告書」2022 年 6 月 29 日

・ブランディングテクノロジー「第 21 期有価証券報告書」2022 年 6 月 30 日

・ブランディングテクノロジー「第 22 期有価証券報告書」2023 年 6 月 30 日

・フリークアウト・ホールディングス「第 12 期有価証券報告書」2022 年 12 月 23 日

・フリージア・マクロス「第 77 期有価証券報告書」2020 年 6 月 29 日

・プリントネット「第 35 期有価証券報告書」2021 年 1 月 29 日

・古河電池「第 86 期有価証券報告書」2021 年 6 月 25 日

・フルッタフルッタ「第 18 期有価証券報告書」2020 年 6 月 25 日

・フルッタフルッタ「第 20 期有価証券報告書」2022 年 6 月 29 日

・フレアス「第 21 期有価証券報告書」2023 年 6 月 27 日

・プレシジョン・システム・サイエンス「第 36 期有価証券報告書」2021 年 9 月 29 日

・プレミアグループ「第 5 期有価証券報告書」2020 年 6 月 30 日

・フレンドリー「第 68 期有価証券報告書」2022 年 6 月 27 日
・プロスペクト「第 119 期有価証券報告書」2020 年 6 月 30 日
・ブロードメディア「第 27 期有価証券報告書」2023 年 6 月 29 日
・ベイカレント・コンサルティング「第 6 期有価証券報告書」2020 年 5 月 28 日
・平和不動産「第 100 期有価証券報告書」2020 年 6 月 23 日
・平和不動産「第 101 期有価証券報告書」2021 年 6 月 23 日
・ベクター「第 34 期有価証券報告書」2022 年 6 月 23 日
・ベストワンドットコム「第 16 期有価証券報告書」2021 年 10 月 27 日
・ヘッドウォータース「第 18 期有価証券報告書」2023 年 3 月 30 日
・ベルク「第 64 期有価証券報告書」2023 年 5 月 25 日
・ベルグアース「第 20 期有価証券報告書」2021 年 1 月 29 日
・ベルテクスコーポレーション「第 3 期有価証券報告書」2021 年 6 月 30 日
・ポエック「第 34 期有価証券報告書」2022 年 11 月 29 日
・ホッカンホールディングス「第 98 期有価証券報告書」2023 年 6 月 30 日
・北興化学工業「第 73 期有価証券報告書」2023 年 2 月 22 日
・ホットランド「第 29 期有価証券報告書」2020 年 3 月 30 日
・ホットリンク「第 23 期有価証券報告書」2022 年 3 月 28 日
・ポート「第 10 期有価証券報告書」2021 年 6 月 25 日
・ポバール興業「第 59 期有価証券報告書」2023 年 6 月 28 日
・ホーブ「第 35 期有価証券報告書」2021 年 9 月 29 日
・ほぼ日「第 44 期有価証券報告書」2022 年 11 月 28 日
・ホリイフードサービス「第 40 期有価証券報告書」2022 年 6 月 28 日
・前田工繊「第 49 期有価証券報告書」2021 年 12 月 16 日
・マキヤ「第 71 期有価証券報告書」2023 年 6 月 30 日
・マークラインズ「第 22 期有価証券報告書」2023 年 3 月 28 日
・マクロミル「第 9 期有価証券報告書」2022 年 9 月 29 日
・誠建設工業「第 29 期有価証券報告書」2020 年 6 月 25 日
・マサル「第 67 期有価証券報告書」2022 年 12 月 23 日
・マースグループホールディングス「第 46 期有価証券報告書」2020 年 6 月 29 日
・マーチャント・バンカーズ「第 98 期有価証券報告書」2022 年 6 月 30 日
・マツキヨココカラ＆カンパニー「第 15 期有価証券報告書」2022 年 6 月 28 日
・松屋アールアンドディ「第 40 期有価証券報告書」2022 年 6 月 30 日
・マミヤ・オーピー「第 78 期有価証券報告書」2020 年 7 月 3 日
・マリオン「第 36 期有価証券報告書」2022 年 12 月 23 日
・丸井グループ「第 84 期有価証券報告書」2020 年 8 月 6 日
・マルシェ「第 51 期有価証券報告書」2023 年 6 月 26 日
・丸順「第 62 期有価証券報告書」2020 年 6 月 26 日

・マルゼン「第 61 期有価証券報告書」2022 年 5 月 27 日
・丸山製作所「第 85 期有価証券報告書」2020 年 12 月 22 日
・萬世電機「第 75 期有価証券報告書」2021 年 6 月 30 日
・ミアヘルサホールディングス「第 2 期有価証券報告書」2023 年 6 月 28 日
・ミクシィ「第 21 期有価証券報告書」2020 年 6 月 29 日
・ミナトホールディングス「第 67 期有価証券報告書」2023 年 6 月 26 日
・ミライアル「第 54 期有価証券報告書」2022 年 4 月 27 日
・未来工業「第 56 期有価証券報告書」2021 年 6 月 16 日
・ムトー精工「第 63 期有価証券報告書」2023 年 6 月 22 日
・ムラキ「第 62 期有価証券報告書」2020 年 6 月 29 日
・ムーンバット「第 82 期有価証券報告書」2023 年 6 月 30 日
・明治海運「第 168 期有価証券報告書」2022 年 6 月 29 日
・明治機械「第 147 期有価証券報告書」2022 年 6 月 29 日
・明治機械「第 148 期有価証券報告書」2023 年 6 月 27 日
・明豊エンタープライズ「第 52 期有価証券報告書」2020 年 10 月 30 日
・明豊エンタープライズ「第 53 期有価証券報告書」2021 年 10 月 29 日
・明豊エンタープライズ「第 54 期有価証券報告書」2022 年 10 月 31 日
・メタリアル「第 19 期有価証券報告書」2023 年 5 月 29 日
・メディアリンクス「第 27 期有価証券報告書」2020 年 6 月 22 日
・メディアリンクス「第 29 期有価証券報告書」2022 年 6 月 23 日
・メディカルネット「第 19 期有価証券報告書」2020 年 8 月 31 日
・メディネット「第 27 期有価証券報告書」2022 年 12 月 15 日
・免疫生物研究所「第 40 期有価証券報告書」2022 年 6 月 30 日
・モバイルファクトリー「第 21 期有価証券報告書」2022 年 3 月 25 日
・モブキャストホールディングス「第 19 期有価証券報告書」2023 年 3 月 27 日
・ヤガミ「第 56 期有価証券報告書」2021 年 7 月 15 日
・安江工務店「第 46 期有価証券報告書」2021 年 3 月 29 日
・安永「第 74 期有価証券報告書」2020 年 6 月 26 日
・ヤマエ久野「第 76 期有価証券報告書」2021 年 6 月 25 日
・山喜「第 70 期有価証券報告書」2022 年 6 月 29 日
・山崎製パン「第 72 期有価証券報告書」2020 年 3 月 27 日
・山田債権回収管理組合事務所「第 40 期有価証券報告書」2021 年 3 月 30 日
・ヤマックス「第 60 期有価証券報告書」2023 年 6 月 28 日
・ヤマト「第 78 期有価証券報告書」2023 年 6 月 19 日
・やまねメディカル「第 17 期有価証券報告書」2019 年 6 月 25 日
・ヤマノホールディングス「第 36 期有価証券報告書」2022 年 6 月 30 日
・ヤマハモーターロボティクスホールディングス「第 62 期有価証券報告書」2020 年

3 月 26 日
・ユーザベース「第 14 期有価証券報告書」2022 年 3 月 28 日
・ユーザーローカル「第 16 期有価証券報告書」2021 年 9 月 22 日
・ユーシン精機「第 49 期有価証券報告書」2022 年 6 月 27 日
・ユナイテッド＆コレクティブ「第 22 期有価証券報告書」2022 年 5 月 31 日
・ユニオンツール「第 59 期有価証券報告書」2020 年 3 月 27 日
・ユニデンホールディングス「第 55 期有価証券報告書」2020 年 9 月 30 日
・ユニデンホールディングス「第 56 期有価証券報告書」2021 年 6 月 30 日
・ユビキタス AI コーポレーション「第 19 期有価証券報告書」2020 年 7 月 3 日
・横浜魚類「第 89 期有価証券報告書」2023 年 6 月 27 日
・ヨンドシーホールディングス「第 73 期有価証券報告書」2023 年 5 月 26 日
・ライトアップ「第 21 期有価証券報告書」2022 年 6 月 27 日
・ライフフーズ「第 35 期有価証券報告書」2021 年 5 月 28 日
・ラオックス「第 45 期有価証券報告書」2021 年 3 月 26 日
・ラサ商事「第 119 期有価証券報告書」2021 年 8 月 27 日
・ラピーヌ「第 72 期有価証券報告書」2020 年 5 月 29 日
・ラピーヌ「第 74 期有価証券報告書」2022 年 5 月 27 日
・ラピーヌ「第 75 期有価証券報告書」2023 年 5 月 29 日
・ランド「第 26 期有価証券報告書」2022 年 5 月 27 日
・ランド「第 27 期有価証券報告書」2023 年 5 月 26 日
・ランドビジネス「第 36 期有価証券報告書」2020 年 12 月 18 日
・リグア「第 19 期有価証券報告書」2023 年 6 月 23 日
・リケン「第 96 期有価証券報告書」2020 年 7 月 28 日
・理研コランダム「第 124 期有価証券報告書」2023 年 3 月 30 日
・リコー「第 120 期有価証券報告書」2020 年 6 月 29 日
・リコーリース「第 44 期有価証券報告書」2020 年 6 月 29 日
・リズム「第 1 期有価証券報告書」2021 年 6 月 23 日
・リソルホールディングス「第 129 期有価証券報告書」2022 年 6 月 30 日
・リネットジャパングループ「第 23 期有価証券報告書」2022 年 12 月 22 日
・リファインバース「第 17 期有価証券報告書」2020 年 9 月 30 日
・リボミック「第 20 期有価証券報告書」2023 年 6 月 28 日
・菱洋エレクトロ「第 63 期有価証券報告書」2023 年 4 月 26 日
・リリカラ「第 79 期有価証券報告書」2020 年 3 月 30 日
・リンガーハット「第 58 期有価証券報告書」2022 年 5 月 25 日
・ルネサスエレクトロニクス「第 18 期有価証券報告書」2020 年 3 月 27 日
・レイ「第 41 期有価証券報告書」2022 年 5 月 30 日
・レイ「第 42 期有価証券報告書」2023 年 6 月 30 日

・レカム「第 27 期有価証券報告書」2020 年 12 月 25 日
・レスターホールディングス「第 11 期有価証券報告書」2020 年 6 月 30 日
・レック「第 39 期有価証券報告書」2021 年 6 月 29 日
・レノバ「第 22 期有価証券報告書」2021 年 6 月 18 日
・レントラックス「第 18 期有価証券報告書」2023 年 6 月 29 日
・ログリー「第 17 期有価証券報告書」2023 年 6 月 27 日
・ロコンド「第 12 期有価証券報告書」2022 年 5 月 27 日
・ロジネットジャパン「第 17 期有価証券報告書」2022 年 6 月 29 日
・ロート製薬「第 84 期有価証券報告書」2020 年 6 月 29 日
・ワイエイシイホールディングス「第 48 期有価証券報告書」2020 年 6 月 30 日
・ワイエスフード「第 27 期有価証券報告書」2021 年 6 月 28 日
・わかもと製薬「第 125 期有価証券報告書」2020 年 6 月 25 日
・和心「第 18 期有価証券報告書」2021 年 3 月 30 日
・和心「第 20 期有価証券報告書」2023 年 3 月 30 日
・ワットマン「第 47 期有価証券報告書」2023 年 6 月 29 日

［索引］

あ行

か行

さ行

た行

な行

■著者略歴

鈴木　広樹（すずき・ひろき）

公認会計士。事業創造大学院大学教授。

早稲田大学政治経済学部卒業。証券会社で企業審査に従事した後、現職。

〈主要著書〉

・『適時開示実務入門』（同文舘出版、2014 年、2023 年〔第 4 版〕）

・『検証・裏口上場―不適当合併等の事例分析』（清文社、2013 年）

・『タイムリー・ディスクロージャー（適時開示）の実務』（税務研究会、2006 年、2008 年〔改訂増補版〕）

・『適時開示の実務 Q&A』（共著、商事法務、2016 年、2018 年〔第 2 版〕）

・『不適正な会計処理と再発防止策』（共著、清文社、2013 年）

・『金融商品取引法における課徴金事例の分析 I インサイダー取引編』（共著、商事法務、2012 年）

・『金融商品取引法における課徴金事例の分析 II 虚偽記載編』（共著、商事法務、2012 年）

・『税務コンプライアンスの実務』（編著、清文社、2015 年）

適時開示からみた監査法人の交代理由
—日本企業の開示姿勢を検証する—

2024年4月5日　発行

著　者　　鈴木 広樹 ©

発行者　　小泉 定裕

発行所　　株式会社 清文社

東京都文京区小石川1丁目3－25（小石川大国ビル）
〒112-0002　電話03（4332）1375　FAX 03（4332）1376
大阪市北区天神橋2丁目北2－6（大和南森町ビル）
〒530-0041　電話06（6135）4050　FAX 06（6135）4059
URL https://www.skattsei.co.jp/

印刷：亜細亜印刷㈱

ISBN978-4-433-76984-0